权威·前沿·原创

皮书系列为
"十二五""十三五"国家重点图书出版规划项目

智库成果出版与传播平台

河北传媒发展报告（2021）

ANNUAL REPORT ON MEDIA DEVELOPMENT OF HEBEI (2021)

主　编 / 康振海
执行主编 / 孟庆凯
副 主 编 / 张　芸

社会科学文献出版社
SOCIAL SCIENCES ACADEMIC PRESS (CHINA)

图书在版编目(CIP)数据

河北传媒发展报告.2021/康振海主编.--北京:
社会科学文献出版社,2021.6
（河北蓝皮书）
ISBN 978-7-5201-8259-1

Ⅰ.①河… Ⅱ.①康… Ⅲ.①传播媒介-产业发展-
研究报告-河北-2021 Ⅳ.①G219.272.2

中国版本图书馆CIP数据核字（2021）第076172号

河北蓝皮书
河北传媒发展报告（2021）

主　　编/康振海
执行主编/孟庆凯
副 主 编/张　芸

出 版 人/王利民
责任编辑/高振华
文稿编辑/刘　燕　李小琪　王　娇　李吉环

出　　版/社会科学文献出版社·城市和绿色发展分社（010）59367143
　　　　　地址：北京市北三环中路甲29号院华龙大厦　邮编：100029
　　　　　网址：www.ssap.com.cn
发　　行/市场营销中心（010）59367081　59367083
印　　装/天津千鹤文化传播有限公司

规　　格/开　本：787mm×1092mm　1/16
　　　　　印　张：20.5　字　数：304千字
版　　次/2021年6月第1版　2021年6月第1次印刷
书　　号/ISBN 978-7-5201-8259-1
定　　价/138.00元

本书如有印装质量问题，请与读者服务中心（010-59367028）联系

▲ 版权所有 翻印必究

河北蓝皮书（2021）编辑委员会

主　任　康振海

副主任　彭建强　张福兴　焦新旗　肖立峰　孟庆凯

委　员　（按姓氏笔画排序）

　　　　　王文录　王建强　王亭亭　王艳宁　史广峰

　　　　　李鉴修　陈　璐　黄军毅　穆兴增

主编简介

康振海 中共党员,1982年毕业于河北大学哲学系,获哲学学士学位;1987年9月至1990年7月在中共中央党校理论部中国现代哲学专业学习,获哲学硕士学位。

三十多年来,康振海同志长期工作在思想理论战线。曾任河北省委宣传部副部长;2016年3月至2017年6月任河北省作家协会党组书记、副主席;2017年6月至今任河北省社会科学院党组书记、院长,河北省社科联第一副主席。

康振海同志著述较多,在《人民日报》《光明日报》《经济日报》《中国社会科学报》《河北日报》《河北学刊》等重要报刊和社会科学文献出版社、河北人民出版社等发表、出版论著多篇(部),主持完成多项国家级、省部级课题。主要代表作有:《中国共产党思想政治工作九十年》《雄安新区经济社会发展报告》《让历史昭示未来——河北改革开放四十年》等著作;发表了《传承中华优秀传统文化 推进文化强国建设》《以优势互补、区域协同促进高质量脱贫》《在推进高质量发展中育新机开新局》《构建京津冀协同发展新机制》《认识中国发展进入新阶段的历史和现实依据》《准确把握推进国家治理体系和治理能力现代化的目标任务》《奋力开启全面建设社会主义现代化国家新征程》《新时代:我国发展新的历史方位》《以"塞罕坝精神"再造绿水青山》等多篇理论调研文章;主持"新时代生态文明和党的建设阶段性特征及其发展规律研究""《宣传干部行为规范》可行性研究和草案初拟研究"等多项国家级、省部级立项课题。

摘　要

信息技术、传播生态的变化正在深刻改变传媒业态和媒体格局，重建传媒业与社会各个领域的互动关系。《河北传媒发展报告（2021）》全面记录2020年河北省传媒业面对新形势、新任务、新挑战的创新实践，聚焦推进媒体深度融合、建设全媒体传播体系过程中的热点、难点问题，客观总结成绩与经验，深刻剖析面临的障碍并提出对策建议，以期为促进河北省传媒业高质量发展提供理论参考与智库服务。

全书由总报告、分报告、专题篇、实践篇四部分组成。总报告系统梳理2020年河北省传媒业服务经济社会发展、加快自身转型升级取得的一系列成绩与亮点，剖析河北省传媒业面临的思想观念桎梏、人才支撑体系不强、传媒布局较为粗放、现代产业链不健全等困境，展望在技术赋能和政策红利的双重加持下，传媒业迎来结构性布局调整、智媒体建设、深度参与社会治理、繁荣发展文化产业等发展机遇，提出河北省传媒业要保持内容定力、加强优质资源的互联网转化、拓展服务功能、打造现代传媒全要素产业链等对策建议。分报告深度扫描2020年河北省报业、广播电视、新媒体、图书期刊、影视、广告等重点传媒行业的现状特征，预测未来发展趋势并提出具体建议。专题篇关注媒体融合创新发展、县级融媒体中心建设、政务新媒体、主流媒体移动视频传播、新闻媒体重大主题报道、全媒体人才体系建设、"三农"视频自媒体与构建乡土公共性、2022年冬奥会新闻报道等河北省传媒业重大现实问题，进行深入研究阐释，结合实际提出对策建议。实践篇对河北省青少年新媒体

使用与媒介素养、网络问政、主流媒体直播带货助力疫情防控等传媒业的最新实践进行实证研究。

关键词： 传媒　新媒体　融合发展　视频传播

Abstract

The changes of information technology and communication ecology are profoundly changing the media industry and pattern, and rebuilding the interactive relationship between the media industry and all sectors of the society. *Annual Report on Media Development of Hebei (2021)* comprehensively records the innovative practices of Hebei media industry in the face of the new situation, new tasks and new challenges since 2020, focuses on the hot and difficult issues in the process of promoting media integration and constructing an omnimedia communication system, objectively summarizes the achievements and experiences, deeply analyzes the obstacles faced and puts forward countermeasures and suggestions, in order to provide theoretical reference and a think-tank services for promoting the high-quality development of Hebei media industry.

The book consists of four parts: general report, topical reports, special reports and practice reports. The general report systematically sorts out a series of achievements and highlights in serving the economic and social development and accelerating the transformation and upgrading of the media industry in Hebei Province in 2020. It analyzes the difficulties faced by the media industry in Hebei Province, such as ideological shackles, weak talent support system, extensive media layout, and imperfect modern industrial chain. It looks forward to the development opportunities such as structural layout adjustment, smart media construction, deep participation in social governance, and prosperous development of cultural industry under the dual support of technology and policy dividends. The general report puts forward some countermeasures and suggestions for the media industry in Hebei Province, such as maintaining the content concentration, strengthening the Internet transformation of high-quality resources, expanding the service function, and building the modern media industry chain of all factors. The topical reports reports deeply analyze the current situation and characteristics of key media industries in Hebei Province in 2020, such as newspaper industry, radio and television industry, new media industry, books and periodicals industry, film and television industry, advertising industry and so on. They also predict the future development trend and puts forward specific suggestions. The special reports deeply focus on the major realistic problems of the media industry in Hebei Province, such as media integration innovation, development, county-level converged-media center, government new media, mobile video transmission of mainstream media, major theme reports, entire media personnel talent, the rural public practice of the "agriculture, rural areas and farmers" video self-media, the reports on the 2022 Winter Olympic Games , and put forward countermeasures and Suggestions according to the reality. In the practice part, empirical researches are carried out on the latest practice of the media industry, such as the use of new media and media literacy of teenagers in Hebei Province, network political inquiry, mainstream media live broadcasting and bringing goods to help epidemic prevention and control.

Keywords: Media; New Media; Integrative Development; Video Transmission

目 录

Ⅰ 总报告

B.1 变局与新局：2020年河北省传媒业转型发展报告
　　………………………………………… 张　芸　孙荣欣 / 001

Ⅱ 分报告

B.2 2020年河北省报业发展报告 ………… 商建辉　张志平 / 024
B.3 2020年河北省广播电视事业发展报告 ……… 孙荣欣　崔　元 / 042
B.4 2020年河北省主流新媒体发展报告 ……… 张　旭　王丽斯 / 059
B.5 2020年河北省图书期刊业发展报告
　　………………………… 金　强　刘　通　马　智　雷子龙 / 077
B.6 2020年河北省影视业发展报告 ……… 景义新　韩雨坤 / 097
B.7 2020年河北省广告业发展报告 ……… 宋维山　韩文举 / 109

Ⅲ 专题篇

B.8 河北省省级主流媒体融合创新发展报告…………… 田苏苏 / 125

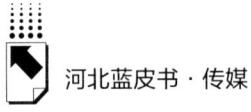

B.9 河北省县级融媒体中心建设现状分析及发展建议
.... 张 芸 李袖旗 / 140

B.10 2020年河北省政务新媒体发展报告
.... 王秋菊 乔鑫培 陈彦宇 彭 鑫 / 157

B.11 2020年河北省主流媒体移动视频发展报告
.... 窦玉英 张 璠 / 177

B.12 2020年河北省新闻媒体重大主题报道研究
.... 杨晓娟 李子琦 宿 爽 / 191

B.13 河北省媒体融合发展的人才支撑体系研究报告 .... 王全领 / 208

B.14 2020年河北"三农"视频自媒体发展报告
——聚焦自媒体与乡土公共性 .... 韩春秒 韩幸婵 / 220

B.15 河北省主流媒体2022年冬奥会新闻报道回顾、分析与展望
.... 孙荣欣 / 234

Ⅳ 实践篇

B.16 河北省青少年新媒体使用与媒介素养调查
——以保定市为例 .... 张雅明 李 静 王君慧 / 246

B.17 "走好网上群众路线"的媒体实践
——河北省网络问政调查报告
.... 李 丽 代 慧 侯天慧 韩彦妍 / 271

B.18 新闻媒体助力疫情防控的实证研究
——以河北省主流媒体直播带货为例
.... 仝文瑶 何璐彤 赵丹琦 郑舒心 / 290

皮书数据库阅读使用指南

CONTENTS

I General Report

B.1 Changes and New Situations: Report on the Transformation and Development of the Media Industry in Hebei Province in 2020
              Zhang Yun, Sun Rongxin / 001

II Topical Reports

B.2 Development Report of Hebei Newspaper Industry in 2020
              Shang Jianhui, Zhang Zhiping / 024

B.3 Development Report of Radio and Television Industry in Hebei Province in 2020   *Sun Rongxin, Cui Yuan* / 042

B.4 Development Report of Hebei's Mainstream New Media in 2020
              Zhang Xu, Wang Lisi / 059

B.5 Report on the Development of Book and Periodical Industry in Hebei Province in 2020   *Jin Qiang, Liu Tong, Ma Zhi and Lei Zilong* / 077

B.6 Hebei Film and TV Industry Development Report in 2020
　　　　　　　　　　　　　　　　　　　Jing Yixin, Han Yukun / 097

B.7 Hebei Advertising Industry Development Report in 2020
　　　　　　　　　　　　　　　　　　Song Weishan, Han Wenju / 109

Ⅲ Special Reports

B.8 Development Report of Provincial Mainstream Media Integration Innovation in Hebei Province　　　　　　　*Tian Susu* / 125

B.9 Analysis of the Construction Status of the County-level Convergence Media Center in Hebei Province and Development Suggestions
　　　　　　　　　　　　　　　　　　Zhang Yun, Li Xiuqi / 140

B.10 Report on the Development of New Media for Government Affairs in Hebei Province in 2020
　　　　　　Wang Qiuju, Qiao Xinpei, Chen Yanyu and Peng Xin / 157

B.11 Report on the Development of Mobile Video in Hebei's Mainstream Media during 2020　　　　　　　　*Dou Yuying, Zhang Fan* / 177

B.12 Research on New Media Report on Major Themes in Hebei Province in 2020　　　　　*Yang Xiaojuan, Li Ziqi and Xiu Shuang* / 191

B.13 Research Report on Talent Support System of Media Convergence Development in Hebei Province　　　　　　　*Wang Quanling* / 208

B.14 Hebei "Agriculture, Rural Areas and Farmers" Video Self-media Development Report in 2020　　　*Han Chunmiao, Han Xingchan* / 220

B.15 Retrospect, Analysis and Prospect of Hebei Mainstream Media's News Report of 2022 Winter Olympic Games　　*Sun Rongxin* / 234

Ⅳ Practice Reports

B.16 Investigation on the Use of New Media Literacy of Youth in Hebei Province　　　　　　*Zhang Yaming, Li Jing and Wang Junhui* / 246

CONTENTS

B.17 Research on the Network Politics in Hebei in 2020

Li Li, Dai Hui, Hou Tianhui and Han Yanyan / 271

B.18 An Empirical Study on the Help of News Media in Epidemic Prevention and Control *Tong Wenyao, He Lutong, Zhao Danqi and Zheng Shuxin* / 290

总 报 告
General Report

B.1
变局与新局：2020年河北省传媒业转型发展报告

张 芸 孙荣欣*

摘　要： 2020年河北省传媒业聚焦抗击新冠肺炎疫情、打赢三大攻坚战、京津冀协同发展、高标准建设雄安新区、筹备2022年冬奥会等重点工作，全景呈现经济强省、美丽河北建设的壮阔实践，创新传播方式、话语体系，做大做强主流思想舆论。坚持一体化发展方向和移动优先，推进媒体深度融合发展。2021年是"十四五"规划的开局之年，河北省传媒业既要积极应对信息传播技术、新闻舆论生态、经济社会环境等深刻而复杂的变化，更要抓住建设文化强国、发展数字经济、推进社会治理现代化等重大战略机遇，加快融合转型步伐，开

---

* 张芸，河北省社会科学院新闻与传播学研究所副所长、副研究员，主要研究方向为新闻传播实务、媒体融合；孙荣欣，河北省社会科学院新闻与传播学研究所副研究员，主要研究方向为广播电视、新媒体传播。

创高质量发展新局面。

关键词： 传媒业 主题报道 内容生产 融合转型

一 2020年河北省传媒业整体发展情况

（一）主题报道凝心聚力，主旋律汇聚正能量

1. 打赢新冠肺炎疫情防控新闻舆论战

2020年伊始，面对突如其来的新冠肺炎疫情，河北省新闻舆论战线健全完善宣传策划、一线采访、信息发布、融合传播等一系列工作机制，密切跟踪疫情动态，及时发布省委、省政府的重要举措和各地防疫措施，积极回应群众关切，为打赢疫情防控阻击战提供了坚实保障。

全省主流媒体集中开设"坚决打赢疫情防控阻击战""燕赵抗疫群英谱"等专题专栏，高密度、大体量及时跟进报道，有效引导社会舆论。河北日报深入挖掘抗疫一线的鲜活故事，在省内首家推出来自武汉前线医疗队的特别报道《战斗在最前线》；反映河北省中医院"90后"援鄂护士肖思孟剪掉长发上战场的短视频《我愿用飘飘长发，换你平安健康》，在"河北日报"客户端推出后，瞬间被各大媒体转发，获得数十万名网友点赞，中央电视台元宵晚会也介绍了她的事迹；原创短视频栏目《值班老总读报》推出《"战疫"微观察》56期，浏览量超过4000万次，被中华全国新闻工作者协会列入传媒大事记。河北广播电视台灵活运用图文图解、音视频、H5、VR、直播等形式，播发图文视频稿件1.8万余件，总阅读量超3.55亿次；河北广电信息网络集团在全国第一家推出有线电视免费看，为居家群众提供方便；组织各市、县启动应急广播系统，覆盖11943个行政村的农村大喇叭精准发声，打通服务群众的"最后100米"，在加强全省农村地区正面舆论引导、防范疫情向农村地区蔓延方面发挥了不可替代的作用。长城新媒

体集团联动93家市县融媒体中心开设"战疫"频道,截至2020年4月15日,相关稿件及融媒体作品全网总阅读量累计超过16.79亿次,最高单篇点击量超过4000万次;同步推出"冀云时间·一起战疫"专题,全面展现基层一线抗击疫情的工作经验、先进典型和务实措施,发布视频海报、新闻海报、H5、科普图解等各类新媒体作品5800余件,累计浏览量近1.5亿次,其中H5作品《众志成城,防控疫情!在河北,我倡议》参与转发人数超1100万。

河北出版传媒集团组织所属河北科学技术出版社和河北美术出版社于2月上旬联合推出《新型冠状病毒感染的肺炎公众预防指南》《新型冠状病毒感染的肺炎心理防护指南》《画说"新冠"——科学防控新型冠状病毒肺炎宣传手册》等疫情防控出版物,广泛宣传防疫知识;8月8日,河北省首部抗疫文学作品集《守护生命——十二位"燕赵楷模·时代新人"抗疫故事》由花山文艺出版社出版,弘扬了伟大抗疫精神,展现了新时代最可爱的人的英雄形象。

2. 讲好脱贫攻坚的河北故事

2020年是全面建成小康社会和脱贫攻坚决战决胜之年,河北省主流媒体扎实做好脱贫攻坚主题报道,用心用情讲好河北脱贫故事。

河北日报记者深入贫困地区深度调研,完成文图视结合的融媒体深度报道《汇聚磅礴力量 攻克千载难题——河北举全省之力坚决打赢脱贫攻坚战纪实》,被新华网、人民网、光明网、新华社客户端、人民日报客户端、学习强国、今日头条、抖音等98家媒体转发,浏览量超1500万次。河北广播电视台卫视频道策划推出"脱贫攻坚在行动"主题节目矩阵,包括系列纪录片《时代的答卷》、季播节目《希望的田野》、《中华好家风》公益纪实之旅《更好的日子》,以及手机端体验式直播《暖暖的生活——看得见的脱贫攻坚》等。河北广播电视台新闻综合频率于8月初推出大型全媒策划《再访太行燕山 见证脱贫攻坚》,讲述太行山、燕山曾经的贫困村旧貌换新颜、脱贫奔小康的生动故事。长城新媒体推出《奋力夺取双胜利·燕赵在行动》大型融媒报道,10多位记者历时两个月,采访各行各业人士上百人,制作视频节目20期,拆条发布短视频上百个,网友互动留言3万多条,总浏览量超亿次；推出《决胜2020——沿着总书记的足迹看河北》融媒体报道，深入阜平县骆驼湾、顾家台村、德胜村等地采访，展现河北干部群众在精准脱贫、乡村振兴等方面取得的成就。

3. 两会全媒体报道出新出彩

受疫情影响，全国两会河北省前方报道记者仅10人，新闻宣传采取线上采访、云端指挥调度的方式。省直主要媒体加强前期策划、创新报道手法、提升报道质量，共推出相关报道1万余篇，全网总点击量超2.57亿次。河北日报客户端推出融媒体作品《打开代表行李箱，这里有5个"河北故事"》，河北新闻网运用"5G+4K+云端"技术，推出《2020"云"通两会》京津冀三地代表委员视频访谈，深入挖掘讲述履职故事，点击量达35.8万次。河北广播电视台开设"会外民声"专栏，组织30多路记者采访基层一线群众。在《河北新闻联播》推出"报告解读"，运用动画、图文设计等多媒体手段，强化电视媒体的视听体验。长城新媒体集团在网站、客户端、报纸同步推出"凝聚力量　决战决胜——聚焦2020全国两会"大型融媒体专题，共集纳图文、视频、直播、H5、漫画等稿件1000余件。冀云·融媒体平台推出全国两会特别节目《冀小蓝说两会》，自主研发的AI虚拟主播"冀小蓝"每天播报《两会早报》《秒懂两会》，实时发布会场实况，传递两会声音。

针对前方上会记者减少、"现场弱化"的难题，长城新媒体集团在河北省委宣传部的指挥调度下，依托自主研发的全媒体稿件采编系统，为全省两会报道指挥中心搭建云端新闻指挥调度中心。省直三家主流媒体——河北日报报业集团、河北广播电视台和长城新媒体集团的所有原创两会报道和采访素材共1200多篇，全部进入云"中央厨房"稿库，实现一次采集、多种生成、多端发布、多元传播，达到了"1+1+1>3"的效果，开创全国两会报道省域内新闻媒体由平行走向融合的新模式。

（二）服务大局同向同行，有效助力社会治理

1. 网络问政持续发力，走好新时期群众路线

网络问政是开展建设性舆论监督的重要方式，也是新时期走好网上群众

路线、沟通政心民心的桥梁纽带。河北日报报业集团河北新闻网"阳光理政"平台经过10年探索,已汇聚省市县乡四级5000多家党政部门和民生热点单位,形成覆盖全省的网络问政体系。为了让网民反映问题更便捷,"阳光理政"打通网页、微博、微信、客户端、小程序、抖音等多媒体通道,全天24小时不间断接收网民留言。2020年初,在文字、图片等的基础上还新增视频投诉功能。河北广播电视台形成了以《阳光热线》《992大家帮》《今日资讯》等为代表的舆论监督节目矩阵,线上线下联动,为群众有效解决实际问题。长城新媒体集团冀云·融媒体开设"问政河北"平台,截至2020年6月底,已有2300家单位入驻,累计收到各类诉求17000余条,答复率超过90%。

2020年各地市及县级融媒体中心网络问政节目(栏目)的影响力持续跃升。石家庄、唐山、沧州、邢台等市广播电视台打造的《电视问政》《问政面对面》等栏目,为政府职能部门和市民构建了一个电视、广播、网络"三位一体"的问政平台,在主流舆论场与民间舆论场寻求最佳切合点,取得了良好的社会效果。

2.调度资源应对疫情,拓展传媒服务功能

受疫情影响,河北各地出现不同程度的农产品滞销现象。河北省多家传媒机构统筹调度社会资源,帮助解决农产品销售难题。

2020年2月18日起,河北日报报业集团与阿里巴巴集团合作,在河北新闻网及官方微信、淘宝平台联合推出"战'疫'有我——助农在行动"线上活动,帮助农户售出农产品313万余公斤,销售额近900万元。两会前夕,河北日报推出互动视频产品《一起拼单!郭素萍代表带货太行山》,邀请郭素萍代表做嘉宾推介太行山区特色农产品。该视频被30余家媒体转载,上线24小时传播量突破10万次。河北广播电视台经济生活频道于9月12日开播公益类助农助企全媒体直播节目《冀有好物》,采用电视端与移动端同步播出的形式,形成"电视+网络+电商直播群"的传播矩阵。6月12日晚,河北省农业农村厅与长城新媒体集团联合主办"河北省农产品线上销售直播系列活动",河北7个县区、13个市农业农村局的相关负责人面对

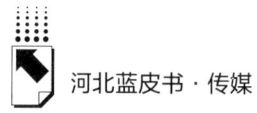

镜头代言推销家乡农副产品。截至当晚活动结束，累计销售额达1.15亿元。

疫情期间，为保证停课不停学，河北出版传媒集团第一时间开放网络优质出版内容，组织开展让文学滋润心田、爱心接力直播课、网络资源免费送等活动。花山文艺出版社、河北教育出版社、河北少年儿童出版社、河北冠林数字出版有限公司等推出优秀有声读物、免费教材教辅电子书、线上公益讲座等，提供形式多样的中小学免费同步课程、在线作业辅导、微课等服务。

各地正在全力建设的县级融媒体中心在疫情大考中彰显了服务能力。邯郸市将各县融媒体平台与市县乡村四级"微信矩阵"对接，覆盖服务群众400余万人，有效发挥应急指挥、政务民生服务作用。辛集市融媒体中心利用"百万粉丝矩阵"，开通"市委书记群众直通车"、网上便民服务大厅等，通过客户端为群众提供异地就医、缴纳水电费、医保社保等便捷服务。

（三）扎根基层践行"四力"，精品生产成果丰硕

基层是传媒业发展的根基与沃土。河北省新闻工作者深入基层、深入实际，锻炼脚力、眼力、脑力、笔力，一大批有高度、有深度、有力度、有新意的作品纷纷涌现。

河北日报坚守"权威声音、深度解读和独家观点"的党媒优势，增加重大主题报道和调查类、分析类、解读类等作品数量，重点打造"追访""深读"等深度报道专栏，并推出"河北融媒头条"专栏，对重大选题报道进行文图视融合呈现、全平台立体传播。10月16日，在河北省抗击新冠肺炎疫情表彰大会隆重举行之际，《河北日报》用4个整版篇幅重磅推出长篇通讯《燕赵抗疫慷慨歌——河北省抗击新冠肺炎疫情奋力夺取"双胜利"纪实》，生动展现了燕赵儿女不畏艰险、众志成城抗击疫情的昂扬风貌。稿件刊发后迅速被新华网、人民网等重点新闻网站和移动平台转发。截至10月18日12时，全网阅读量超1.2亿次，成为引发"刷屏之效"的现象级传播。

河北广播电视台拍摄播出《河北这一年》《雄安这一年》《正定是个好

地方》等专题片，推出《转型之路》电视节目，全方位、立体式展现河北省推进"三件大事"、打好"三大攻坚战"的生动实践。河北卫视继《中华好诗词》之后推出大型原创文化季播节目《成语天下》第二季。电视连续剧《最美的乡村》于6月6日晚在央视综合频道开播，收视率稳居第一；电视剧《绝境铸剑》《一诺无悔》《塞上风云记》和4集文献纪录片《长江支队：从太行到八闽》在中央电视台播出；精准脱贫题材电影《春天的约定》于11月20日举行了首映式，电影《吕建江》于11月27日在全国上映。多件作品在行业评奖中载誉而归：《谁与争锋——京津冀河北梆子名旦大会》荣膺第26届电视文艺"星光奖"优秀电视戏曲节目奖，电视剧《最美的青春》获第32届电视剧"飞天奖"优秀电视剧奖，电影《那时风华》获第15届中国长春电影节"金鹿奖"最佳音乐奖，联合国最高环境荣誉奖项首次花落河北，塞罕坝机械林场建设者荣获"地球卫士奖"，《太行花开》获首届（2017~2018年度）中国广播电视大奖·广播电视节目奖。

长城新媒体集团把内容建设作为融合发展的核心，优化采编队伍、注重技术创新、加强选题策划，精心打造具有新媒体特质的精品内容。以视频专题、短视频、长图、H5、海报等新媒体产品领衔主题报道，形成了"长城视频""冀云海报""政策面对面"等新媒体品牌。冀云·融媒体平台于2020年2月5日策划推出大型网络系列直播节目《冀云·河北战"疫"》，在河北省首开融媒联动战"疫"宣传网络直播新模式。节目共播出39期，单期最高点击量超过6600万次，彰显了共同战"疫"的"长城力量"。①

河北出版传媒集团全面实施以出名书、建名社、培育名编辑和出版名家为核心内容的"四名工程"，7种选题项目入选2020年度国家出版基金，策划出版了《中华人民共和国纪事》《新中国70年儿童电影发展史》《中国民间文学史》等优秀图书；《人民的艺术——中国革命美术史》入选2019年度"中国好书"，实现历史性突破。

---

① 马来顺：《打造新型传播平台　建设新型主流媒体——长城新媒体集团以"平台型媒体"建设深化媒体融合的探索》，《中国记者》2020年第9期。

为了激发精品内容生产潜能，发挥评奖的指挥棒作用，河北省新闻工作者协会对2020年河北新闻奖评选进行大刀阔斧的改革。为适应移动互联网和新媒体发展需求，将网络媒体、移动媒体登载的"文字消息""文字评论""新闻漫画""新闻摄影"纳入参评范围，同时新增"短视频专题报道"等参评项目。评选出的《大河之北》《不忘初心　牢记使命——红色的追寻》《壮丽70年　奋斗新时代》等347件获奖作品，从不同侧面反映了河北省新闻战线守正创新、做好新闻舆论工作的新风貌。在2020年第三十届中国新闻奖评选中，河北省有6件作品斩获殊荣（见表1）。

表1　第三十届中国新闻奖河北获奖作品

作品名称	获奖项目、等级	创作单位	作者/主创人员	编辑
让脱贫攻坚的先进晒成绩、后进找差距——一场让人红脸出汗的"擂台赛"	文字通讯与深度报道二等奖	河北日报	潘文静、冯阳	吴艳荣、曹阳葵
不忘初心　牢记使命——红色的追寻	电视专题二等奖	河北广播电视台	集体	谷琳、马文斌、倪浩然
群众呼声放心上"关键小事"抓到底　全省百万家庭"三点半难题"得解	文字消息三等奖	河北日报	马利、董琳烨	郭伟、谷峰
把调查研究的"桌子"摆到群众中去	文字评论三等奖	河北日报	张博	桑献凯、吴宏爱、安人和
夫妻实现"六年前的约定"让八人重获"新生"	电视消息三等奖	石家庄广播电视台	朱韶栋、何晁、韩涛、邵猛、孙军涛	常青、崔冰、张彬彬
望长城内外	国际传播三等奖	河北广播电视台	王伟、卢翠利、瞿兴华	崔丽珍、桑国兴

资料来源：《第三十届中国新闻奖获奖作品目录》。

（四）融合发展向纵深推进，努力构建全媒体传播体系

1. 坚持移动优先，主力军积极转战主阵地

河北日报报业集团将优势采编力量向互联网集中，加快移动端传播体系

建设和传播能力提升。河北日报客户端2020年初下载量达到1300万次，注册用户超过510万人，处于全国省级党报新闻客户端第一方阵。据人民网研究院发布的《2020全国党报融合传播指数报告》，《河北日报》入围"2020党报融合传播力"前十。从2020年1月1日起，《河北日报》在"两微一端"、河北新闻网等平台同步推出短视频栏目《值班老总读报》，由《河北日报》值班副总编辑轮流担任主播，内容聚焦优质原创内容推介和热点话题评说。该栏目被新华社客户端、新浪网、凤凰网等多家媒体转载推荐，每期全网播放量在400万次以上。

河北广播电视台以音视频类原创专栏为主打，推出微视频、直播、H5等新媒体特色原创作品，并通过网站、客户端、微博和今日头条号、企鹅号、抖音号等实现全网多平台、立体化传播。两会期间，在新媒体平台推出原创音视频作品81篇、原创H5作品11个、网络直播16场。其中，"两会快评"短视频专栏由河北综合广播资深评论员泓泉担任主播，被中央广播电视总台"央视频"客户端转发。由河北广播电视台联合河北省文化和旅游厅策划推出的全媒体新闻行动"行走大运河"，从前期策划到采编过程，再到分发平台，都秉承融媒体思维，在两个多月的时间里共播发音视频报道300余篇，新媒体报道近千篇，总浏览量超过1000万次。

长城新媒体集团将"新媒体"基因植入新闻生产全流程，从采编策划到日常报道做到"移动先行"，实现所有新闻报道移动端首发。2020年两会期间在网站、客户端、微博等新媒体平台开设《总书记的两会时间》《两会新热点 长城云直播》等栏目，聚合图文、视频、直播、H5、漫画、MG动画等可视化产品，发布稿件1000余件，成为新媒体舆论场的排头兵。

河北出版传媒集团大力推进融合出版中心建设，推动集团全产业链数字化转型、融合发展，推进业务流程再造和体制机制创新。2020年4月2日，河北出版传媒集团推出《名编荐书》短视频栏目，各出版单位的社长、总编辑、编辑室主任、优秀编辑出镜推介优秀图书，截至2020年10月初已发布18期，总点击量达550万次。

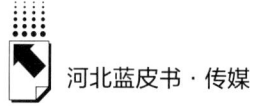

在市级媒体融合层面，本着因地制宜、试点先行、灵活机动的原则选取张家口市、邯郸市作为试点，统筹全市媒体资源打造融媒体中心，探索市级媒体融合发展模式。

2. 县级融媒体中心进入全面发展期，引导服务基层群众

自2018年以来，中央和河北省委共投入3.3亿元资金大力支持县级融媒体中心建设。2020年9月，列入省级建设任务的147家县级融媒体中心全部挂牌运行，县级融媒体中心从起步建设步入全面发展阶段，通过精耕内容生产、创新传播手段、融合传播渠道、完善各项服务等，有效打通引导群众、服务群众的"最后一公里"。

疫情期间，武强县融媒体中心以微视频、图文、H5、直播连线、原创MV、动漫、创意海报等多种群众喜闻乐见的形式，推送疫情资讯报道6900余条。涿州市融媒体中心开设"关注！科普防控新型肺炎""阻击一线英雄榜""疫情防控善行榜"等专题专栏，发布权威防控部署和防疫知识6790条，网络浏览量超3000万次。内丘县融媒体中心搭建网上"党心连民心"平台，在全县选拔380名党媒信息传播员；创新传播内容和形式，创作群众喜闻乐见的短视频、漫画等新媒体产品300多个，用百姓话说百姓事，小故事产生大能量。内丘县融媒体中心引导和服务群众的做法荣获"中国新媒体社会责任十大优秀案例提名奖"，成为全国唯一获奖的县级媒体。

2019年10月长城新媒体集团主导建设的冀云·融媒体平台上线后，充分发挥省级总平台内容、技术和服务优势，对全省媒体深度融合的支撑与保障能力越发显著。2020年两会期间，冀云·融媒体平台打通县级融媒体中心，同步开设"两会"频道，推出"冀云时间·县级融媒报两会"专题，省市县媒体三级联动，相互呼应，形成强大的融合传播效应。

3. 加强区域合作，构建京津冀媒体一体化发展新格局

在推进京津冀协同发展的过程中，三地媒体的合作交流越来越密切。2020年全国两会期间，河北日报客户端、北京日报客户端、《天津日报》联合推出基于云端访谈的直播栏目《连麦京津冀》，邀请三地相关代表委员，

就协同发展热点话题展开"云对话"。长城新媒体集团联手天津津云新媒体集团、北京新媒体集团策划推出《共话京津冀》特别节目,邀请三地代表委员、专家学者云端连线。

在国家广电总局媒体融合发展司的倡导支持下,2020年9月8日北京市广播电视局、天津市文化和旅游局(天津市广播电视局)、河北省广播电视局联合创建中国(京津冀)广播电视媒体融合发展创新中心。创新中心设立后,将进一步汇聚三方力量,强化媒体融合的相关应用示范,推进广播电视媒体深度融合发展。

(五)坚持体制机制创新,不断提升经营管理效能

河北省传媒业适应传播形势变化,不断创新经营管理机制,为转型发展赋能。在采编领域,通过机构设置、绩效考核等制度改革,再造生产流程,重塑传播机制。河北日报报业集团依托"中央厨房",推行采编分离,组建采访、编辑和出版三大新闻业务中心,优化采编出版流程。制定全媒体采编绩效考核办法,加大新媒体工作考核权重,优稿优酬、多劳多得,引导采编人员把工作重心向互联网平台转移。[①] 河北广播电视台把新媒体传播指标列入对频率频道的量化考核体系。长城新媒体集团成立后,对人员、机构进行充分整合,原河北经济日报社的采编人员完全融合进入集团新媒体采编队伍,实现采编力量的新媒体转型。

以培养全媒型、专家型人才为目标,加快传媒业人才队伍建设与能力素质提升。河北日报设置首席记者、首席编辑、首席评论员,并实行动态管理,打通优秀专业人才的上升通道。设立年度"突出贡献奖",对贡献突出的集体或个人给予重点奖励。河北广播电视台成立播音主持管理委员会,加强播音员主持人队伍建设,推动播音员主持人转型发展。长城新媒体集团探索出一套"干部能上能下、人员能进能出、薪酬能高能低"的用人机制,

---

① 刘翠敏:《在守正创新中推动媒体深度融合——河北日报报业集团的融合发展实践》,《传媒》2020年第18期。

激发出全员创新创造的活力。长城新媒体集团党委书记、董事长马来顺获得第十六届长江韬奋奖，这是河北省新媒体从业者首次获此殊荣，为构建全媒体传播体系、培养全媒体传播人才发挥了示范引领作用。

（六）产业发展迸发活力，传媒经营多点开花

2020年以来，受新冠肺炎疫情影响，很多传媒大型营销活动被迫取消，经营收入受到明显影响，但全省传媒业克服困难、拓展思路，寻找产业发展的新路径。

河北日报报业集团深化经营管理改革，通过实行全面预算管理制度、打破经营单位行政级别、将经营业绩作为考核与薪酬分配的主要指标等举措，逐步走出困境。2020年前10个月集团经营利润大幅上升。集团积极探索"新闻+政务+服务+商务"运营模式，已经与河北省文旅厅、省卫健委等部门建立了稳定的合作关系，与河北省农业农村厅签订战略合作协议，共建河北农业农村融媒体宣传平台。

河北广播电视台整合电视节目、网络直播、短视频等多种媒体手段，以《向上吧生活》《冀味儿》为突破点，将大屏、小屏深度融合，带动河北特色产品线上销售。2020年6月23日，河北广电MCN机构联合抖音、快手等平台，举办"2020河北直播购物粉丝季"活动，整合省内300多个电商账号全网推介河北特色产品，销售额突破1亿元。河北广播电视台联合华北最大的商贸基地之一——乐城国际贸易城，成立河北广电电商产业基地，致力于打造集供应链建设、直播带货、电商培训和智能货品存储管理于一体的现代化智能互联网产业集纳平台，助力河北乃至华北地区的创新创业与产业转型。

长城新媒体集团构建"新闻+政务+服务"发展模式，重塑经营性产业链条，以实现社会效益和经济效益双丰收，实现新媒体事业产业跨越式发展。截至2020年6月，集团总资产是筹建初期的5倍多，2020年上半年，集团经营收入和利润分别同比逆势增长近30%和近20%。

为应对数字出版、在线阅读、知识分享等新兴阅读方式对传统图书消费

市场带来的影响，河北出版传媒集团加强与电商平台合作，开展以直播为主的线上营销；上线试运行新华优选B2B2C连锁商城，创新"O2O深度营销体验店"模式，并利用微信、抖音、快手等平台推广精品图书。①

二 河北省传媒业迭代升级面临的困难与挑战

（一）思想观念桎梏尚未彻底打破，制约创新力度

新媒体和信息传播技术已经深刻改变了传媒格局、舆论生态，面对这些颠覆性的变革，仍有部分传媒从业者对转型发展的严峻形势缺乏深刻认识，不能敏锐洞察和准确把握传媒业的急速发展态势，仍有得过且过的思想；面对传统媒体的生存困境，过分依赖财政支持，缺乏主动应变的市场竞争意识。此外，部分传媒机构内部管理中的"官本位"思想依然存在，在绩效薪资分配中仍把行政职务作为重要参照系，向采编一线倾斜的力度不够，影响员工干事创业的积极性、主动性和创造性。

（二）融合发展还需畅通体制机制，加大改革力度

近年来，河北省传媒业不断完善顶层设计，建构起以省级主流媒体为引领、地市级传媒机构为支撑、县级融媒体中心为阵地的传播格局，形成了较为清晰的发展路径。但由于媒体融合是一场深刻的自我革命，传媒新型生产模式、管理机制、经营方式等仍处于探索实践之中，特别是融合发展进入深水区、攻坚期后，探索打破利益壁垒和行业分割，促进传媒业集约发展，建立管理科学、运转高效的体制机制的任务依然艰巨，需要进一步完善内容生产流程，理顺内部管理机制，建立外部协调联动机制，健全配套政策保障等。

---

① 肖煜：《出版冀军守正创新构建产业新模式——河北出版传媒集团融合发展打造现代出版传媒企业》，《河北日报》2020年10月12日，第1版。

（三）市场环境依然严峻，亟须打造现代传媒产业体系

受新冠肺炎疫情、整体经济环境、新兴媒体竞争挤压等多重因素影响，河北省传媒产业收入整体下滑的形势依然不容乐观。特别是地市级媒体纷纷遭遇生存困境，原有的盈利模式难以为继。例如，随着三网融合，越来越多的家庭使用网络机顶盒（IPTV），广播电视台节目传播渠道锐减，经营资源减少，创收难度不断加大。同省级媒体相比，地市级媒体缺乏资金积累，部分媒体甚至已经不能及时支付员工工资，影响队伍稳定和事业发展。虽然一些媒体试图通过挖掘政府资源、活动营销等形式开展多元化经营，但产业结构和盈利模式相对单一、落后，产业要素开发利用率和资本化运作水平较低，亟须结合区域特色，建设领军型传媒企业，打造现代传媒产业体系。

（四）人才队伍转型任务艰巨，成为发展瓶颈

河北省传媒从业者队伍存在年龄偏大、人员构成复杂、综合学历偏低等问题，尤其缺乏精通互联网传播规律的内容产品研发、产业运营和技术开发人才。传媒业近年来经营效益不佳，财政扶持资金只能用于设备购置和运营维护，人才队伍建设费用难以保障，导致行业整体的社会地位降低，对人才的吸引力弱化。一些传媒从业者仅仅把工作当作谋生手段，缺少职业认同，职业素养和专业技能也相对较低。同时，河北省毗邻京津，人才虹吸效应明显，优秀传媒人才引进难、流失快。人才支撑能力不足已经成为传媒业转型发展的关键瓶颈。

（五）传媒布局较为粗放，需进行供给侧结构性调整

目前，县级融媒体中心已经建设完成，但是人员业务能力还参差不齐，自身造血机能仍需加强；省市县三级融媒体平台顺畅对接、互融互通的机制还未形成，尤其是市级融媒体平台还未纳入省级融媒体平台，急需政策推动。在媒体内部，虽然建立了覆盖多种终端渠道的传播矩阵，但内部资源还

未充分整合,尚未有效释放融合发展的一体效能。

媒体退出是优化传媒业布局、实现集约化发展的必然要求。2020年河北省传媒业虽然加快内部整合步伐,淘汰落后产能,但功能重复、同质竞争、力量分散的问题依然存在。有些受众流失严重、市场持续萎缩的传媒机构,还在勉强维持。要适应差异化、分众化的传播趋势,还需稳步调整供给侧结构,完善退出机制,优化资源配置,为传媒业转型发展减负降压。

三 2021年传媒业发展形势分析与展望

(一)技术重塑生态,智媒体建设驶向蓝海

新技术对传媒业发展而言既是颠覆力量,也是助推加速器。我国于2019年开始5G商用,目前人工智能、大数据、物联网、云计算、区块链等新一代信息技术已经在传媒业广泛应用。《人民日报》携手百度建成人工智能媒体实验室,中央广播电视总台的人工智能处理平台专注于音视频内容,新华社基于"媒体大脑"平台建设智能化编辑部。[1] 在三大央媒的引领下,虚拟主持人、AI主播等人工智能应用也在地方媒体中大显身手。新冠肺炎疫情期间,广西广播电视台、广州广播电视台、黄河新闻网等多家电视台和新媒体采用了AI虚拟主播进行疫情数据播报,以"全天候""多语种""程序性""强时效"等特点,实现24小时不间断播报。

利用人工智能还能更准确地收集用户的使用数据,分析用户的媒介偏好。比如,AI生物传感器会结合场景,根据用户观看视听节目时的心跳、脑电波等数据,深度分析用户的阅听体验、心理需求,提供更为深度化、个性化、场景化的内容定制服务。日本已经研制出电视陪看机器人,机器人在

---

[1] 黄楚新、曹曦予:《内容科技助推新时代传媒业内容供给侧改革》,《青年记者》2020年第24期。

监测播出内容的同时，通过 AI 传感器分析观看者的面部表情变化，由此判断并挖掘用户的兴趣，推送专属内容。可以预见，以 5G 为代表的信息技术将更为深刻地改写传播逻辑，提高内容生产效率，加速推进传媒业态、传播格局的重塑与再造，实现传播效果的个性化、全面化和最优化，开启从融媒体到智媒体的快进模式。2020 年 6 月，河北日报报业集团启动智媒中心建设项目，建设适应 5G 条件下具有党报特点的音视频生产发布体系，探索新技术条件下的新闻生产新场景、新应用等。

（二）拓展服务功能，深度嵌入社会治理体系

服务群众、服务社会是传媒担负的重要职责，也是事业发展的"增量"。2020 年 9 月中共中央办公厅、国务院办公厅发布的《关于加快推进媒体深度融合发展的意见》提出，各级党委和政府要积极支持主流媒体参与电子政务、智慧城市等领域信息化项目建设，开发社会治理大数据，优先发布重大信息、重要政策，共同促进社会治理体系和治理能力现代化。近年来，很多地方媒体开始探索以服务促转型、向服务要效益，聚力拓展服务功能，加强本地圈建设。在新冠肺炎疫情阻击战中，各级新闻媒体发挥宣传、组织、动员作用，及时发布权威信息、解读相关政策、普及防疫知识，并利用渠道覆盖和信息技术优势，组织开展志愿服务、便民服务、助农销售等，成为助力社会治理的重要力量。人民日报还通过省级云平台对接县级融媒体中心，打通直达基层的医疗求助通道，直接介入新冠肺炎患者救治，显现出在公共危机事件中的高效服务力。

"十四五"时期我国将大力发展数字经济，建设数字社会。数字化将切实改变社会各行业生产、组织的基础架构和运行模式，催生新产品新业态新产业，提升公共服务、社会治理的数字化智能化水平。2020 年 9 月 18 日，四川日报已经与四川省大数据中心签署战略合作协议，共同推进数字政府建设，服务数字经济发展。目前，虽然我国的 5G 技术和数字化应用已经形成领先优势，但在很多领域仍需要补短板、强弱项。2020 年 11 月 15 日，国务院办公厅印发《关于切实解决老年人运用智能技术困难的实施方案》，提

出智慧社会建设要充分兼顾老年人需要，创新智能化服务，填补老年人在运用智能技术方面面临的"数字鸿沟"。随着老龄化社会的到来，新闻媒体在提供适老信息应用、维护老年人信息安全、开发智能化适老服务等方面都大有可为。

（三）打造品牌IP，实现优质资源全媒体转化

传统媒体与新媒体、新技术的融合度越高、重塑力越强，转型发展之路就越顺畅，迭代升级成效就越显著。在传播形式、业态产品不断创新的新媒体传播环境下，传统媒体以互联网思维优化资源配置，不仅要积极拥抱新技术，还要注意将更多的优质资源向移动端渗透转移，与互联网"联姻"赋能，实现创造性转化、创新性开发。

目前，从中央媒体到地方媒体都在积极开发名节目（栏目）、名记者、名主持人等品牌资源，将传统注意力孵化打造为流量IP。中央电视台从2019年创办《主播说联播》新媒体节目以来，注重塑造主持人在新媒体平台的形象，打造引流IP。仅2020年5月，康辉、撒贝宁、朱广权、尼格买提组成的"康撒朱尼"组合就实现直播带货5亿多元，观看人数达2000多万人次。2020年以来，中央广播电视总台记者王冰冰原生态、接地气的新闻采访视频多次抢占微博热搜榜，还在B站创造了500多万次播放量的流量奇观。① 2020年10月，广东电视台在原有6家工作室的基础上，依托品牌节目（栏目）、主持人再成立11家工作室，大力开发优质资源IP。成都市广播电视台还与快手战略合作，共同进行IP孵化打造、广电MCN建设。

（四）加强跨界合作，多场域连接社会资源

随着信息传播技术的广泛应用，物物互联、万物皆媒的时代已经到来，

---

① 《看新闻竟比追剧还爽！王冰冰式"收视密码"能否被电视台复制》，"传媒圈"微信公众号，2020年11月24日，https://mp.weixin.qq.com/s/7h–z2yXMzYCGWaw_AGVhOw。

社会的泛媒体化趋势越发明显。传媒具有强大的信息连接能力，开展跨界合作、激发广域空间的成长性，成为传媒业发展的新风向。2020年以来，主流媒体在内容生产、技术研发、产业经营、公共服务等领域深入开展跨界合作。贵州广电网络以满足政用、民用、商用需求为导向，全面拓展和深化各类功能应用，与24家政府部门和企事业单位签署了合作协议，推出新时代学习大讲堂、雪亮工程、智慧旅游等融合创新型业务。

（五）优化资源配置，加速传媒布局结构性调整

2020年，延续多年的纸媒关停浪潮更加汹涌，传媒业集约化发展的势头更猛烈。2020年8月15日，广东广播电视台珠江电影频道停播，该频道已开播12年，覆盖1400多万户有线电视用户。《关于加快推进媒体深度融合发展的意见》要求，按照资源集约、结构合理、差异发展、协同高效的原则，完善中央媒体、省级媒体、市级媒体和县级融媒体中心四级融合发展布局。2020年11月，国家广电总局出台的《关于加快推进广播电视媒体深度融合发展的意见》明确指出，加快推进频率频道和节目栏目的供给侧结构性改革，坚决解决同质化过剩供给问题。精办频率频道、优化节目栏目、整合平台账号，对定位不准、影响力小、用户数少的坚决关停并转。可以预见，媒体内部资源的结构性调整步伐会更加迅疾，区域内的媒体布局也会进一步走向差异化、集约化。

（六）建设文化强国，传媒业迎来发展机遇

"十四五"规划提出建成文化强国的战略目标，并从全局上对文化建设做出规划。我国将深化文化体制改革，全面繁荣新闻出版、广播影视，完善文化产业规划和政策，加强文化市场体系建设，不断扩大优质文化产品的供给，提升公共文化服务水平，推动公共文化数字化建设。传媒业作为公共文化产品的重要生产者、供给者和服务者，作为数字社会的建设者，必将迎来重大的战略机遇期。

从传媒业实践来看，尽管近年来各类商业媒体、平台媒体、社交媒体等

不断蚕食传统媒体市场,报业、广电、期刊等产业经营遭受重创,尤其是广告收入大幅下滑,2020年受疫情影响情况更甚,但是智媒体建设、新型消费场景的培育也正在为传媒业发展注入生机。

目前,传媒业的主要经营模式有四类:广告经营、活动支撑、直播电商、技术输出。在推进媒体融合的过程中,各地大力探索传媒业的资本化运营、规模化经营之路。2020年,南方报业传媒集团的"南方+"客户端累计下载量突破7000万次,收入超6亿元,利润超2亿元。浙江长兴融媒体中心2019年总收入为2.81亿元,其中新媒体业务收入占比接近一半,增长迅速。

四 促进河北省传媒业转型升级的思路与建议

(一)保持内容定力,以"内容+科技"扩大传播版图

《关于加快推进媒体深度融合发展的意见》强调,媒体要"始终保持内容定力,专注内容质量,扩大优质内容产能,创新内容表现形式,提升内容传播效果"。不论传媒形态如何更迭,传播格局如何变化,优质内容永远是核心竞争力。当前,技术是传媒内容创新的重要引擎。主流媒体在内容生产上的专业性优势毋庸置疑,但新技术应用仍显滞后。要广泛应用云计算、大数据、5G、人工智能等技术,推动内容生产供给侧改革。以原创、本土、精品、深度为标准,创新融媒体产品形态,利用短视频、直播、H5、VR等各种传播手段,打造更多与主流媒体品格和气质相统一的新闻精品,引领媒体直播化、移动化和产品化传播新趋势。

中老年人是新兴信息消费的巨大潜在人群。2020年10月25日,中央广播电视总台与中国老龄协会合作打造的云听客户端(乐龄版)上线,为中老年用户提供定制化、场景化互联网音频产品。河北省传媒业在开发银发市场领域有一定的基础,河北广播电视台曾在2009年开办服务中老年听众的金色年华之声频率,在全国产生较大影响。河北传媒业应该总结经验,研

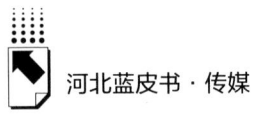

究新兴用户群体的需求特点、消费习惯，推出具有较强市场拉动作用的传媒新产品、新业态。

（二）加强媒资开发，提升优质资源变现能力

数字化时代，数据即资源。新闻媒体要利用多年积累的受众信息数据、社会政务资源和专业化的从业人才，统筹建设以客户端为主的自有新媒体平台。同时，要积极探索对商业平台流量的有效转化，使商业平台不仅是展示原创内容的"橱窗"，而且是吸引用户、黏住用户、沉淀用户的数据池、引流地，从而使优质资源转化为可以带来稳定、持久收益的经营资源。

2020年河北省主流媒体在优质资源IP打造上进行了有益尝试，推出了以《河北日报》《值班老总读报》为代表的现象级IP，取得了良好的联动效果。传媒业应加快探索步伐，将品牌节目（栏目）、名记者、名主持人等独有资源进行全媒化开发，打通报纸、电视台、网站、微博、微信、客户端等各类新媒体平台，推动"大屏带小屏、小屏通大屏、多屏联受众"，实现传播场域融通、传播价值共享、传播效应叠加。

（三）锤炼人才队伍，实行科学精细的人才管理机制

面对建设全媒体的转型挑战，河北省传媒业的人才队伍结构、专业技能甚至职业心态都要进行全面转向和调适。

传媒业应适应专业化人才队伍建设需要，尽快完善分行业人才引进标准，重点加强融媒体采编播、传播技术、产业经营等骨干人才和融媒体发展急需的精业务、会管理、懂经营的复合型人才的引进与培养，为事业发展提供源源不断的人才动力。与省内外高校、科研院所开展战略合作，实施订单式培养、项目式培训，推动传媒人才队伍科学转型。针对融媒体机构调整、运营模式的变化，深化薪酬分配机制改革。打破传媒从业人员身份界限，采用按岗定薪、同岗同酬、量化考核、多劳多得、少劳少得、不劳不得的分配模式，实行能上能下、能进能出的激励约束机制，激发人才队伍创新创业活力。

针对一些传媒从业者深感本领恐慌、职业困倦，以致职业认同感降低的现状，既要注重技能培训，也要加强职业精神的涵养。2021年是建党百年，也是我国建设社会主义现代化国家第二个百年奋斗目标的起步之年。在这一重要历史节点，建议河北省新闻界利用西柏坡作为新中国新闻事业摇篮的红色新闻资源、河北新闻名家辈出的人文资源，加强对传媒从业者的职业精神教育，增强其职业认同感、敬畏感和责任感，锻造敢打硬仗、坚强有力的新闻工作者队伍。

（四）完善综合服务功能，建设区域平台型主流媒体

平台化是互联网思维的重要内涵，主流媒体只有实现平台化才能真正沉淀用户、聚合资源，形成强大的传播力、服务力和引导力。目前，《人民日报》"全国党媒公共信息平台"，新华社"现场云"，中央广播电视总台"央视新闻""央视频"等中央级新媒体平台已经有效连接了全国传媒行业资源，增强了新媒体产品的生产制作和推广能力，向深度融合、一体发展迈出新步伐。① 湖北广电主导建设的"长江云"平台，疫情期间联动区域内省市县三级媒体资源，组成抗疫集结号，在信息传播、危机公关服务、舆情应对、在线义诊等方面发挥了积极作用。

河北省主流媒体要充分借鉴先进经验，在运营好现有微博、微信公众号和商业媒体平台账号的基础上，重点以新闻客户端为主阵地，加快建设区域平台型媒体。借助主流媒体的公信力优势，以媒体的连接性广泛聚集资源，本着"新闻传播价值，服务吸引用户"的原则，将优质内容资源、先进技术应用向新媒体平台倾斜。大力开发政务、民生、商务等综合服务功能，加快智媒体建设，助力智慧城市、智慧社区、智慧政府等智能化管理与服务，在塑造新型消费方式、生活方式和提升社会治理能力中发挥主导作用。

---

① 张垒：《2020：媒体融合发展新进展与创新趋势——来自中国国际服务贸易交易会的观察》，《中国记者》2020年第10期。

（五）畅通机制、优化布局，建设省市县高效协同的融合传播格局

媒体融合正在重构传媒体系，原有的四级办电视、条块分割的传媒格局也随着传播渠道的变化、资源的聚合、边界的重塑发生了结构性调整。面对潜力无限、兼具挑战的生态环境，河北省传媒业应全面调整结构布局，打破条块分割、部门分隔、各自为战的利益壁垒和管理障碍，对用户严重流失、缺乏市场竞争力的传媒机构、传媒业态实行关停并转，为传媒业消肿瘦身，减少转型阻力。同时，进一步优化资源配置，加快优秀人才、先进技术、管理机制的共融互通，推进集约化发展。

目前，省级媒体的区域协调力增强，县级媒体扎根基层、触角敏锐，而地市级媒体处于夹心层，对上和对下的沟通连接力、受众资源都在弱化。同时，地市级媒体主要依靠政府财政输血，既缺乏省级媒体的综合实力，又缺乏县级融媒体的政策支持，面临严重的生存危机。建议地市级媒体在先行试点的基础上，参照县级融媒体发展路径，用好媒体融合的政策红利，加大传媒体制机制的深层次改革力度，加快推进地市级报业、广电等传媒机构的整合，建设区域新型主流媒体。

（六）创新经营模式，打造现代传媒全要素产业链

在经济下行压力增大、广告主业收入下滑的形势下，传媒业尚没有可轻松复制的盈利模式。但是，"十四五"时期发展文化产业、数字经济等重大战略，以及京津冀协同发展、雄安新区建设、2022年北京冬奥会等国家大事也为河北省传媒业发展提供了机遇。

河北省传媒业应综合考虑地理区位、产业基础、发展空间、支撑条件等因素，按照"河北有基础、未来发展有市场、符合产业技术演进趋势"的原则，明确细分行业主攻方向，以重点领域突破带动传媒业整体跃升。一是拓展提升传媒主业营收能力。转变广告营销策略，通过创新广告形式、为广告主提供全方位信息服务、开展创意营销、打通内容产业上下游资源等，延伸和拓宽产业链条，构建"内容＋产业"全要素盈利模式。二是培育壮大

传媒业新优势。借助毗邻京津的独特区位优势,利用良好的科技创新生态体系和地方政务资源优势,发展壮大内容运营、信息服务、特色文创等传媒经济增长极。三是加快构建智媒体盈利模式。发挥5G、大数据、人工智能等先进技术的引领优势,加快建设智媒体示范项目、产业园区(基地),推进智媒体与智慧医疗、智慧教育、智慧旅游等数字产业的跨界融合发展。

(七)健全政策保障措施,为传媒业转型升级提供有力支撑

媒体融合是一场深刻变革,是一项社会性系统工程。除了传媒的自我革新,还需要加强政策支持,形成更加稳定的政策保障体系,确保传媒业在转型升级道路上行稳致远。

一是加强财政资金保障,加大传媒业项目引导资金、专项扶持资金的投入力度,用好各类基金,重点扶持核心技术研发、专业人才引进、产业项目融资等,破解传媒转型发展中的关键问题。进一步优化资金管理使用制度,提高资金使用效益。扶持有实力、有潜力的传媒企业上市,打造河北省领军型传媒旗舰。

二是完善人事薪酬制度,建立适应新型传媒发展规律的选人用人和薪酬激励制度。针对传媒业人员构成身份复杂、人才结构有待调整、市县媒体冗余人员包袱沉重等问题,政府相关部门要给予媒体单位充分的用人自主权和薪酬分配权,增强传媒业发展的内生动力。

三是强化监督管理,保障传媒业转型发展规范有序。在推进媒体深度融合、促进传媒业转型发展的过程中,既要建立适度容错纠错机制,鼓励创业主体的创新创造积极性,又要加强规范管理,防范制度性风险。一方面要严格落实中央关于媒体融合的一系列指导意见和制度规范,制定相应的实施细则;另一方面要积极应对传媒业转型发展中出现的新问题,完善新媒体运营资质审核、人员证照管理、职称评定、网络视听内容监管、融合传播效果评估等管理机制。

分 报 告
Topical Reports

B.2
2020年河北省报业发展报告

商建辉 张志平*

摘 要： 在报纸媒体经济指标整体下滑的大趋势下，新冠肺炎疫情的叠加效应，无疑使全国报业发展雪上加霜。受整体大环境影响，2020年河北报业发展也面临着前所未有的挑战。面对重重困难，河北报业坚持守正创新，努力构建全媒体传播体系，为奋力夺取常态化疫情防控和经济社会发展双胜利营造了良好的舆论氛围。但是，河北报业融合发展仍然存在诸多困境。本报告从互联网思维运营、移动客户端智能化、智库化转型以及地市级融媒体中心建设等方面提出建议，试图描绘出河北报业可持续发展的未来图景。

---

* 商建辉，河北大学新闻传播学院教授、艺术学理论博士生导师，河北省文化产业发展研究中心主任，河北省传媒与社会发展研究基地副主任，保定社会发展研究院文化产业发展研究中心主任，主要研究方向为媒介经营管理、文化产业管理；张志平，石家庄学院学工部（处）讲师，中国艺术研究院博士研究生，河北省文化产业发展研究中心研究员，主要研究方向为媒介经营管理、文化产业管理。

关键词: 报业 融媒体 智库

一 河北报业发展概况

河北报业各项主要经济指标仍然处于惯性下滑阶段，曾经一度收窄的下滑趋势，在2020年新冠肺炎疫情的影响下又加大了，河北报业发展面临更大的挑战和困难。2020年，河北省共面向公众出版报纸64种，其中省级报纸27种、市级报纸36种、县级报纸1种。

（一）报纸出版总量规模

从表1可见，2019年，河北省共面向公众出版报纸64种，与2018年持平；总印数10.67亿份，降低2.02%；总印张189.94亿印张，降低6.61%，总体仍处于下降态势。在下降幅度上，与2018年相比，2019年总印数下降幅度收窄了4.5个百分点，总印张下降幅度收窄了9.99个百分点，说明河北省报纸发行整体下降态势放缓。

表1 2017~2019年河北省报纸出版总量规模

总量指标	2017年		2018年		2019年	
	数值	增减(%)	数值	增减(%)	数值	增减(%)
品种(种)	64	0	64	0	64	0
总印数(亿份)	11.65	-9.12	10.89	-6.52	10.67	-2.02
总印张(亿印张)	243.86	-14.42	203.38	-16.60	189.94	-6.61

资料来源：《河北经济年鉴2018》，中国统计出版社，2018；《河北经济年鉴2019》，中国统计出版社，2020；《河北经济年鉴2020》，中国统计出版社，2021。

（二）广告收入情况

从图1、图2可见，受新冠肺炎疫情影响，2020年整个传媒行业广告刊例花费出现大幅下降，1~6月同比降幅达历史性的19.7%。在广告主整体投放动力不足的前提下，与整个传媒行业的下降趋势相比较，报纸广告刊例费用在下降幅度上要远高于行业平均水平。疫情期间，人们在家的时间延长，家庭场景的价值越来越受到广告主的重视，OTT广告投放占比提升，智能大屏时代为电视媒体带来新的发展红利，但是，同为传统媒体的报纸，则尚未找到有效的消费场景，在未来一段时间内，报纸媒体的广告收入仍不乐观。

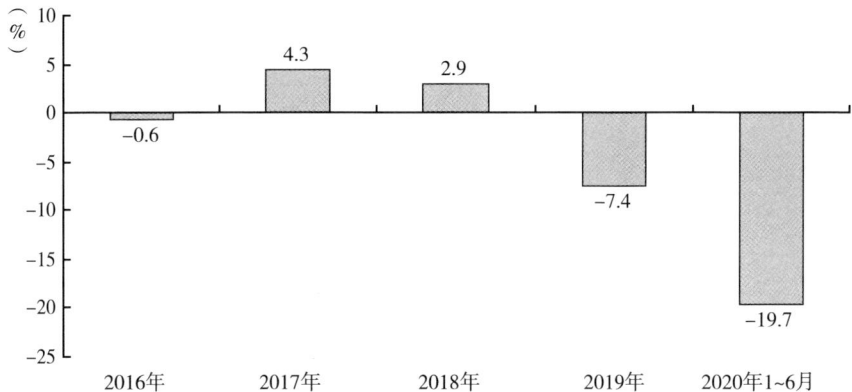

图1　2016～2020年全媒体广告刊例花费同比变化

说明：全媒体口径包括电视、广播、报纸、杂志、户外、互联网。
资料来源：《CTR：2020中国广告市场趋势报告（附下载）》，数据驱动未来网，2020年9月15日，http：//www.199it.com/archives/1114597.html。

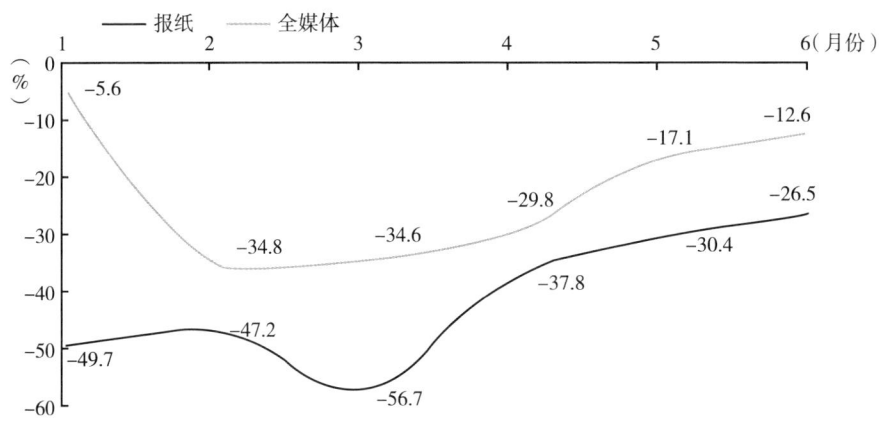

图2　2020年1~6月全媒体、报纸广告刊例花费同比变化

说明：全媒体口径包括电视、广播、报纸、杂志、户外、互联网。
资料来源：《CTR：2020年中国广告市场及广告主营销趋势报告（附下载）》，数据驱动未来网，2020年8月3日，http：//www.199it.com/archives/1093515.html。

（三）报纸地域层级结构

从表2可见，2019年，省级报纸总印数6.99亿份，相较于2018年下降2.51%，占报纸总印数的65.51%，相较于2018年下降了0.33个百分点；地市级报纸总印数3.65亿份，相较于2018年下降了1.08%，占比为34.21%，相较于2018年上升了0.33个百分点；县级报纸总印数0.03亿份，占比为0.28%，与2018年基本持平。

表2 2017~2019年河北省报纸地域层级结构

单位：亿份，%

地域层级	2017年		2018年		2019年	
	总印数	比重	总印数	比重	总印数	比重
省级报纸	7.35	63.09	7.17	65.84	6.99	65.51
地市级报纸	4.27	36.65	3.69	33.88	3.65	34.21
县级报纸	0.03	0.26	0.03	0.28	0.03	0.28
合计	11.65	100	10.89	100	10.67	100

资料来源：《河北经济年鉴2018》，中国统计出版社，2018；《河北经济年鉴2019》，中国统计出版社，2020；《河北经济年鉴2020》，中国统计出版社，2021。

相较于2018年，2019年河北省内省级报纸、地市级报纸呈现总印数的下滑趋势，地市级报纸的下滑趋势明显收窄，2018年下滑幅度达到了13.58%，2019年下滑幅度仅为1.08%，所占比重也有所上升；而省级报纸则相对稳定，与2018年相比，下滑幅度基本保持在2.51%，占全省比重保持在65%以上；县级报纸基本保持稳定。

下滑幅度的差异，造成河北省内各层级报纸所占比重有所变化，但是河北报纸行业整体格局并未发生较大变化，省级报纸总印数所占比重仍然占据六成以上，在省内报纸行业的主导地位继续稳固，而地市级报纸则止住了下滑趋势，下滑幅度收窄明显，呈现迎头赶上的趋势。

（四）报业发展增速和增长贡献率

根据2019年国家新闻出版署发布的报告，在各省市新闻出版总体经济规模综合评价中,河北省首次退出全国前10位,且在增长速度和增长贡献率两个指标上,自2017年以来河北省均未曾进入全国前10位。由此可见,河北新闻出版产业整体发展劲头不足,缺乏发展的强劲增长点,在全国各地区竞争中处于劣势(见表3、表4)。

表3 2017~2019年新闻出版总体经济规模综合评价前10位

排名	2017年		2018年		2019年	
	地区	排名变化	地区	排名变化	地区	排名变化
1	广东	0	广东	0	广东	0
2	山东	0	山东	0	江苏	2
3	北京	2	北京	0	北京	0
4	浙江	-1	江苏	1	山东	-2
5	江苏	-1	浙江	-1	浙江	0
6	上海	0	上海	0	上海	0
7	河北	0	河北	0	福建	2
8	安徽	0	四川	1	四川	0
9	四川	1	福建	1	安徽	1
10	福建	-1	安徽	-2	江西	1

注:1. 选取营业收入、增加值、总产出、资产总额、所有者权益(净资产)、利润总额和纳税总额7项经济规模指标,采用主成分分析方法,通过SPSS直接计算所得,仅用来显示各地区的相对位置。

2. 未包括数字出版、打字复印、邮政发行、版权贸易与代理、行业服务与其他新闻出版业务。

资料来源:《2017年新闻出版产业分析报告》《2018年新闻出版产业分析报告》《2019年新闻出版产业分析报告》;国家新闻出版广电网,http://www.chinaxwcb.com。

表4 2017~2019年报纸出版增长速度、增长贡献率排名

排名	2017年		2018年		2019年	
	增长速度	增长贡献率	增长速度	增长贡献率	增长速度	增长贡献率
1	安徽	广东	河南	江苏	贵州	北京
2	贵州	山东	云南	浙江	河南	江苏
3	黑龙江	江苏	江苏	广东	北京	广东
4	四川	安徽	浙江	北京	甘肃	河南

续表

排名	2017年		2018年		2019年	
	增长速度	增长贡献率	增长速度	增长贡献率	增长速度	增长贡献率
5	广东	浙江	贵州	河南	黑龙江	浙江
6	山东	北京	四川	山东	山西	贵州
7	江苏	四川	北京	四川	辽宁	湖南
8	北京	上海	湖北	福建	江苏	福建
9	上海	湖南	福建	湖北	内蒙古	四川
10	新疆	河南	天津	上海	广西	辽宁

注：1. 增长速度=（该地区本年营业收入-该地区上年营业收入）÷该地区上年营业收入×100%。

2. 增长贡献率=（该地区本年营业收入-该地区上年营业收入）÷（各地区本年营业收入合计-各地区上年营业收入合计）×100%。

资料来源：《2017年新闻出版产业分析报告》《2018年新闻出版产业分析报告》《2019年新闻出版产业分析报告》；国家新闻出版广电网，http://www.chinaxwcb.com。

（五）政府预算支出

在"全国一般公共预算文化体育与传媒支出"中，"广播影视新闻出版支出"逐年增加，与2015年的13.68亿元相比，2018年增加了60.6%，达到了21.97亿元（见图3）。2015年其在"全国一般公共预算文化体育与传媒支出"中所占的比重为16.5%，到2018年比重上升至19.08%，增加了2.58个百分点。可见，河北各级政府部门不仅在发行领域对报纸媒体给予保障，也利用财政支付转移为报业媒体输血，为其生存和融合发展转型提供支持。

（六）头部报纸媒体发展情况

2019年位列全国经济规模前10位的报刊传媒集团，除个别位次发生变化外，基本与2018年保持不变（见表5）。其中东部地区占据7个名额，中部地区占据2个名额，西部地区占据1个名额。而作为东部省份的河北省，则始终未能上榜，这也显示出河北省内报业发展"有高原而缺高峰"的现实情况，头部集团的缺失也制约着河北报业的整体创新能力和可持续发展能力。

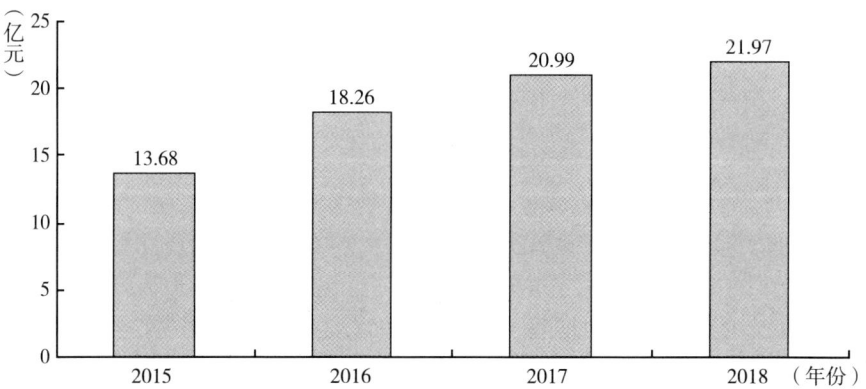

图 3　2015~2018 年河北省"全国一般公共预算广播影视新闻出版支出"

资料来源：《中国文化及相关产业统计年鉴 2016》，中国统计出版社，2016；《中国文化及相关产业统计年鉴 2017》，中国统计出版社，2017；《中国文化及相关产业统计年鉴 2018》，中国统计出版社，2018。

表 5　报刊传媒集团总体经济规模前 10 位

综合排名	2017 年		2018 年		2019 年	
	报业集团	排名变化	报业集团	排名变化	报业集团	排名变化
1	上海报业集团	0	浙江日报报业集团	1	上海报业集团	1
2	浙江日报报业集团	0	上海报业集团	-1	浙江日报报业集团	-1
3	成都传媒集团	0	成都传媒集团	0	湖北日报传媒集团	1
4	陕西华商传媒集团	2	湖北日报传媒集团	3	成都传媒集团	-1
5	山东大众报业(集团)有限公司	0	山东大众报业(集团)有限公司	0	河南日报报业集团	1
6	广州日报报业集团	-2	河南日报报业集团	2	广州日报报业集团	2
7	湖北日报传媒集团	0	深圳报业集团	4	山东大众报业(集团)有限公司	-2
8	河南日报报业集团	0	广州日报报业集团	-2	江苏新华报业传媒集团	2

续表

综合排名	2017年		2018年		2019年	
	报业集团	排名变化	报业集团	排名变化	报业集团	排名变化
9	重庆日报报业集团	4	南方报业传媒集团	1	深圳报业集团	-2
10	南方报业传媒集团	0	江苏新华报业传媒集团	2	南方报业传媒集团	-1

资料来源：《2017年新闻出版产业分析报告》《2018年新闻出版产业分析报告》《2019年新闻出版产业分析报告》；国家新闻出版广电网，http://www.chinaxwcb.com。

（七）报纸融合传播水平

全国报纸媒体利用的各种不同传播渠道中，微博和自建新闻客户端的用户数量规模较大，用户数平均值分别达到了454.5万人和625.9万人，分别是报纸用户数平均值的11.9倍和16.4倍（见图4）。因此，报纸媒体的未来仍应当专注于移动端，特别是要利用好自建新闻客户端，利用互联网思维，重视用户管理和服务化营销，将用户转换为大数据资源，努力打造未来报纸媒体发展的新平台、新圈层、新生态。

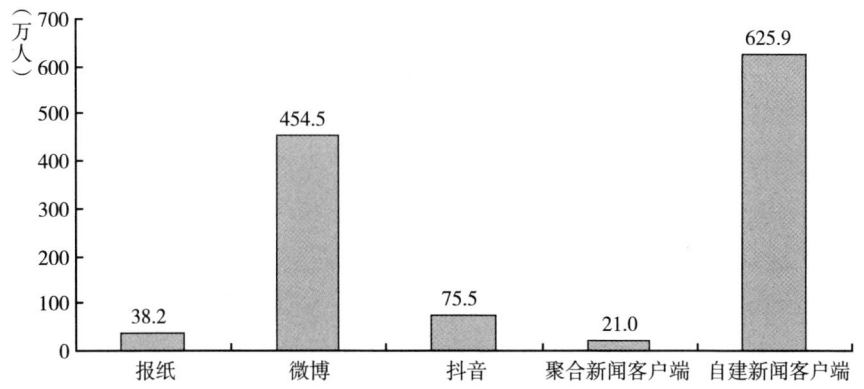

图4 2019年报纸媒体不同传播渠道用户数

资料来源：《2019年中国媒体融合传播指数报告》，人民网研究院，2020年4月。

对于单条新闻播放量,抖音因信息量大、流量大、算法推送等优势,播放量遥遥领先,已经超过了微博、微信等传播渠道(见图5)。抖音具有单条新闻播放量优势,可以成为未来主流媒体信息传播的重要渠道,报纸媒体要掌握抖音内容生产和传播的规律,坚持以"正能量、暖新闻"为总基调,生产贴近本地生活的短视频内容。

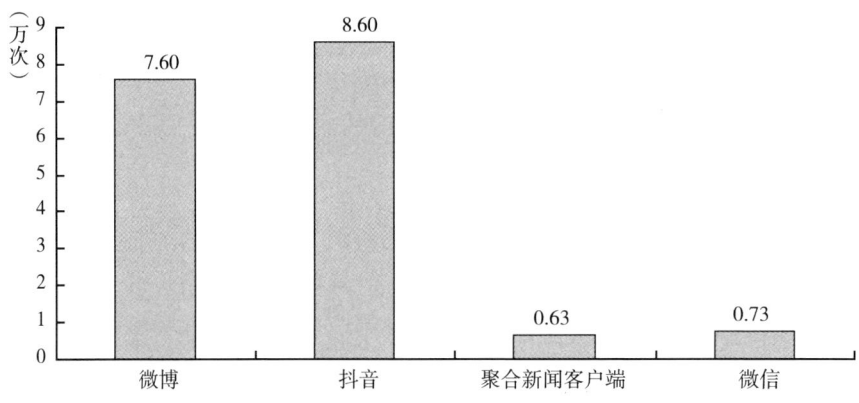

图 5　2019 年报纸媒体不同传播渠道单条新闻播放量

资料来源:《2019 年中国媒体融合传播指数报告》,人民网研究院,2020 年 4 月。

在抖音传播渠道方面,河北省内的报纸表现不俗。2019 年,中国新闻史学会应用新闻传播学会发布《媒体抖音元年:2018 发展研究报告》,河北青年报社在所有媒体抖音号影响力排名中排第 11 位,在平面媒体抖音号影响力排名中排前 10 位,在省级媒体抖音号影响力排名中也排前 10 位,是河北省内排名最高的媒体。①

在报纸融合传播力百强分布图中,北京独占鳌头,仅北京一地的百强报纸媒体就占全国的近 1/3,主要因为人民日报、环球时报、光明日报等众多中央级报纸整体表现突出,在百强报业媒体中占据 26 席,而北京一地中央级报纸就有 24 家。广东、山东、四川等省市位列第二集团,均有 4 家及以

---

① 耿硕:《河北青年报荣获平面媒体抖音号省级媒体抖音号影响力双前》,河北青年网,2019年 1 月 4 日,https://www.hbynet.net/detail/8/23255。

上报纸进入百强。而河北省则居全国第 19 位，处于第三集团，有河北日报和河北青年报两家报纸进入全国报纸融合传播力百强名单，分别位列第 17 位和第 93 位（见图 6）。可见，河北省报纸融合发展在全国处于较为落后水平，河北日报和河北青年报分别作为党报和都市报的领军者，要充分发挥自身在报纸融合发展中积累的经验，有效带动河北报业整体融合质量和传播力的提升。

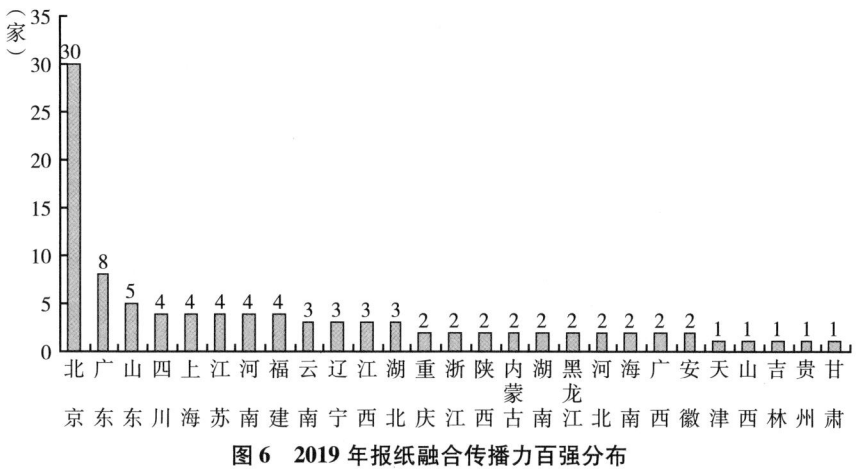

图 6　2019 年报纸融合传播力百强分布

资料来源：《2019 年中国媒体融合传播指数报告》，人民网研究院，2020 年 4 月。

二　河北报业发展特点分析

2020 年，虽然受新冠肺炎疫情影响，河北报业面临前所未有的挑战和困难，但是河北省、市、县各级报纸媒体坚持守正创新，加快推进媒体深度融合步伐，努力探索媒体融合的"河北方案"，全力构建全媒体传播体系。

（一）坚持守正创新，主流媒体舆论引导力不断提升

新冠肺炎疫情发生后，以河北日报为代表的河北省内主流媒体，与时间赛跑，坚守"第一时间"原则，加强主题策划，做好权威疫情发布。全天候与河北省卫生健康委、省疾控中心联系，第一时间了解掌握全省疫情和防控情况。

截至2020年5月,《河北日报》刊登疫情方面的重点报道2935篇,其中自采稿件2197篇;河北新闻网以及河北日报客户端、官方微博、微信、抖音号、人民号等全媒体宣传矩阵,累计发布报道77831余篇(条),总阅读量113.7亿次,彰显出党报集团在重大事件中的新闻舆论传播力、引导力、影响力和公信力。

同时,河北经济日报也从精品生产入手,全力打造主流媒体舆论引导力,重点从三方面入手。一是积极与各级融媒体中心合作,对主流舆论报道信息进行整合。开设《冀云·时间——全省融媒体中心联动展播》等栏目,以图文、图表等形式发布信息,打通疫情防控宣传的"最后一公里"。二是注重专题策划,先后推出以"经济战'疫'"为主题的系列专题版面,以及"河北这些政策很给力""河北各地举措很硬核""河北精心描绘春耕备耕图""河北按下精准委托复工复产快进键""河北脱贫攻坚咬定目标不放松""河北多举措稳投资""河北锚定就业大盘 援企稳岗促复工"等7个专题版面。三是创作了一批有温度、有品质、有看点的系列公益广告作品。针对疫情防控期间涌现的先进个人及事迹,《河北经济日报》利用专门版面进行报道,先后制作了以"众志成城 防控疫情"和"致敬"为主题的系列公益广告,还连续推出"共同战'疫'""河北战'疫'党旗红""打响疫情防控阻击战"等9期公益广告版面,成为疫情防控期间省内主流媒体舆论引导的重要阵地。①

(二)加快推进媒体融合,初步形成全媒体传播体系

河北日报报业集团坚持"移动优先"战略,强力推进媒体深入融合,将优势资源向互联网集中,加快移动端传播体系建设和传播能力提升,努力构建全媒体传播体系。截至2020年6月,已形成以河北新闻网、河北日报客户端、河北日报官方微博和微信为主,覆盖人民号、头条号、抖音号、大鱼号、腾讯企鹅号等平台的全媒体矩阵,新媒体平台总用户数超过3247万人,大大提升了党媒的网络舆论话语权。其中,河北日报客户端下载量达到

---

① 吴绍冰、常素莉:《发挥融合优势 做好舆论引导——以河北经济日报新冠肺炎疫情报道为例》,《新闻战线》2020年第6期,第38~39页。

1300万次，注册用户超过510万人，处于全国省级党报新闻客户端第一方阵；河北日报官方微博、微信立足移动端阵地，关注受众的阅读行为、兴趣偏好，通过开展全方位服务和多层面互动，影响力不断攀升，官方微博粉丝总量突破350万人，官方微信订阅用户近90万人。①

人民网发布的《2020年全国党报融合传播指数报告》显示，河北日报进入党报融合传播力TOP 10，居第10位。在纸报、网站、微博、微信、自有App、入驻App、入驻抖音等各渠道的传播力都进入TOP 20，其中河北日报微信公众号在全国355家党报中排第12位，在省级党报中排第2位。②

（三）注重优质内容创新，形成融媒体内容供给体系

习近平总书记指出："对新闻媒体来说，内容创新、形式创新、手段创新都重要，但内容创新是根本的。"③ 河北省报纸媒体始终将内容创新作为发展的原动力，致力于在内容供给侧加大媒体融合力度，努力生产优质融媒体内容。新冠肺炎疫情发生后，河北日报报业集团各媒体迅速动员部署，展开全媒体报道。截至2020年6月底，报、网、端、微已累计发布相关文、图、视报道77831篇（条），总阅读量达到113.7亿次，为奋力夺取常态化疫情防控和经济社会发展双胜利营造了良好的舆论氛围。其中，新闻作品和新媒体产品点击量超过100万次的有1260余件，点击量超过1000万次的有230余件，点击量超过1亿次的有10件。另外，河北日报原创短视频栏目《值班老总读报》推出《"战疫"微观察》56期，浏览量超过4000万次，被中国记协列入传媒大事记。④

---

① 刘翠敏：《在守正创新中推动媒体深度融合——河北日报报业集团的融合发展实践》，《传媒》2020年第18期，第64~66页。
② 《人民网研究院发布〈2020全国党报融合传播指数报告〉》，网易网，2021年1月7日，https：//www.163.com/dy/article/FUKLE8HU0514R9M0.html。
③ 《总书记新闻舆论金句——内容创新是根本》，人民网，2019年10月28日，http://yuqing.people.com.cn/n1/2019/1028/c430404-31424899.html。
④ 刘翠敏：《在守正创新中推动媒体深度融合——河北日报报业集团的融合发展实践》，《传媒》2020年第18期，第64~66页。

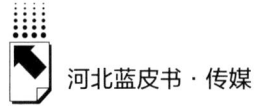

（四）加大政务服务力度，构建报纸与政府间的战略联盟

2020年11月12日，河北日报报业集团与河北省农业农村厅签署战略合作框架协议。此项战略合作，是双方资源共享、优势互补、强强联合的战略举措，充分发挥河北日报在融媒体实践中积累的技术优势，帮助河北省农业农村厅建设河北农业农村融媒体宣传平台，重点在系统宣传党的"三农"政策、现代化农业科技、先进农业经营理念等方面深入合作；河北日报报业集团还将利用其全媒体矩阵的传播优势，积极宣传推广"冀字号"农业品牌，为推进乡村振兴战略实施，全面建设社会主义现代化国家提供坚强的宣传舆论保障。①

石家庄日报社也以客户端为依托，定位于打造新型主流党媒平台和优质综合性服务平台，集"新闻＋政务＋服务＋社交"于一体，与石家庄市教育局、人社局、卫健委和平山县、正定县、栾城区等政府部门签署了合作协议，合作内容集中在加强内容建设和党建、政务平台入驻等方面。②

（五）积极参与文创产业，探索多元化经营发展策略

传媒产业与文创产业具有天然的关联性，传媒产业不仅属于文创产业的重要组成部分，而且为文创产业发展提供了传播平台。因此，传媒产业参与文创产业发展具有一定的优势，省内已有多家报纸媒体尝试参与文创产业发展。河北日报报业集团运营的文创平台——河北文创产品智慧营销服务平台，利用《河北日报》全媒体矩阵的优势，将传播优势转化为平台优势，在河北省内打造了一个全新的文创消费平台，将文创消费场景从线下转移至线上，为文创企业和目标消费者打造了一个互惠沟通的平台。报业集团转向

---

① 孔思远：《河北省农业农村厅与河北日报报业集团签署战略合作框架协议》，河北新闻网，2020年11月12日，http：//hebei.hebnews.cn/2020－11/12/content_ 8207573.htm？spm＝0.0.0.0.3fHOXJ。

② 魏会博：《石家庄日报新闻客户端20日正式上线》，新华网，2020年1月20日，http：//www.he.xinhuanet.com/xinwen/2020－01/20/c_ 1125486107.htm。

文创产业开发经营，不仅能够降低宣传推广费用，由于属于相近行业跨业经营，经营风险也相对较小。①

河北青年报社积极承接政务服务、高端活动策划等项目，不断拓展自身业务范围。先后承接了河北省质量技术监督局的"质量河北"口号征集活动、河北省第九届残运会的整体宣传策划等政务项目；承接"燕赵健康大讲堂"，全年24场活动遍布全省，累计现场参加人数超过12000人，同步网络直播累计观看量近千万次；策划、承办的第二届中国（河北）·瑞士金融开放创新论坛在石家庄成功举办，瑞士企业界人士与河北企业家一起畅谈经济合作。

（六）加快组织架构变革，改革完善新闻策采编发机制

为适应媒体融合发展需求，河北日报专门设立客户端频道总监，由河北日报各采访部门直接领办客户端专业频道，时政新闻部、经济新闻部、文化新闻部等7个采访部门，分别领办客户端时政、经济、文化等专业频道，采访部门主任同时承担报纸和客户端专业频道的全媒体报道策划、采写、客户端稿件编审任务，日常报道实现"先端后报"。另外，从2018年1月开始实施《河北日报全员全媒体绩效考核办法》，将报、网、端、微、号各平台统一纳入工作量考核范围，实行纸媒与互联网平台一体考核、优稿优酬、多劳多得，通过考核指挥棒引导采编人员将工作重心向互联网平台转移。

三 河北报业发展建议

（一）转变经营思想，以"互联网+"思维运营融媒体

通过上述分析可见，河北省报业的影响力、传播力提升效果明显，而报业收入、利润等经济指标则仍处于下滑趋势，社会效益与经济效益倒挂现象

---

① 王建：《河北文创产品智慧营销服务平台今日正式上线》，河北新闻网，2020年8月18日，http://zhuanti.hebnews.cn/2020-08/18/content_8059947.htm。

明显。分析原因,除了报业"断崖式"下滑的经济惯性外,还因为报纸媒体虽然已经建成了"中央厨房"融媒体设施、生产了有影响力的融媒体新闻产品,但是经营思维仍停留在传统媒体广告营销。正如央视市场研究资深研究顾问姚林所说,"当DAU①等早已成为互联网经营最基本的经营指标、考核指标、计费方式和评价体系时,传统媒体还在与客户讨论折扣和渠道搭售"②。

因此,只有转变报纸媒体的融媒体经营思维,从"+互联网"转变为"互联网+",才能将传统报纸转变为真正的融媒体,才能实现由发布型媒体向平台型媒体转变。河北报纸媒体要重点从两方面下功夫:一是以"互联网+"思维转变广告营销策略,创新广告形式,注重视频广告、搜索广告、电商广告等形式开发,致力于打造为广告主提供全方位信息服务的平台;二是以"互联网+"思维建设平台型媒体,突破现有融媒体单纯信息发布的生产逻辑,以媒体的连接性为基础逻辑实现跨界融合,使融媒体成为改变消费方式、生活方式、社会结构的重要平台。

(二)借助技术赋能,提升移动客户端智能化水平

现阶段,报纸媒体虽然已经初步实现了融媒体矩阵的构建,河北省内所有报纸几乎都已经开设了微博、微信公众号,并入驻头条号、人民号、抖音号等新媒体平台,构建了主要新媒体平台全覆盖的矩阵,仅河北日报报业集团在新媒体平台的总用户数就超过3247万人。但是,也应该清醒地认识到一点,报纸媒体的微博、微信公众号、头条号、大鱼号等新媒体形式,都是"纸媒+互联网"的组织形式,依托的仍然是互联网公司的新媒体平台,纸媒只是互联网公司的众多用户之一,是传统媒体在信息发布媒介上的数字化。虽然短期内能够为报纸扩展发布渠道,增加间接用户数量,但并不能真正解决纸媒的经营困境。

---

① DAU(Daily Active User),日活跃用户数量,通常统计一日之内登录或使用了某个产品的用户数(去除重复登录的用户),常用于反映网站、互联网应用的运营情况。
② 姚林:《报业融媒体经营转型分析》,《青年记者》2020年第1期,第27~30页。

在智能时代，传统媒体与真正意义上的融媒体最大的区别，不在于传播渠道的差异，而在于是否掌握以大数据、算法为核心的人工智能技术。用户画像、个性化推送、精准投放等是智能时代融媒体的基本要求，这些都是以大数据和算法为基础的。因此，河北报业要勇于试水人工智能技术，加强对移动客户端用户数据的挖掘和分析，根据用户使用数据为用户画像，大力开发推送功能、搜索工具，重视用户管理和服务化营销，使用户数据成为最大经济增量。与此同时，移动客户端作为一种综合信息服务平台，除了承载新闻信息发布，还应当成为人们生活的全新场景，应积极拓展"新闻＋社区＋政务"的移动客户端开发，使人们通过移动客户端进行社交互动、政务办理、生活缴费，甚至利用它解决所有的生活问题。例如，重庆日报报业集团的上游新闻，下载量已经超过2000万次，近80%是市外用户，日均访问量达到600万次，日活跃用户数量达100万人，日均受众超过4000万人，跻身全国新闻客户端十强，成为现象级移动传播平台；县级融媒体的样板单位——长兴传媒集团开发的"掌上长兴"客户端，作为融媒体中心的龙头工程和主力平台来建设，集新闻、政务、服务于一体，已成为所属县域信息量最大、点击量最高、最受群众欢迎的综合信息服务平台。①

（三）发挥专业优势，促进报业智库化转型

报纸媒体具备三方面的专业优势。一是区域数据优势。报纸长期深耕某一地区的新闻报道，积累了数十年的纸质报、数字报资料，涵盖了该地区各个领域、行业、阶层等的新闻报道记录，加之媒体融合以来，积累了数百万数字用户，掌握了大量第一手、精准的市场数据。二是专业人才优势。报纸长期以来积累了大量记者、编辑等专业人才，凭借过硬的业务素质、经验积累，能够较快地转换角色，由单一的新闻专业人才向新闻与研究并重的复合型人才转换。2019年12月6日，南方都市报举行"智媒赋能治理高峰论坛"，南都报系党委书记、总裁梅志清在会上介绍，南方都市报将废除计件

---

① 刘建华：《中国新闻传媒业融合发展十二大现状》，《编辑之友》2020年第2期，第23~30页。

制薪酬绩效体系，实现全员客体化，只有20%的员工做公共新闻，80%的采编人员转向新闻与研究并重。① 三是政府资源优势。报纸媒体往往与当地政府部门关系密切。记者通过"跑线"，对长期负责的领域政府资源也较为熟悉，容易获取政府部门的第一手数据资源，使其智库化转型的数据来源更加真实可靠。

河北省报业的智库化转型已经悄然展开。2018年，邯郸日报社与重庆日报报业集团联合发起成立了中原天工指数研究院。邯郸日报社的智库定位于为邯郸市以及整个中原地区政府、企业提供专业化的数据报告。其重点从大数据应用、新闻传播、社会服务三个方面入手，以大数据应用为技术支撑，以新闻传播塑造品牌影响力，以社会服务为根本宗旨。由于其贴近市场、运营灵活、数据专业，成立至今，中原天工指数研究院累计推出专业数据报告500余份，服务业务单位150余家。② 邯郸日报社的智库化转型，为河北省报业提供了一条全新的发展道路，值得省内其他报纸媒体借鉴。

（四）挖掘地市媒体潜力，加快地市级融媒体中心建设

目前，省级报纸媒体加快推动媒体融合发展，立足于主流媒体传播力、引导力、影响力、公信力的提升，基本都已完成"中央厨房"系统的建设，初步构建起集两微一端一网站，以及以众多新媒体平台账号为主体的融媒体矩阵，基本已经形成全媒体传播体系的雏形。随着2018年中央统一部署在全国范围内开展县级融媒体中心建设工作的推进，县级融媒体中心建设为县级报业发展提供了历史性机遇。在具体实践中，以浙江长兴日报、江西修水报、北京延庆报等为代表的县级报纸，组建了县级融媒体集团，努力打造"新闻+政务+服务"的全媒体平台，成为县级报纸成功转型为融媒体中心

---

① 陈国权：《寻找"非市场需求"——2019中国报业转型发展报告》，《编辑之友》2020年第2期，第63~68页。
② 中原天工指数研究院：《智库领航 数驭未来》，新浪网，2020年8月7日，https：//t.cj.sina.com.cn/articles/view/3066213245/b6c2b37d01900p6ie? from=tech。

的典型案例。

与省级报纸媒体、县级报纸媒体相比，地市级报纸媒体的发展路径并不清晰。从2019年全国报业年检数据可以看到，几乎所有报纸的发行收入都在千万元以上，占地市级党报总收入的三分之一甚至一半以上，这在十年前广告市场一枝独秀的时代是不可想象的。① 可见，地市级报纸媒体主要依靠政府财政支持，既缺乏省级报纸媒体的综合实力，又缺乏县级融媒体的政策支持，发展活力亟待激活。因此，河北省地市级报纸媒体应当主动作为，参照县级融媒体发展路径，在数字技术、网络技术、移动技术与智能技术的有力推动下，积极与电视台、电台等传统媒体进行全面整合，组建新的全媒体机构。

2019年9月，张家口市率先进行了地市级媒体的改革，将张家口日报社、张家口广播电视台合并组建张家口新闻中心（张家口新闻传媒集团），以建立有文化特色的现代企业制度为重点，有效推动了张家口媒体融合发展，提升了张家口主流媒体的整体实力和竞争力。② 当然，传统媒体"物理层面"的合并仅仅是媒体融合发展的第一步。地市级融媒体中心建设要实现"化学层面"的融合，首先要深刻理解媒体融合发展的内在规律，通过整合地市各类资源，重构内容生产模式，增强政务服务功能，拓展民生服务范围，打造"新闻+政务+服务+社区"的融媒体智慧服务平台。

---

① 刘建华：《中国新闻传媒业融合发展十二大现状》，《编辑之友》2020年第2期，第23~30页。
② 王宋平：《张家口市新闻中心（张家口新闻传媒集团）正式揭牌》，张家口新闻网，2019年10月8日，http://szbk.zjknews.com/shtml/zjkwb/20191008/444347.shtml。

B.3
2020年河北省广播电视事业发展报告

孙荣欣　崔　元*

摘　要： 2020年，河北省广电系统坚持守正创新，壮大主流舆论，在抗击新冠肺炎疫情、脱贫攻坚、奋力推进"三件大事"等重点工作中，主动发挥自身优势，积极宣传省委、省政府的决策部署，发挥了鼓舞斗志、坚定信心、凝聚力量的作用；积极探索媒体融合路径，构建全媒体传播格局。在推进媒体融合、主力军向主阵地转移的过程中，由于没有现成的经验可以借鉴，还存在诸如盈利模式缺乏、专业人才不足、传播力有待提高等问题。2021年，河北省广电系统应进一步明确发展定位，鼓励优质内容生产，同时压缩过多的频率频道，集中优势资源打造核心竞争力。

关键词： 广播电视事业　全媒体　融合发展　频道精减

一　2020年河北省广播电视事业整体发展情况

（一）发挥行业优势，助力打赢疫情防控阻击战

2020年1月24日河北省启动重大疫情突发公共卫生事件一级响应之后，全省广电系统启动应急报道机制，广播、电视、融媒体中心快速反应，

---

* 孙荣欣，河北省社会科学院新闻与传播学研究所副研究员，主要研究方向为广播电视、新媒体传播；崔元，河北深泽县融媒体中心编辑。

第一时间报道中央和省委、省政府、市委、市政府重要防控举措，及时发布全国疫情权威信息，深入挖掘河北省支援湖北医疗队和本地医护工作者的典型事迹，传播防控科普知识及服务信息，回应社会关切和舆论关注，为打赢疫情防控阻击战发挥了应有作用。同时，统筹做好河北经济社会发展的宣传报道，全面报道全省各地多措并举、推动复工复产的生动实践，为夺取疫情防控与经济社会发展双胜利营造良好氛围。

1. 增加防疫抗疫新闻节目播出，有效引导社会舆论

河北广播电视台以及石家庄、沧州、唐山等各市级广播电视台新闻栏目开设"坚决打赢疫情防控阻击战"等专题专栏，高密度、大体量及时跟进报道，及时传播党和政府的声音，有效引导社会舆论。《河北新闻联播》集中报道全省各地以及京津冀联防联控、遏制疫情蔓延的多种举措；河北新闻综合频率《全省新闻联播》和《河北新闻》两档节目推出"抗疫之战里的河北科技力量""战疫扶贫两不误"等14个专栏、5组系列报道，打出新闻宣传组合拳，取得良好宣传效果。多位记者深入医院、社区、农村、高速公路、工厂企业等疫情防控和复工复产一线，用镜头记录下发生在河北支援湖北医疗队及雷神山医院施工现场、各地各定点收治医院等地的感人故事，讲好来自抗击疫情最前线的河北故事。

河北卫视从2020年1月31日开始，每天12：00与公共频道并机播出抗击疫情特别节目《战"疫"快报》，每天22：00播出《战"疫"时刻》，停播原时段节目，并通过《家政女皇》节目介绍疫情防控知识。河北新闻综合频率自2020年1月29日16点开始和新媒体平台同步直播《同舟共济，众志成城，打赢疫情防控阻击战》，该节目每天10：00~11：00、16：00~17：00播出，是全台最早开办的战疫特别节目。河北交通广播作为省级应急广播，在节目中插播《应急广播快讯》，赶制科普提示微广播插件，实行不间断滚动播出，日均播出上百条次。石家庄广播电视台交通广播推出《防控疫情我们在一起》特别节目，设置了"快乐宅在家"等主题板块，全方位科普防控疫情专题知识。辛集广播电视台专门录制《新型冠状病毒肺炎防控知识》电视访谈节目，邀请权威专家在线讲解防控知识，深入解读防控政策，为受众答疑释惑。

新媒体平台是抗疫宣传的重要力量。河北省广播电视局与"学习强国"河北学习平台启动"纪录一线"疫情防控原创网络视听作品征集活动，筛选优秀作品在"学习强国"河北学习平台、冀云融媒体平台等播出，并向京津冀相关网络视听展播活动等推荐。自2020年1月20日起，冀时客户端陆续开设"坚决打赢疫情防控阻击战""抗疫一线——聚焦河北援助湖北医疗队""燕赵抗疫群英谱""夺取疫情防控和经济社会发展双胜利·记者走基层"等9个专题。河北卫视通过微信公众号、微博、抖音、快手不间断发布抗击新冠肺炎疫情的信息，回应百姓关切。截至2020年4月8日，河北卫视通过微信、微博、抖音、快手等平台累计发布信息1196条，总阅读量达5317.7万次。河北新闻综合频率微信公众号向省网信办申请了从每天3次更新增加到每天5次更新，信息发布更加及时。截至2020年3月15日，河北新闻综合频率在微信公众号、微博、冀时客户端、今日头条、学习强国、抖音六大平台共发稿10644篇（次），总阅读量达5.6亿次，其中阅读量超10万次的有475篇，超50万次的有98篇，超100万次的有86篇，超千万次的有8篇。重点推出的融媒系列报道《前线日志》，记录了百余位河北省医务工作者的感人故事，加深了公众对医务人员工作的理解和支持，受到广泛好评。

邯郸广播电视台充分发挥"1+20"融媒体市县一体化平台和市县乡村四级微信矩阵融合传播优势，在平台内精准推送抗疫信息，让群众第一时间看到主流媒体的权威发布。从2020年1月24日开始，7天时间内累计推送各种防控疫情的资讯、科普知识、防护手册、动态新闻1000多条，其中《邯郸网上发热门诊上线！方便市民咨询》《邯郸医务工作者驰援武汉》等诸多融媒体产品收获了10万多次的点击量。

2. 大密度播出公益广告、公益节目，凝聚抗疫力量

据统计，正月初一至初七，河北省各广电播出机构累计播出抗击疫情公益广告93315次[①]，播出总时长约为1573小时；其中，河北广播电视台广播

---

① 张世豪：《河北省广电系统多措并举做好疫情防控工作》，长城网，2020年2月6日，http://report.hebei.com.cn/system/2020/02/06/100185572.shtml?from=timeline。

频率每天播发总量超过 200 条，电视频道每天播发总量超过 150 条。除播出国家广播电视总局推荐的主题公益广告外，河北广播电视台制作了《阻击病毒"吸吸"相关》《冀鄂同心，武汉加油》《众志成城，共同战疫》等多部公益广告作品，保定等市台也制作完成了《少凑热闹不聚会》《不传谣不信谣》等多部音频公益广告作品，确保防控宣传形成合力、取得实效。河北新闻综合频率推出《自我防护篇》《返程防护篇》《从我做起篇》《共克时艰篇》《河北、湖北心在一起篇》等五篇抗击疫情整点公益报时，在传统广播当中一天 20 次整点高密度播出，及时宣传防护知识，稳定人心，为打赢疫情防控阻击战凝心聚力。唐山广播电视台制作公益广告 259 条、播发 4.5 万条（次），创作文艺作品 71 篇（件），播发《疫情通告》上百个数千次，播发字幕 1405 小时。

2020 年 1 月 30 日，由河北广电影视文化有限公司演艺中心组织创作、河北广播电视台 10 位知名主持人参演的抗疫歌曲《逆行》MV 完成，并先后在台内各频率、频道及所属新媒体、冀时客户端平台推出。沧州广播电视台创作了疫情防控主题歌曲《初心》，深刻诠释和真诚讴歌奋战在疫情防控一线的广大党员冲锋向前、无私奉献的崇高精神。2020 年 2 月 6 日，新华社客户端以《MV〈初心〉：致敬奋战在一线的抗疫工作人员》为题转载推送该歌曲，"学习强国"河北学习平台、长城网、河北广电微平台等相继转发，总点击量达 500 多万次，获得社会各界好评。

河北少儿科教频道积极参与疫情防控宣传，面向全省小朋友征集"武汉加油"手机视频，并第一时间传送给湖北教育频道，制作全国小朋友为湖北小朋友加油打气的宣传片；协调全国少儿频道资源，第一时间编播少儿手绘动画《抗击疫情，从我做起》、电视童谣《抗击疫情，我们携手共努力》、少儿 MV《口罩超人》等时效性节目，向广大少年儿童普及科学防疫知识；向全省小朋友征集寒假在家期间生活、锻炼、学习的趣味视频和经典诵读作品，作为节目生产的第一手资料来源。

3. 发挥农村大喇叭作用，打通防疫宣传"最后一公里"

河北省广播电视局印发《关于利用农村广播设施开展防阻新型冠状病

毒感染的肺炎疫情宣传工作的通知》，利用已建成的应急广播系统和农村广播设施，指导各市、县启动应急广播系统，着力打通信息传播的"最后一公里"。全省在新冠肺炎疫情防控工作中共启用"大喇叭"17万余只，覆盖4万多个行政村和4000多万农村人口，做到了疫情防控"村村宣，村村知，村村行"。①涞源、康保、围场、阜平等县应急广播系统早中晚3次安排播出防控知识、县防控指挥部通知、倡议书、致村民的一封信等内容，形成全民参与联防联控的氛围，在加强全省农村地区正面舆论引导、防范疫情向广大农村地区蔓延方面发挥了不可替代的作用。

（二）强化责任担当，为脱贫攻坚贡献媒体力量

2020年是全面建成小康社会和脱贫攻坚决战决胜之年，河北省主流媒体都把脱贫攻坚报道放在重要位置，通过开办《决战决胜脱贫攻坚》专栏、举办大型系列采访活动等形式，讲述河北脱贫攻坚故事，营造正面宣传强大声势。

2020年以来，河北广播电视台先后开设《在习近平新时代中国特色社会主义思想指引下——决战决胜脱贫攻坚》《走向我们的小康生活》《我们一起走过》等专栏，聚焦全省各地各部门在脱贫攻坚中的新进展、新成效，宣传各地涌现出的好经验、好做法以及典型人物。摄制了15集《在习近平新时代中国特色社会主义思想指引下——凝心聚力奔小康》县域形象专题片，选取正定、迁安、固安、武安等全省各地15个典型县（市、区），展示河北省各地脱贫攻坚、全面建成小康社会的丰硕成果。河北卫视在2020年决战决胜脱贫攻坚之年策划推出了"脱贫攻坚在行动"主题节目矩阵，包括系列纪录片《时代的答卷》、季播节目《希望的田野》、《中华好家风》公益纪实之旅《更好的日子》以及手机端体验式直播《暖暖的生活——看得见的脱贫攻坚》等。节目矩阵贯通电视大屏与新媒体小屏，用镜头记录着"一个都不能少"的脱贫事迹。系列纪录片《时代的答卷》由《塞上春

---

① 赵文鹏：《全省各地利用农村广播设施开展疫情防控宣传 17万只"大喇叭"成农村战疫硬核力量》，《河北日报》2020年3月4日，第3版。

早》开篇,聚焦"杂交谷子之父"赵治海及其团队带领农民组建合作社、帮助数百万名贫困农民实现脱贫致富的梦想;12集特别节目《希望的田野》综合运用情感谈话与纪实性短片,记录贫困村和贫困群众迈向小康生活的坚实脚步;体验式直播《暖暖的生活——看得见的脱贫攻坚》在河北卫视官方抖音、快手和微信平台同步上线,通过"文旅体验+电商直播"的新媒体纪实,走进产业扶贫、旅游扶贫等现场,展示农村脱贫后的温暖生活。《中华好家风》播出脱贫攻坚主题系列节目《更好的日子》,聚焦河北阜平骆驼湾村、张家口沽源县、四川省凉山彝族自治州"悬崖村"三个典型脱贫案例,从旅游脱贫、产业脱贫、教育扶贫、易地搬迁脱贫等多个侧面描绘出脱贫攻坚路上的火热画卷。

河北新闻综合频率2020年"新春走基层"报道推出全媒特别策划《村儿里这一年》,通过记者见闻、细节描写来展现贫困村这一年来的巨大变化。2020年8月初,河北新闻综合频率推出大型全媒策划《再访太行燕山 见证脱贫攻坚》,全景展现太行山、燕山翻天覆地的历史变化,与7年前推出的百集系列报道《太行燕山百村行》一脉相承、遥相呼应。此次报道共派出7路专题采访小组,深入邯郸、邢台、石家庄、保定、秦皇岛、唐山、承德、张家口等8个地市的特色村庄,小角度切入、故事化表达、全媒体传播,讲述太行山、燕山下曾经的贫困村旧貌换新颜、脱贫奔小康的生动故事,全景展现燕赵大地脱贫攻坚新成效。

2020年4月30日,石家庄广播电视台"奋力夺取'双胜利'记者走基层"活动正式启动。在两个月内,围绕抗疫胜利、经济社会发展、改善民生等三大主题,聚焦扶贫和农业生产、重点项目建设、疫情防控等进行深入报道。唐山广播电视台开设"奋力夺取双胜利 记者走基层"专栏,全面报道全市重点项目复工复产情况,播发《唐山花海:阳春三月花欲燃》《107项全域治水清水润城项目跑出建设"加速度"》等重点稿件200余篇。

(三)适应特殊要求,圆满完成两会报道任务

2020年的两会是在疫情防控常态化的特殊背景下召开的,宣传报道策

划、规模、形式、载体均与往年不同。按照全国两会有关要求，河北省前方记者仅有10人，其中河北广播电视台记者4人，新闻宣传采取"云"采访、"云"传输、"云"指挥调度方式进行。河北广播电视台主动作为、迎难而上，应用媒体融合新技术，再造"采编传播"全流程。前后方通力协作，一方面，前方记者在代表驻地特设采访区，通过"互联网+"，实现新闻素材实时回传、云端编辑、同步收录、快速发布；另一方面，后方记者一对一沟通联系代表委员，以远程视频连线或者指导手机自拍的方式完成大量"云"上采访，真实传递出人大代表、政协委员的声音。

河北广播电视台重点新闻节目统一开设《在习近平新时代中国特色社会主义思想指引下——河北代表委员议国是》专栏，《河北新闻联播》还开设了《直通两会》《会外民声》专栏，全景式、多亮点展现大会盛况。河北新闻综合频率两会专题报道《夺取双胜利，全面奔小康》，紧扣经济社会发展和脱贫攻坚等时代主题，结合河北省情实际，引入代表委员的言论观点和河北的具体举措，将报道做出深度、广度和力度。河北新闻综合频率还自主策划了《代表委员微访谈》《对话京津冀》《两会留声卡》等多个栏目。截至2020年5月27日晚，广播、电视、新媒体关于全国两会共计发稿1187条，采访人大代表、政协委员148人次，H5作品《政府工作报告20个硬核福袋》受到国家广电总局例会表扬。

河北广播电视台的两会报道在新媒体领域同样取得了良好传播效果。泽传媒综合新媒体发展演变实际、网民关注与讨论热点及行业专家评估建议发布的2020全国两会省级新闻联播数熙指数排名中，《河北新闻联播》总排名全国第四，其中5月27日熙指数排名全国第一；河北广播在历时八天的全国两会期间，全国省台广播数熙指数取得了四次单日第一的好成绩，总指数也位居第一[1]，充分展现了自己的传播力、引导力、影响力、公信力。

---

[1] 《2020全国两会胜利闭幕，数熙总指数揭晓！》，新浪网，2020年5月29日，http://k.sina.com.cn/article_2812652242_a7a5aad20190134zp.html。

（四）坚持"内容为王"，为受众提供特色精品节目

优质内容是媒体的立身之本、制胜之道。近年来，河北广电系统创作了一大批优秀作品，形成了一定的品牌效应。在2020年11月揭晓的第30届中国新闻奖评选中，河北广播电视台的《不忘初心　牢记使命——红色的追寻》获电视专题二等奖，石家庄广播电视台的《夫妻实现"六年前的约定"让八人重获"新生"》获电视消息二等奖，河北广播电视台的广播新闻专题《望长城内外》获国际传播作品三等奖。在第32届电视剧"飞天奖"、第26届电视文艺"星光奖"评选中，由河北省委宣传部、北京市委宣传部、国家林业和草原局等单位联合摄制的电视剧《最美的青春》获"飞天奖"优秀电视剧奖，河北广播电视台制作的《谁与争锋——京津冀河北梆子名旦大会》获电视文艺"星光奖"优秀电视戏曲节目奖。

1. 大型专题报道有声有色

2020年6月6日至18日，13期系列节目《转型之路》在河北卫视连续播出，冀时客户端同步直播。节目围绕创新驱动、标准引领、品牌打造、链条延伸、绿色转型等13个方面，邀请专家学者、省直厅局负责人、市县党政负责人以及省内外知名企业代表，对河北产业如何实现转型升级谈思路、找差距、寻路径，为推动河北实现新形势下的高质量发展出谋划策。节目播出后引发社会各界强烈反响和高度评价。

2020年9月，河北省文化和旅游厅、河北广播电视台联合策划推出全媒体新闻行动"行走大运河"，从北京通州沿大运河南下至浙江杭州，历时两个多月，行走8省市50多个城市，共播发音视频报道300余篇，新媒体报道近1000篇，总浏览量超过1000万次。这次采访活动从前期策划到采编过程再到分发平台，都秉承融媒思维，既在传统广电媒体开设专栏，又在新媒体设置网络专题；既有音视频高质量报道，又有短视频、Vlog、H5等新媒体爆款。记者用手中的话筒、镜头，全方位、立体化、多层次地展示了大运河的"水""岸""城"，讲述了千年大运河在新时代的精彩故事。

石家庄广播电视台在媒体融合发展中"小步快跑"，重大主题宣传全媒

体直播、全网互动已经成为常态,实现了移动优先、多平台发布。《团圆时刻庆丰收》《供暖面对面》《春暖花开,英雄回家》《奋进的春天》等全网点击量均达到几十万次、上百万次。此外,频道(率)和新媒体中心发力短视频制作,将新闻宣传的触角延伸到今日头条、抖音、快手等平台,不断推出播放量达到百万级、千万级的爆款作品,大大增强了新闻舆论的影响力。截至2020年11月,全台开设、运营新媒体账号60余个,新媒体矩阵累计粉丝超过1200万人。

沧州广播电视台推出大型专题访谈栏目《运河印记》。该栏目以嘉宾访谈形式为主,综合运用新闻、专题、文艺等多种电视表现手法,寻访运河人家,讲述运河故事,体味千年古韵,展现时尚新姿。节目播出后反响良好,对促进大运河文化传承,推动大运河沿线高质量发展起到积极作用。

2. 优秀栏目保持较高水准

文化节目是河北广播电视台的优势。2020年,河北广播电视台继续深挖中华传统文化、燕赵文化、红色文化、革命文化和社会主义先进文化,做强《中华好诗词》《中华好家风》《成语天下》《我中国少年》《燕赵传奇》等原有品牌节目。同时,继续优化《今日资讯》《建楼开讲》《992大家帮》《非常帮助》《新闻6号线》等民生栏目,不断提高节目的贴近性和服务性。

2020年以来,《中华好家风》先后推出抗击新冠肺炎疫情系列特别节目《没有一个春天不会来临》、纪念中国抗日战争胜利75周年系列特别节目《我们记得》、脱贫攻坚主题系列节目《更好的日子》。这档家风节目围绕不同主题,结合鲜活的实践常做常新,在时代故事的讲述中传递精神力量。

2020年9月19日起,大型原创文化季播节目《成语天下》第二季每周六21:20在河北卫视播出,这是河北卫视《中华好诗词》团队创新打造的又一场有趣味、长知识、易学习、好运用的文化盛宴。《成语天下》自2019年推出第一季以来,创下收视与话题双高,成为很多中小学寓教于乐的视频课堂,获评国家广播电视总局2019年度创新创优节目。《成语天下》第二季继续深化与"中国成语典故之都"邯郸的合作,立足于解读历史知识,引领观众深入探究蕴含在成语中的中国智慧、中国精神。

石家庄广播电视台打破部门界限合力打造的《电视问政》栏目，为政府职能部门和市民构建了一个电视、广播、网络"三位一体"的问政平台，将"媒体融合"与"城市治理"进行有效衔接，在新的媒介环境下积极探索提升治理体系和治理能力现代化水平。截至2020年11月，该节目共播出54期，收到有效线索5200余条，解答、解决4800余个百姓关注的问题，14人受到辞退、诫勉谈话、通报批评等不同程度的处理。① 沧州广播电视台与市纠风办合作于2019年5月25日推出大型电视问政栏目《问政面对面》，截至2020年9月共播出17期，得到全市干部群众的广泛关注，据不完全统计，网络总点击量已突破2600万次，留言量、点赞量都创造了沧州台新纪录。《问政面对面》栏目，有力推动了践行群众路线的自觉性，拉近了干群距离。

3. 影视剧、专题片突出"主旋律"

2020年以来，河北省拍摄的《最美的乡村》《绝境铸剑》《一诺无悔》《塞上风云记》等多部电视剧以及文献纪录片《长江支队：从太行到八闽》在中央电视台播出。其中，电视连续剧《最美的乡村》于2020年6月6日晚在央视综合频道黄金档亮相。作为国家广电总局规划的脱贫攻坚重点剧目，该剧紧扣建设最美乡村这条主线，通过新颖的叙事方式，生动展现了在党中央的坚强领导下，全国上下齐心协力坚决打赢脱贫攻坚战、建成全面小康社会的信心决心和亮点成效。这部剧的拍摄取景基本都在承德完成，真切生动地把燕赵大地美丽的乡村风貌、怡人的自然风光和长城等文化遗产搬上了荧屏，在播出后收获了较好的社会反响。由中共河北省委宣传部、河北省广电局、河北省广播电视台、邯郸市委宣传部、邯郸广播电视台等单位联合摄制的4集文献纪录片《长江支队：从太行到八闽》于庆祝中国共产党成立99周年前夕在央视纪录频道播出。该片揭秘了新中国成立前夕我党干部

---

① 唐弋：《立足实际，直面难点痛点，这家广播电视台"小步快跑"融合发展》，搜狐网，2020年11月22日，https://www.sohu.com/na/433600985_613537。

工作一段鲜为人知的历史,展示了一大批从北方到南方、听党话跟党走、忠诚践行初心使命的党员干部的英雄群像,为"不忘初心、牢记使命"主题教育增添了一部生动教材。

由中共河北省委宣传部、河北省电影局、河北影视集团等单位联合摄制,河北电影制片厂等单位出品的电影《那时风华》获第十五届中国长春电影节"金鹿奖"最佳音乐奖。该片以三代塞罕坝人造林、护林、营林的感人事迹为基础创作,具有鲜明的河北元素。河北影视集团拍摄的精准脱贫题材电影《春天的约定》于2020年11月20日举行首映式。该片自2016年开始策划,2017年组织编剧团队数次深入张家口、承德、邢台、石家庄等市县扶贫工作一线进行深入采访。影片通过年轻扶贫干部的独特视角,展现脱贫攻坚战役中扶贫工作组的精神风貌,致敬奋战一线的扶贫工作者。由中共河北省委宣传部、中共河北省委政法委、河北省公安厅、河北省电影局、河北影视集团等单位联合摄制的电影《吕建江》于2020年11月27日开始在全国上映。影片根据石家庄市公安局民警吕建江的先进事迹改编,讲述了吕建江转业入警后扎根基层、为民办实事的真实故事。

(五)拓宽经营思路,提升媒体自身造血功能

受市场变化和各种新兴媒体迅猛发展带来的影响,主流媒体收入整体下滑的趋势仍然在持续。一方面,受疫情影响,广电系统持续多年的汽车展、音乐节等大型活动无法举办;另一方面,随着三网融合,越来越多的家庭使用网络机顶盒(IPTV),广播电视台节目传播渠道锐减,造成经营资源减少,创收难度不断加大。面对困难,河北广电系统主动挖潜力,探索新路径,取得可喜成绩。2020年6月23日,河北广电MCN机构依托河北广电相应资源,联合抖音、快手等平台机构,举办"2020河北直播购物粉丝季"活动。活动整合省内300多家电商账号全网推介销售河北特色产品,销售额突破1亿元。河北广播电视台联合华北最大的商贸基地之一——乐城国际贸易城,成立河北广电电商产业基地。基地总面积超过12万平方米,拥有上百家指定供应链商家、600平方米视频直播基地、100平方米培训基地以及

数万平方米共享云仓,致力于打造集供应链建设、直播带货、电商培训和智能货品存储管理于一体的现代化智能互联网产业集纳平台,为河北乃至华北地区的创新创业、产业转型和经济社会发展助力。

面对新媒体冲击和经营创收压力,河北卫视聚焦直播带货风口,以《向上吧生活》《冀味儿》为突破点,整合电视节目、网络直播、短视频等多种媒体手段,将大屏、小屏深度融合,带动河北特色产品线上销售,有效拓展了创收领域,为媒体破冰转型探索了新思路,有效建立起媒体与电商、市场、政府间的联动机制。

二 河北广播电视事业发展存在的不足与面临的困难

(一)深度融合的力度尚显不足

从2014年中央全面深化改革领导小组第四次会议审议通过《关于推动传统媒体和新兴媒体融合发展的指导意见》以来,媒体融合不断朝着纵深方向发展,至今已取得显著成效,"主力军"在"主阵地"的传播力大大增强。但是也应该看到,大多数媒体尚处于融合改革的转型期、摸索期,融媒体运行机制还不成熟,生产、传播、运营以及与之相配套的政策保障还处于磨合探索阶段,机构改革的路径还不够清晰。一些媒体的新媒体建设工作仍然是传统形态下的设备换新,没有在体制机制、组织架构、资源配置等方面给予媒体融合发展更多的支持。

(二)舆论引导能力和水平还有待进一步提高

提升舆论引导水平是做好新闻舆论工作的重大课题。在媒体格局、传播方式不断变化的当下,主流媒体必须建立全媒体传播体系,以优质的产品吸引受众、服务受众,不断提升舆论引导水平。目前,河北广播电视媒体的产品还不够丰富,水平还不够高,部分融媒体中心的制作思路、生产模式、表现手段等还相对陈旧,传统大屏与小屏的结合还不够顺畅自如,缺乏适应移动媒介传播形式的新型产品，不能很好地满足新时代受众的需要，难以满足新形势下意识形态引导能力需求。

（三）适应媒体融合发展需求的复合型人才缺乏

据中华全国新闻工作者协会发布的《中国新闻事业发展报告（2020年发布）》，截至2019年底，全国广播电视从业人员达99.44万人，其中88%为50岁以下人员。① 特别是在人工智能、大数据、5G等新技术驱动媒体变革与创新持续深入的背景下，中国媒体从业人员结构朝年轻化、高学历方向发展。人才是事业发展的根本，河北广电业在媒体融合发展过程中，尚且存在"优秀人才引不来、骨干人才留不住、现有人才不好用"的窘境，尤其是市级和县级广电媒体，处于人才洼地的状况未能从根本上扭转，在融媒体人才培养和吸纳上还要加大力度。

（四）市级台发展面临较大困难和障碍

在新的媒体环境下，大多数城市广播电视台以"民生新闻+广告"为主导的经营套路日显衰弱，创收渠道减少，又缺乏资金积累，发展面临较大困难。面对媒体融合，大多数城市广电的资金劣势、融资渠道不畅和难以承担风险的体制因素等，使得机构改革进展不快。政府财政支持的资金结构制约着机构改革步伐。财政资金只能用于媒体融合中的硬软件购置和少量的运营维护，而转型融合的人员费用难以保障。众所周知，人才是转型融合的主要因素，再优质的技术平台也需要人来驾驭，缺乏人员经费的投入，"内容为王"会大打折扣，组织架构的调整也难以奏效。

三 2021年广播电视事业形势分析及发展预测

当前，传媒产业正面临前所未有的大变革、大调整。进入2021年，一

---

① 《中国新闻事业发展报告（2020年发布）》，中国记协网，2020年12月21日，http://www.zgjx.cn/2020-12/21/c_139600961.htm。

方面,传播渠道、载体以及传播主体更加多元,媒体融合的步伐将进一步加大;另一方面,新冠肺炎疫情的影响仍在持续,受众的视听行为也会因疫情的影响而发生变化,同时商业媒体也将继续从不同渠道分流受众,媒体的发展将面临更大挑战。

(一)媒体融合进一步深入推进

中共中央办公厅、国务院办公厅2020年9月26日发布《关于加快推进媒体深度融合发展的意见》,指出要"推动主力军全面挺进主战场,以互联网思维优化资源配置,把更多优质内容、先进技术、专业人才、项目资金向互联网主阵地汇集、向移动端倾斜"。2020年10月15日,国家广播电视总局印发《关于推动新时代广播电视播出机构做强做优的意见》,强调要"加快广播电视播出机构流程再造,推动制作生产、传播分发、运行管理和体制机制等各环节共融互通,催化融合质变,提高深度融合、一体化发展水平。深度参与各级融媒体中心建设,强化在内容、技术、平台等方面的支持"。这充分显示出建设新型主流媒体的重要性和紧迫性。媒体融合从2014年起步,到今天已经逐步走入了深水区,既取得了显著成效,也面临诸多新挑战,主要是融合的深度和进度尚显不足。尤其是在体制机制方面,还需不断解放思想,进一步深化改革,适应发展要求。在体制层面,打造适应新型主流媒体发展的结构体系、监管体系;在机制层面,由中心制、频道制逐步转向项目部制或者产品事业部制,建立以扁平化为基础、以用户为驱动的内部管理体系。

(二)短视频发展助力深度融合

随着近年来短视频的爆发,广电媒体纷纷加大了短视频制作力度,加快进军短视频平台。中国广视索福瑞媒介研究(CSM)发布的《2020年短视频用户价值研究报告》,对短视频领域五大特点和未来趋势进行了详细解读。[1] 该报告显示,10岁及以上网民看短视频占比升至约91.2%,用户规

---

[1] 《2020年短视频用户价值研究报告:用户红利持续释放,"放松休闲"仍是强驱动》,搜狐网,2020年9月9日,https://www.sohu.com/a/417224500_257199。

模增至约7.92亿人。随着短视频市场逐渐从增量市场向存量市场过渡,短视频用户规模增速变缓,但过半用户观看时长增加,人均每天使用时长由54分钟升至76分钟,短视频市场空间仍在拓展。此外,电视大屏成为短视频打开新方式,报告显示,55.8%的用户在电视上看过短视频,其中84.6%的用户对大屏观看短视频的体验、内容品质持正面评价。电视主持人/记者成为短视频场域中具有鲜明电视特色的网络红人。该报告显示,56%的用户看过电视主持人/记者发布的短视频,短视频用户更期待看到电视主持人/记者观点表达、工作场景及生活分享。另外,短视频直播带货开创电商新格局,短视频营销市场空间正在被快速开发,短视频平台俨然已是新的电商渠道。

近年来,广播电视媒体加速布局短视频,加大原创力度,积极建设融媒体内容品牌及矩阵,涌现出较多跻身平台头部的账号。2020年12月3日国家广电总局监管中心与微视频短片委联合发布了《2020短视频行业发展分析报告》,该报告显示,2020年广播电视等主流媒体全面挺进主战场、进军网上、深入网上态势明显。截至2020年6月,省级以上广播电视100%入驻短视频平台,呈现机构组织、频道频率、栏目节目、主持人四层金字塔结构。其中广播电视栏目主持人的短视频账号占48.5%,栏目、节目的短视频账号占30.3%。[①] 这些广电媒体短视频账号题材范围广、传播覆盖广、用户体量大、样态丰富、社会影响大,堪称新闻舆论主阵地主战场上的轻骑兵。2021年,如何重构和强化短视频账号品牌与电视品牌关联,形成更有效的互动,打造更多优质产品,仍需进一步探索。

(三)地市级媒体融合亟待加速推进

近年来,中央级和省级媒体融合在大力推进,县级融媒体中心建设也在加紧进行并且得到了政策的大力支持,而地市级媒体融合发展却相对缓慢且

---

① 钟新平:《广播电视等主流媒体全面进军 再造短视频内容生态新格局》,江苏省广播电视局网,2020年12月4日,http://jsgd.jiangsu.gov.cn/art/2020/12/4/art_69985_9592276.html。

面临诸多困难,尤其需要加速推进,使之成为全媒体传播体系中承上启下的重要节点。

在媒体经营上,地市级地面频道不仅要与上星频道竞争,还面临省级地面频道的竞争,生存环境最为复杂。近年来,地市级媒体纷纷遭遇生存困境,经营收入逐年减少,又缺乏资金积累,部分媒体甚至已经没有能力支付员工工资、保险,且受疫情影响经营创收越发困难,后续局面难以预料。一些媒体虽然试图通过挖掘政府资源、市县合作等各种形式多元化拓展创收业务,但依然难以摆脱市场大环境的影响,创收乏力。资金困难直接影响了产业投入与设备更新,成为转型升级发展、培育新业态的直接制约因素。

在平台建设上,各县级融媒体中心直接与省级平台对接,地市级媒体平台建设缓慢且处于尴尬地位。打破现行地方层级分割的传播体系,更好地实现资源共享,扩大主流媒体覆盖面迫在眉睫。在今后一段时间内,亟须尽快推动地市级广电融媒体与省级融媒体平台对接、县级融媒体中心与地市级广电融媒体平台对接,实现省市县三级融媒体平台互融互通,推动省市县三级媒体深度融合发展,构建河北区域内上下贯通的传播体系。

(四)媒体"消肿瘦身"仍将持续

为实现主力军向主阵地转移,必须打破原有传媒格局,推进"供给侧"改革。推动频率频道精简精办、对不适应新媒体形势的部门实行"消肿瘦身",是广电媒体健康发展、加快融合进程的必然选择。只有让那些不能适应市场需求、不能满足社会需要的频率频道退出,才会使整个行业依照优胜劣汰的规则健康发展。

自2018年天津启动媒体深化改革,合并报业、广电组建天津海河传媒中心以来,频道合并、报纸停刊成为媒体"供给侧"改革的重要手段。进入2019年,省级地面频道和地市级频道继续减少。2020年1月1日起,上海纪实频道和艺术人文频道整合调整为纪实人文频道,东方电影频道和电视剧频道整合调整为东方影视频道。3月25日,湖南广播电视台时尚频道正式停播。8月1日,浙江电视台影视娱乐频道停播,部分节目整合到升级改版后的教科影视频道中。8月15日，广东广播电视台珠江电影频道停播。频道关停多是因为频道定位重复、内容同质化雷同化、节目收视低迷、广告经营乏力。关停冗余的频率频道虽不能带来直接效益，但是能够提升资金、人力等要素的配置效率，推进资源资产重组，提升广电产业集中度和规模化集约化。可以预计，随着媒体融合的深入推进，广电"瘦身"已是大势所趋，在2021年仍将继续。

B.4
2020年河北省主流新媒体发展报告

张 旭 王丽斯*

摘 要： 2020年，河北省主流新媒体呈现新气象和新业态：通过强化内容建设、重视移动优先、技术驱动重塑新闻生产、发力平台建设、拓展"新闻+政务+服务"、优化流程管理等方式，总体网络传播力明显提升。然而，目前河北省主流新媒体的网络传播力转化为网络影响力和舆论引导力的能力有待加强，平台界面在某些功能设计上仍有提升空间，省市县三级媒体的纵向合作有待进一步完善，高端人才省域共享机制有待进一步健全，这些都在一定程度上制约着河北省主流新媒体的发展。如何发挥既有平台优势，构建媒体深度服务社会基层治理体系，注重内容原创与用户思维，建立深度跨界连接，以产品平台促进商业价值拓展，构建高端人才省域共享机制，仍是河北省主流新媒体的努力方向。

关键词： 地方媒体 新媒体 媒体融合 河北

一 河北省主流新媒体发展现状

"主流媒体"这一概念从20世纪末期自西方引入后，在我国学界业界

---

* 张旭，河北省社会科学院新闻与传播学研究所助理研究员，主要研究方向为新媒体、网络舆情；王丽斯，石家庄铁路职业技术学院党委组织宣传部干事、讲师，主要研究方向为新媒体传播、广播电视。

引发过讨论和研究，基本共识是，"主流媒体"应该是面向社会主流人群、代表主流意识形态、传播重要公共信息、具有较强公信力和影响力的媒体。在大众媒体时代，"主流媒体"的主力军，即党和政府主办的中央及地方的重要新闻媒体。河北省主流新媒体主要分为以下几类：省级融媒体平台——冀云·融媒体中心，客户端——河北日报客户端、冀时客户端、冀云客户端，网站——河北新闻网、河北网络广播电视台、长城网，以及《河北日报》、河北广播电视台、长城新媒体的官方微信、微博、头条号等账号。2020年以来，河北省主流新媒体实行移动优先战略，重视融合思维，突破传统的报道形态，加强新闻整合策划，在抗击新冠肺炎疫情、全国两会报道、奋力夺取"双胜利"、打赢脱贫攻坚战、凝心聚力奔小康等大众关注的热点问题上，讲好河北发展故事，推出众多融媒体精品力作，传播力明显提升。

（一）传播矩阵形成，总体网络传播力明显提升

长城新媒体集团旗下冀云·融媒体平台、长城网、长城新媒体公众号、长城网微博形成新媒体传播矩阵，根据不同平台特点，组织传播不同的内容，形成宣传合力。冀云·融媒体平台打通省市县三级主流媒体传播渠道，初步形成融合传播矩阵。截至2020年6月，集团总资产是筹建初期的5倍多，经营收入和利润同比增长近30%和近20%。[1]

河北日报报业集团构建集报、网、端、微等于一体的全媒体传播格局，打造新型主流媒体。河北日报客户端立足"权威信息发布、沟通网民关切"，建设移动端河北新闻宣传的主阵地、主平台，开通首页、视频、县区、河北号等板块，首页共开设头条、战疫、时政、观点、深度、阳光理政、冬奥等21个频道供用户个性化定制，县区板块可智能切换当地资讯，实现地方新闻县区级覆盖，河北号集纳各类河北政务订阅号。河北新闻网

---

[1] 马来顺：《打造新型传播平台 建设新型主流媒体——长城新媒体集团以"平台型媒体"建设深化媒体融合的探索》，《中国记者》2020年第9期，第73页。

2020年日均UV（独立访客）100多万，在"2020党报各渠道传播力TOP20"排名中，位列全国党报网站第12名，省级党报网站第5名。2020年底，河北日报官方微信订阅用户由2019年底的55万人增长到近90万人，2020年以来"10万+"稿件120多篇，各项数据居全国省级党报前三。河北日报抖音号粉丝量近300万人，总播放量超20亿次。

河北广播电视台新媒体中心发挥互联网云端优势，按照"移动先行、主打原创、融媒联动、多屏互动"的思路，整合资源，推出专题、专栏、微视频、直播、H5等新媒体特色原创作品，形成"一网一端两微"和今日头条等全网多平台、立体化传播态势。

（二）强化内容建设，重视移动优先

1. 重大主题报道精品迭出

长城新媒体集团在2020年全国两会期间，共发布原创作品480余篇（组），总传播力近1亿次。两会前期，策划《决胜2020——沿着总书记的足迹看河北》，深入骆驼湾、顾家台村、德胜村等地，采制《夜宿骆驼湾》《祥富里的幸福VLOG》等融媒体作品，展现河北干部群众精准脱贫、乡村振兴成就，获得中宣部表扬。《总书记，俺在"云"上对您说》H5动漫，全网浏览量超3045万次，取得良好的宣传效果。《奋力夺取双胜利·燕赵在行动》系列报道，展示河北推进疫情防控和经济社会发展实践，获得万余条网友留言。

《河北日报》报、网、端、微全媒体平台开设《河北融媒头条》栏目，聚焦新时代全面建设经济强省、美丽河北的生动实践。首篇推出近万字通讯《汇聚磅礴力量　攻克千载难题——河北举全省之力坚决打赢脱贫攻坚战纪实》，被新华网、人民网、光明网、学习强国、今日头条、抖音等近百家媒体转发，全网浏览量1530余万次。除文字报道外，还发布《值班老总读报丨攻克千载难题的河北力量》、微视频《攻坚》等新媒体产品，通过文图视融合呈现、全平台立体传播，讲好脱贫攻坚的河北故事。两会期间推出《习近平总书记战疫金句》和《习近平总书记全国两会金句（2013—2019）》，开设"两会快评"专栏，第一时间解读总书记讲话和两会精神，其中《一"增"一"减"皆为民生》围绕社会关切，全方位解读政府工作报告，获中宣部表扬。融媒头条《暖心、信心、决心、恒心！来自河北团的全国两会同期声》整合视频、同期声和互动点赞，发布6小时内全网浏览量达258.5万次。

河北广播电视台新媒体中心在疫情防控期间播发新媒体作品近4万篇，总阅读量达6.39亿次。2020年全国两会期间各平台发稿1073篇，阅读量达686.7万次，专题"决战决胜　只争朝夕——聚焦2020全国两会"，设置《河北代表委员议国是》《冀时直播》《两会云访》等栏目，其中，《【两会云访】河北代表为数字经济发展出谋划策》等稿件被新华网等央媒转载。原创"两会快评"，被"央视频"选用刊发。

2. 突出融媒特色

两会期间，长城新媒体集团网端推出"凝聚力量　决战决胜——聚焦2020全国两会"专题，开设《总书记的两会时间》《两会新热点　长城云直播》等栏目，突出融媒，聚合图文、视频、直播、H5、漫画、MG动画等可视化产品，集纳稿件1000余篇。"两会动评"专题刊发组合式评论。"民法典草案连连问"系列以短视频形式，多维解读草案。系列H5作品《"冀"语两会》融合可视化呈现形式，盘点亮点工作。学习强国河北学习平台推出《两会学习云课堂》微视频，解读总书记讲话热点，总点击量超60万次。

《河北日报》两会期间推出《人民至上！习近平总书记这样强调》《对国内外经济形势，习近平有最新判断》等融媒体报道。围绕习近平总书记提出的"人民至上"，推出"人民至上年青说"系列海报，展现青年一代的责任与担当。官方微信推出H5作品《我向全国两会送祝愿》，远程视频连线、创意交互，吸引网友向两会表达美好祝愿，网络总点击量达930万次。

河北广播电视台新媒体中心推出"两会30秒"系列，碎片化展现两会热点。河北广播电视台新闻综合频率通过打造短视频、短音频精品，形成全方位、多层次、多声部的媒体矩阵，集中发力，催化融合质变，放大一体效能。

（三）强化技术驱动，重塑新闻生产

1. 云"中央厨房"实现新闻全程共享

长城新媒体集团在2020年全国两会期间搭建云端新闻指挥调度中心，河北日报报业集团、河北广播电视台和长城新媒体集团采制的1200多篇原创素材，第一时间进入河北省云"中央厨房"稿库，一次采集、多种生成、多端发布、多元传播，"1+1+1>3"，实现了资源云聚合、指挥云调度、作品云共享，开创全国两会报道省域范围内各单位由平行运营走向融合的新模式。

2. 创新"云采编"，开创采访、直播新样态

2020年两会期间，长城新媒体集团自主研发"冀云采"远程视频采访系统，拍摄的同时进行云存储、备份，便于直播、导播和后期制作。在《两会新热点·长城云直播》融媒访谈节目中，利用低延时的视频连线技术，主持人、代表委员和后方记者不受时间、地点限制，随时隔空对话，完成定制化视频采访。

《河北日报》综合运用"5G+4K+云端"等技术对代表委员进行"云访谈"共议协同发展。《2020"云"通两会》，与代表委员"屏对屏"视频连线，点击量达35.8万次。《河北日报》《北京日报》《天津日报》联合推出《连麦京津冀》，邀请三地代表委员，就协同发展热点展开"云对话"，被人民网等多家央媒转发，总浏览量超100万次。河北新闻网短视频作品《你好，代表委员》，请代表委员和群众隔空"对话"，被河北省委网信办全网推送，总浏览量超620万次。

（四）发力平台建设，汇聚强大内容流量

长城新媒体集团借助冀云·融媒体平台与"学习强国"河北学习平台，汇聚海量内容，重构融媒体生态系统。截至2020年9月，河北省147个县级融媒体中心全部接入冀云·融媒体平台，上线144个冀云分端，每天发稿近千篇，初步实现全省宣传工作"一网联通"。疫情防控期间，开设"战

疫"频道,向全省传达权威信息,制作新媒体作品5800余篇,全网总阅读量超16.79亿次。推出39期《冀云·河北战"疫"》直播,展现基层一线抗疫实况,单篇点击量最高达6600万次。深入各村大喇叭、微广播、各县App终端同步发声,实现全省融媒联动。

《河北日报》坚持报纸和新媒体采、编、发"一盘棋",以报、网、端、微及各平台账号等为全媒体平台,建立纸媒送递、全网发布、手机终端推送的多元立体化全媒体传播矩阵,进一步扩大党报的覆盖面和影响力、传播力。

(五)开展"新闻+政务+服务",增强综合服务效能

1. 布局各行业应用场景,拓展政务服务功能

冀云·融媒体平台开通政务民生服务功能50多项,构建"新闻+政务+服务"完整的融媒体内容生产和传播应用体系。2020年上半年,长城新媒体集团发布数百期疫情日报、复工复产大数据分析专报。河北省各市(含定州市、辛集市)、雄安新区和各县(市、区)均建设本地官方冀云客户端,由本级发改委、教育、科技、公安、民政、人社、住建、交通、商务、卫健、税务等部门入驻,积极开展相关政务服务。[①] 截至2020年6月底,2300家单位入驻冀云"问政河北"平台,累计收到网友各类诉求近2万余条,帮助解决大量问题,答复率超过九成。

河北新闻网"阳光理政"汇聚省市县乡四级5000多家党政部门和民生热点单位,形成覆盖全省的网络问政体系,实现网民诉求精准对接、快速办理。这些政府部门收到的一般性诉求7日内办结;重大问题诉求21日内办结或给出处理方案。自2020年1月1日至10月15日,"阳光理政"共收到全省各地网民有效留言53032件,解决诉求42615件。疫情期间,收到涉疫网民留言6200余件,听取群众防控建议,填补防控盲区,征集企业和群众对生产恢复的意见建议,

---

① 马来顺:《打造新型传播平台 建设新型主流媒体——长城新媒体集团以"平台型媒体"建设深化媒体融合的探索》,《中国记者》2020年第9期,第73页。

营造全省上下联动、众志成城打赢疫情防控阻击战的舆论氛围。

2. 应用前沿技术，提高服务效率

冀云·融媒体平台研发《河北疫情实时动态》，实时更新疫情数据和资讯信息，可实现周边疫情、同行查询等功能，累计传播量突破5400万次，"五一智慧旅游助手"访问总量超过262.3万次。与河北省卫健委联合推出的"河北在线心理咨询平台"，免费为公众提供心理疏导，已有810万人次咨询访问；疫情期间与市县相关部门联合开设的"空中课堂"，包括从小学一年级到高中三年级的全部学科，实现全省云上教育的资源汇聚和信息共享，累计在线人数达5000万人次。

河北日报报业集团2020年与河北省农业农村厅签订战略合作协议，共建河北农业农村融媒体宣传平台；继续与河北省文旅厅提升合作深度，扩大合作范围，为全省文化旅游事业发展提供全媒体推介服务；推动与河北省卫健委合作，为河北省卫生健康事业提供强力支持。加强与省直厅局、各市县的合作，提升河北新闻网的产品整合能力，拓展政务资源。

（六）整合人力资源，优化流程管理

长城新媒体集团将原《河北经济日报》、长城网的采编、行政管理人员，统一整合划分，除《河北经济日报》夜班"编辑出版部"和负责新媒体运营的"地方编辑部"的人员外，其余均转为新媒体记者，并吸附用户在平台上交流信息、生产内容。"学习强国"河北学习平台供稿链近30条，通讯员400多人，每天发稿200多篇。长城新媒体集团层面成立"中央厨房"指挥中心，由集团分管采编工作的领导轮流值班，每天调度宣传报道工作。运行五级谋划机制，即集团编委会——谋划重大主题报道，项目牵头副总编——负责阶段重点报道，分管领导——谋划本领域重要报道，部门负责人——日常重头报道，业务骨干——负责普通采编人员报道，提升舆论引导水平。

河北日报报业集团深化薪酬分配制度改革，优化考核指标体系。提高利润考核占比，强化经营单位的盈利能力，改革原来按行政级别确定经营单位

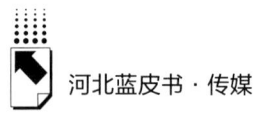

负责人月度奖金的办法,改为按经营单位收入规模、利润总额等参数确定绩效薪酬,促进薪酬分配向业绩优、效益好的单位和岗位倾斜,激发经营单位发展活力和创造力。

二 河北省主流新媒体建设中存在的主要问题

(一)网络传播力的提升转化为影响力和舆论引导力的能力有待加强

融合不能仅仅局限于盘活自身的资源,困守在传统媒体的体制机制中做产品和渠道的简单加法。只有深刻认识互联网作为社会运行的基础设施对新闻传播范式的颠覆性改变,摆脱传统思路的束缚,才有可能走出误区。

虽然目前河北省主流新媒体做出的努力正在获得更大的传播力,也取得了一定的传播成效,但是想要获得更大的影响力,仍然面临重重挑战。主流新媒体与商业媒体的一个很大的不同在于,不仅要通过巨大的传播力获得流量,继而产生利益变现,而且肩负着舆论引导重任,新媒体的引导力、影响力和公信力非常重要。但就目前的形势来看,媒体平台仅仅加强传播力的投入不完全等于"效果",内容产品与服务产品还不足以留住海量的个人用户,在激活用户"产能"、获得传播效果等方面仍然有待加强。传播深度触及用户,对人们的新闻阅读习惯和认知思维进行培养和引导,仍有很长的路要走。

(二)新媒体网端某些功能界面只是形式聚合,对网络传播力的持续提升有一定影响

地方主流新媒体的发展需要不断创新,客户端的产品也要紧随时代步伐而不断改进。如冀云·融媒体平台基于互联网时代用户需求,推出智能推荐功能;通过"闪闪冀云号"邀请各政务号、媒体机构号、媒体个人号、企

业及自媒体达人入驻，发布短视频，实现UGC（用户原创内容）聚合功能；除开通"问政河北"平台接收群众诉求之外，还开通行政服务、政务服务、疫情服务、生活缴费、医疗健康、出行、电商等功能，有利于吸引用户、聚拢用户，在很大程度上弥补了以往传统新媒体的设计不足。

但是，在体验相关功能的过程中，我们也发现了一些提升空间：某些产品，如视频、社区互动、问政、智慧生活服务等聚合功能，大多是形式上的聚合，同一个聚合功能下的不同栏目之间缺乏有机关联；互动管理无法及时跟上，有些县级新媒体客户端虽然具备一些党建、政务、公共服务功能，但仅仅是将党委或政府网的网页链接到客户端；在问政栏目界面，可以看到用户通过长城新媒体"问政河北"平台提出的关于供暖、煤改气、欠薪等民生诉求，在一些共性问题上也有其他网友留言，但相关职能单位的答复及呈现形式，只是针对某一户、某一小区的回复，缺少面向用户提供的各种欲知未知、答疑解惑的信息传播互动服务，用户对相关回答的反馈如何，也没有及时呈现，致使互动传播效果出现一定的折扣。

（三）省市县三级媒体的纵向合作有待进一步加强

目前长城新媒体集团充分发挥冀云·融媒体平台"横向聚合、纵向贯通"的融合优势，打造省市县三级"云联盟"，一方面将各市县丰富的新闻内容整合到总平台进行集中播出，另一方面运用当地广播、电视、客户端、农村大喇叭等渠道，向全省市县融媒体中心进行输出，直接覆盖千万河北省受众，获得了一定的传播效果，但与市县的纵向合作仍有待进一步加强。

一是全方位支撑模式有待进一步适配。省市级媒体、县级融媒体中心全部接入冀云·融媒体平台以后，各家媒体在短时间内难以适应各级媒体协同运作的传播模式；在入驻媒体越来越多的情况下，人才培养及技术培训将面临挑战。二是在全媒体运行管理方面，省市县三级媒体大多尚未明确全媒体信息策划、采集、编审、刊播的职责，原来多个媒体平台各自为政的策采编播流程尚未改变，新闻资源集成共享的机制尚未形成。三是媒体产品的联合开发有待进一步加强。在省市县三级媒体的纵向合作中，如何整合各方资源开发具有地方特色的拳头产品，是纵向合作中需要谋划的重大课题。①

（四）高端人才省域共享机制尚待健全

除了技术和内容，人才是互联网时代新媒体平台战略发展的要素。随着新技术的不断发展和用户需求的不断更新，新媒体平台需要大量的原创内容生产、新媒体技术、复合型产品运营等方面的专业人才，提升平台用户画像能力、内容生产能力和个性化推荐能力，助力内容建设的投入与产出，满足用户需求。

而目前地方新媒体人才管理面临的一大难题就是事业编制和社会化招聘人员身份的区分。由于媒体工作人员的身份、学历、人事关系各异，本部门难以实施"各得其所、尽展其长"的用人原则，易出现人才流失现象；再加上省域内精通新媒体市场运营、人力资源管理、财务管理，具有新媒体领导力的人才稀缺，各路人才的共用共享更为困难。

三　河北省主流新媒体提质增速的发展机遇

（一）外推力：技术与政策加持为河北省主流新媒体带来发展新机遇

"新基建"进程加速，基础设施持续升级。2020年上半年，尽管受到新冠肺炎疫情等不利因素的影响，但河北省加快网络基础设施建设步伐，网络供给能力进一步提升。截至2020年3月底，河北省网民规模达到4934.8万人，网民普及率为65.0%，互联网普惠化成果显著。② 5G、工业互联网等新型基础设施建设全面铺开，城乡宽带接入水平持续提升，互联网应用不断

---

① 刘玉清、戴倩雯：《省级融媒体技术平台的共享机制》，《青年记者》2020年第17期，第94~95页。
② 《河北网民规模达到4934.8万人》，河北新闻网，2020年5月16日，http：//hbrb.hebnews.cn/pc/paper/c/202005/16/content_36540.html。

丰富完善。

"深度融合"政策推进，助力新媒体发展。2020年9月，中共中央办公厅、国务院办公厅印发《关于加快推进媒体深度融合发展的意见》，要求坚持移动优先，尽快建成一批具有强大影响力和竞争力的新型主流媒体。[1] 2020年11月3日，"推进媒体深度融合，实施全媒体传播工程，做强新型主流媒体，建强用好县级融媒体中心"写入"十四五"规划。[2] 河北省委为推进媒体融合发展做出重要部署，2019年10月，河北省县级融媒体中心省级总平台——冀云·融媒体平台上线，2020年9月，全省147家县级融媒体中心全部接入冀云挂牌运行。2020年9月，河北省委网信办组织开展2020新媒体影响力评价和扶持工作，至2020年12月，推选产生新媒体"十强县"，政务、新闻、政法等方面的新媒体"百佳账号"，移动传播"千优作品"，并进行扶持，不断推动全省新媒体发展壮大，构建移动传播新格局。[3]

"新平台"强强联手，三地跨区域融合发展初步形成。2019年3月，长城新媒体集团承担运营的"学习强国"河北学习平台PC端、App端上线；2020年9月8日，由北京音像资料馆、津云新媒体集团股份有限公司和长城新媒体集团为依托单位创建的"中国（京津冀）广播电视媒体融合发展创新中心"正式成立并授牌，为进一步推进京津冀跨区域媒体融合，构建全媒体传播格局提供有力保障。

（二）内驱力：河北省主流新媒体面临用户侧和供给侧双重变革

1. 新媒体用户新闻资讯需求出现新风向

根据中国互联网络信息中心2020年9月发布的《第46次中国互联网

---

[1] 《中共中央办公厅 国务院办公厅印发〈关于加快推进媒体深度融合发展的意见〉》，中国政府网，2020年9月26日，http：//www.gov.cn/zhengce/2020-09/26/content_5547310.htm。
[2] 《中共中央关于制定国民经济和社会发展第十四个五年规划和二〇三五年远景目标的建议》，中国政府网，2020年11月3日，http：//www.gov.cn/zhengce/2020-11/03/content_5556991.htm。
[3] 《2020新媒体影响力评价和扶持工作推选结果出炉！》，腾讯网，2020年12月15日，https：//mp.weixin.qq.com/s/6HnmYN68BSP5SkIpKIpPeA。

络发展状况统计报告》，截至2020年6月，我国网民人均上网时长为28.0小时，使用手机上网的比例达99.2%。手机用户使用即时通信类App时间最长，占14%，网络新闻类App占5%（见图1）。截至2020年6月，我国网络新闻用户规模为7.25亿人，占网民整体的77.1%；手机网络新闻用户规模为7.20亿人，占手机网民的77.2%。[①] 其用户规模与使用率见图2。

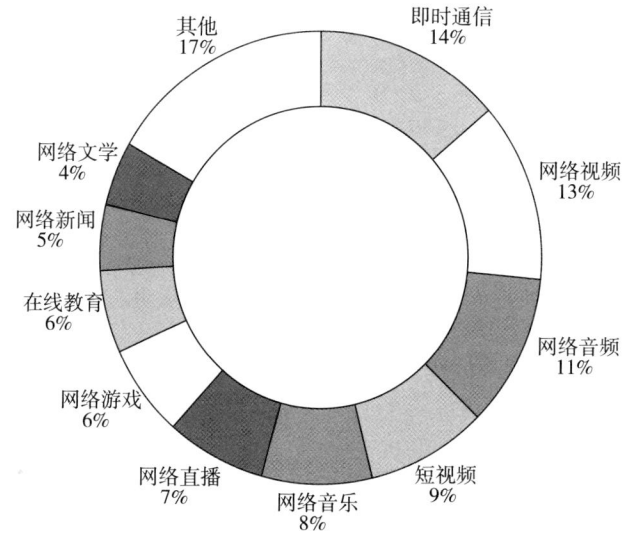

图1　各类App使用时长占比

资料来源：中国互联网络信息中心：《第46次中国互联网络发展状况统计报告》。

根据极光大数据发布的《新闻资讯行业研究报告》，过半数的中国移动网民均装有手机新闻客户端，音频、短视频、直播等多媒体表现形式成为用户选择新闻资讯平台的关注要素（见图3）。面对丰富的新闻资讯平台，用户热衷于对新闻发表多样化评论，去中心化日趋明显，长尾资讯被挖掘。当下，我国大多数手机用户的"快节奏化"生活，导致其阅读场景"碎片化"，大多数手机用户偏爱直观的视听内容资讯。传统媒体开发的新媒体客

---

① 中国互联网络信息中心：《第46次中国互联网络发展状况统计报告》。

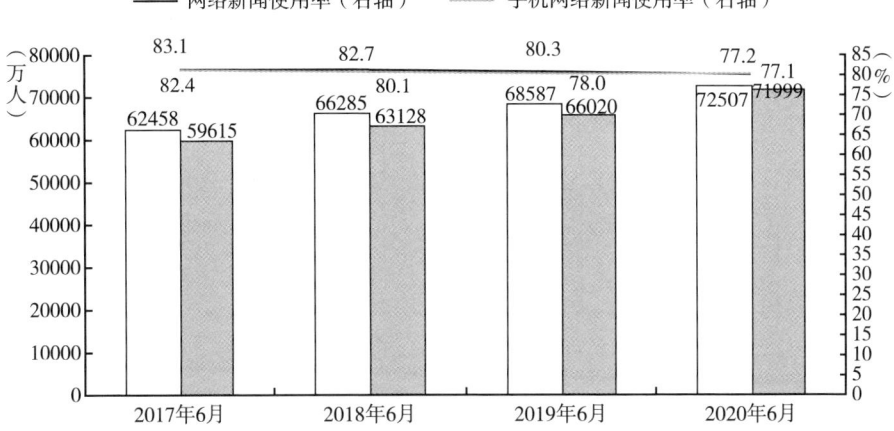

图 2　2017 年 6 月至 2020 年 6 月网络新闻及手机网络新闻用户规模与使用率

资料来源：中国互联网络信息中心：《第 46 次中国互联网络发展状况统计报告》。

户端意识到这一特点，倾向于在资讯中添加音频、短视频、直播等各种样态，但是平台基本功能和体验仍无法满足用户对兴趣的基本诉求，月活量普遍较小。

2. 内容供给多元化，优质内容更具价值

随着移动互联网行业的发展进入下半场，用户流量争夺白热化，各大资讯平台持续利用自身独特的优势属性来抢占资讯用户的注意力。目前，互联网内容供给发展出新资讯以及泛资讯两大类型的平台：新资讯平台以资讯内容分发为产品核心能力，通过自订阅、人工筛选或智能技术推送等手段实现个性化资讯分发，以今日头条、百度 App 和腾讯新闻为代表；泛资讯平台则是以资讯内容分发作为产品从属能力，如微信、微博、抖音等产品。互联网给内容的生产和流动提供了巨大平台，人人都有麦克风，人人都是传播者，专业媒体不再是信息传播的唯一主体，内容生产者多元化，如 PGC（专业生产内容）、OGC（职业生产内容）、UGC，而且不比专业媒体差，在很大程度上互联网已经实现了多元主体的话语权力赋能。

不同内容供给平台拥有特征各异的目标用户和内容生产者，在用户注意

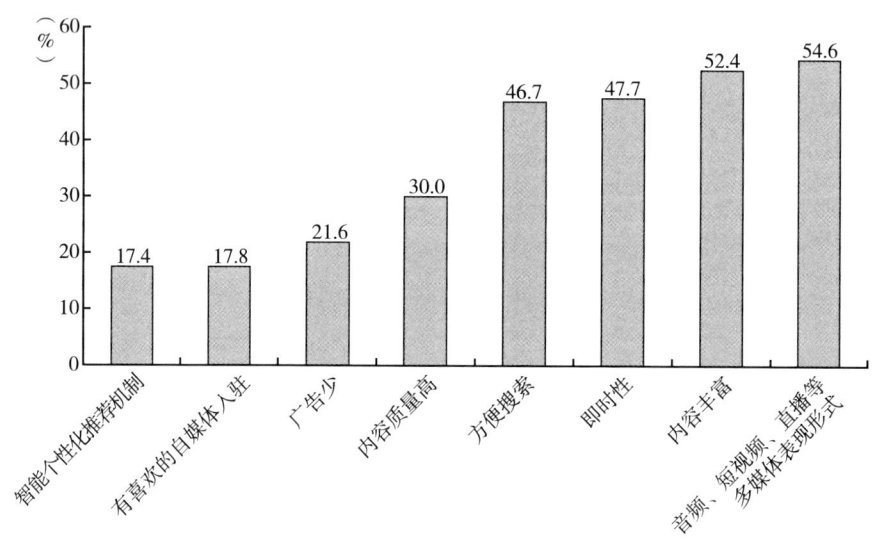

图 3　用户选择新闻资讯平台的关注要素

资料来源：中国互联网络信息中心：《第46次中国互联网络发展状况统计报告》。

力有限的情况下，只信奉"流量至上"显然是偏颇的。如果放任用户追求低质量内容，标题党等相关信息会快速占据流量，这类内容短时间内可大量生产，易获得，但毫无营养，将会导致劣币驱逐良币，本有潜力制作精良内容、更具消费价值的内容生产者，会转向低成本高收益阵营。对平台而言，将流失大量更难获取、成本更高的优质内容，影响平台的整体生态。而低质量、易获得的内容一旦大行其道，平台就失去了独创性和不可替代性，无法建立与其他平台的内容壁垒。因此，鼓励优质内容生产、为优质内容倾斜流量，逐渐成为互联网内容生产平台的共识。

由党和政府主办的重要媒体，一方面是推进国家治理体系和治理能力现代化的重要舆论工具，另一方面其本身又作为治理对象面临现代化转型。移动互联网时代，地方主流新媒体如果一味追求流量，格调低下，必然会导致公信力、引导力的丧失，必须推动既有阵地的优化升级，引导优质内容生产，激发用户对平台内容的持续关注，寻找互联网时代的生存之道。

四 推动河北省主流新媒体建设的对策建议

（一）发挥既有平台优势，构建媒体深度服务社会基层治理体系

打造精细化政务服务。发挥冀云·融媒体平台的数据优势，探索多样化的服务业态和运营模式，推动地市特色服务入驻，实现从"网上办"到"指尖办"。进一步拓展入驻单位的数量规模，简化相关界面，在"首页""视频""服务"等各窗口显著位置添加搜索设置，强化数据整合能力；重视技术赋能，推进部门间网上办事、网上审批等功能，搭建功能完备、互联互通、运行顺畅的移动网络公共信息服务体系。创新"最后一公里"服务，争取省级政策，将党政部门回应群众诉求的工作和反馈情况，纳入各级各部门领导干部考核体系，推动覆盖范围广、使用频率高的政务服务事项基层应用，提升政务服务效率。

找准定位，提供有价值、有趣味、好操作的本地化信息服务口碑品牌。落点要亲民，有亲和力。抓住新闻源，创建新闻平台，汇集众多新闻媒体，传播最新新闻内容。针对目前市场上海量信息同质化严重的情况，要重视差异化，垂直细分内容要精练，裁汰冗余，在精准传播、分众传播上发力，严把新闻质量关，除了一些重磅原创深度，还要根据新媒体个性，追踪热点、碎片呈现。重视对本地新闻资源的开发，定期推出主题服务和策划活动。持续跟踪本地突发新闻、气象资讯、政策动态等热点；注重素材挖掘与用户运营，打造景观景色、人文历史、特色美食、IP"出圈"等信息资讯服务；结合本地文旅开发、电商基地、扶贫助农等特色产业、商家、产业、品牌资源多方联动，打造本地信息内容供给和市场影响力。

（二）注重内容原创，建立深度跨界连接

重视原创内力，内容为王，打造精品。当下，人人都是内容生产者，专

业媒体生产的内容在海量内容供给中占据的份额在变小。要转变传统"封闭"式的生产者模式，转向生产组织和内容运营，提升创意策划能力，形成自身的优势特色，加大对新闻信息的整合度，提高信息提供的高度、深度、可信度。扩大"内容+"朋友圈，广泛整合新生产力。

地方主流新媒体应在全媒体（报、网、端、微、屏等）不同信息场景中为媒介用户提供不同层次、不同深度的跨通道感知信息内容，提升用户体验质量。在目标用户常用平台上与他们建立有效连接，与流量平台全方位合作，探索媒体生态新游戏规则。在流量平台开设账号、进行内容建设、吸引流量，与传统媒体的专题研发、业务创新同等重要，不仅需要体制机制支持与人力物力投入，还需要自上而下的观念转变，正视现实、放下身段、塑造人设，按小屏方式、流程与传播规律进行内容生产与运营。

（三）信息呈现以用户体验为核心，满足用户需求

在媒体融合发展的大趋势下，未来一段时间内，媒体融合将从普遍化向集约、协同、高效、差异化的升级形式进化。地方主流新媒体应优化服务，稳定现有用户，与用户建立强连接，鼓励用户以留言、追问等方式互动，借鉴知乎的问答模式，设置讨论、问询板块，增强用户参与感，加强细节设计，提升人机交互水平，布局新兴产品，帮助用户提升效率，省钱、省时、省力。挖掘潜在用户，将离线用户在线化，拓展原有商业链，为用户赋能，让利用户。

进一步强化传统主流媒体的微传播话语权，注重平台公信力建设，重视问政调查的新闻内容和民生聚焦的热点问题，强调自身定位，疏通民意。为用户提供崭新的信息传达方式，进一步提升媒体的影响力和传播力。

（四）树立产品平台意识，促进商业价值新拓展

构建强大核心业务支撑能力，发展培育可持续盈利模式。一方面，可以

依托媒体强大的内容优势,以内容代运营、MG 动画、宣传片、微电影、新媒体设计等内容宣传执行为切入点,为部门单位提供非传统文字的宣传产品;另一方面,以新媒体技术为依托,大力开发服务型功能及内部应用,为政府互联网化转型创建技术平台,提供定制化开发、应用平台搭建、线上活动策划等技术开发支撑,以寻求在政务、交通、金融、医疗、警务、继续教育等各个民生服务项目中的深度合作。

依托大数据平台,构建社情民意的舆情信息收集与处置体系,打造信息服务产品品牌。如 2019 年 10 月,长城新媒体集团开发新闻大数据感知及智能分析系统,利用这一系统,能够对数据进行定制化智能准确分析研判,整合内容服务产业与广告,为政府部门、企业或个人提供个性化定制智媒服务产品,形成新的价值链和生态系统。

(五)吸引优质人才,构建高端人才省域共享机制

打造新型传播平台,建设新型主流媒体,建立与外界的全方位连接,对内容建设提出了更高的要求,需要大量优质的专业技术人才和运营管理人才,因此,必须优化改革现有的用人机制,打造留住和吸引人才的激励机制。首先,要打破编内人员和编外人员的身份差别,用"一把尺子"量人才、评业绩,做到"同岗同责、同工同酬、优劳优酬",实现由员工"身份管理"向"岗位管理"的转变,打破人才共享壁垒,盘活人才资源。其次,要提升原有媒体人员综合素质,出台引进人才政策,为人才共享创造条件。

实现省域内融媒体人才的共享,要充分发挥冀云·融媒体平台的中心枢纽作用,在关键环节尝试全省融媒体人才的共用共享。大力支持高端人才为省域内有服务需求的媒体开展运营维护咨询、创意策划指导开发等服务,做好信息交流、反馈和分享。

参考文献

蔡雯:《媒体融合进程中的"连接"与"开放"——兼论新型主流媒体建设的难点突破》,《国际新闻界》2020年第10期。

王悦路、李建:《冀云联动百家融媒打响全民战"疫"》,《青年记者》2020年第20期。

郑志亮、吴昊:《省级主流媒体融合发展的理念与路径——以长城新媒体集团为例》,《中国新闻传播研究》2019年第2期。

B.5
2020年河北省图书期刊业发展报告

金强 刘通 马智 雷子龙*

摘　要： 2020年的河北图书期刊业，虽然很大程度上受到新冠肺炎疫情影响，但在出版发行及参展方面仍保持了一定的特色与规模，取得的奖项、荣誉颇为亮眼。随着相关社会资源、经济要素和文化环境的联动性影响逐步增大，图书期刊业资源整合能力不足、创新亮点挖掘不够、创新平台支撑不足、人力资源更新乏力、出版增量释放不足等问题交织出现。河北图书期刊业应加紧实现产业转型升级，在出版资源融合与产业协同创新、营销平台优化与数字渠道拓展、产品迭代升级与读者资源聚合、产教融合发展与人力资源整合、多元经营并行与做强做大主业等方面继续发力。

关键词： 图书　期刊　出版业　河北

一　2020年河北省主要图书出版企业的成绩与亮点

据不完全统计，2020年河北出版传媒集团共出版新书3380余种，河北

---

* 金强，河北大学新闻传播学院编辑出版系副主任、副教授，主要研究方向为编辑出版；刘通，河北大学新闻传播学院硕士研究生；马智，编审，《疑难病杂志》杂志社社长、主编，兼任河北省科学技术期刊编辑学会理事长；雷子龙，华中科技大学同济医学院本科生。

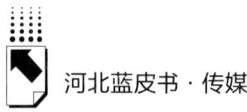

大学出版社共出版新书140余种，燕山大学出版社共出版新书200余种。河北出版业紧扣时代热点，突出河北地方特色，加强图书选题策划、出版发行和推介展销，多部图书获得国家级和省部级奖项，出版图书质量和社会影响力不断提升。

（一）重要出版业务[①]

2020年2月14日，河北出版传媒集团有7种选题项目入选了2020年度国家出版基金。其中，河北科学技术出版社入选3种，即《中国真藓科植物分类学研究》《中国酿酒史》《未来海域安全信息支持系统研究》；河北教育出版社入选2种，即《共产国际、联共（布）视角下的中国革命》《中国梆子》；河北人民出版社入选1种，即《李大钊研究丛书》；河北少年儿童出版社入选1种，即《新中国70年儿童电影发展史》。

2020年8月8日，《守护生命——十二位"燕赵楷模·时代新人"抗疫故事》由花山文艺出版社出版，该书为河北省首部抗疫文学作品集。该书由中共河北省委宣传部、河北省卫健委、河北出版传媒集团策划，旨在向社会弘扬抗疫精神，致敬抗疫英雄。该书在长城新媒体集团隆重举行了首发式，并通过冀云客户端进行了直播。

2020年2月，由方圆电子音像出版社承担，国内首个具有多重学习功能的全媒体公益性出版项目"智障儿童无障碍学习全媒体出版工程"[②]结项，系列智障儿童多媒体出版物正式出版。该成果能够实现移动端和PC端阅读，支持IOS和Android系统的各种移动设备，为智障儿童及相关的教育人员带来极大便利。

2020年7月，《新中国70年儿童电影发展史》在河北少年儿童出版社正式出版。该书是一部深入研究新中国儿童电影的发展历程、艺术特点和文化表达的著作，填补了当前儿童文学理论研究方面的空白，对我国儿童电影

---

① 该部分数据和信息均根据相关出版单位的官方信息整理得出。
② 该项目是2015年度国家出版基金资助项目。

的发展具有极高的借鉴意义。

2020年5月12日,"学习强国"全国总平台"读书"频道"荐书"栏目推出了河北出版传媒集团出品的5期《名编荐书》视频。《名编荐书》是集团深入推进"四名工程"① 建设的重要举措,每期视频由图书编辑介绍一本冀版好书,自开播后在各大平台的累计点击量达到192.1万次。

2020年8月,国内首部多卷本《中国民间文学史》(6卷8本)② 在河北教育出版社正式出版。该丛书是中国社会科学院重大课题"中国民间文学史"的结项成果,是对我国民间文学资源的系统梳理和思想结晶汇总。

2020年8月,《中华人民共和国纪事》③ 在河北人民出版社正式出版。丛书共分7卷,通过编年纪事的笔法,自1949年10月1日至2019年3月底,逐年记述中华人民共和国成立70年来发生的重大历史事件。该丛书是一部兼具研究与检索双重功能的大型资料工具书。

河北大学出版社2019年11月至2020年11月出版新书140余种,包括大、中、小学劳动教材,地方传统文化图书等,其中"地方乡土文化系列"——《涿州历史故事》《涿州历史三字经(小学生版)》《涿州历史名人》《涿州诗词》《涿州风物》共发行六万余册。2020年社级重点选题5种,分别是《读懂河北》《河北黑龙山昆虫》《保定古树志》《高校思想政治理论课微电影创作教程》《高校思想政治理论课微电影教学案例解析与应用》。

2020年9月,燕山大学出版社出版了《钢中贝氏体钢:理论与实践》(第三版)。该书作者为H. K. D. H. Bhadeshia教授④,燕山大学杨志南副教

---

① "四名工程"即出名书、建名社、培育名编辑和出版名家。
② 该丛书为2019年度国家出版基金项目,分为神话卷、传说卷、歌谣卷、故事卷(上中下)、叙事诗卷、谚语卷,共计约360万字。
③ 该丛书为2019年度国家出版基金资助项目。
④ H. K. D. H. Bhadeshia,国际材料领域著名学者、英国皇家科学院和工程院院士,英国剑桥大学材料科学与冶金系教授。主要从事材料相变的研究,钢铁材料如马氏体钢和贝氏体钢等的研制和设计,对材料焊接过程的组织和性能模拟也有深入的研究。

授、张福成教授担任翻译；同月，出版了《从哥本哈根到马德里——中国气候传播研究十年》，该书由中国气候传播项目中心主任郑保卫教授主编。

2020年10月13日，燕山大学隆重举办汉风国画作品展暨《大美之梦·汉风的艺术世界》首发式。该书全面介绍了汉风的人生经历和艺术造诣，回顾了汉风的成长历程、艺术道路、多方面的成就以及他与艺术巨匠们的情谊交往，并且收录了汉风有代表性的国画作品，具有较高的学术价值和艺术价值。

（二）主要获奖情况

2020年5月，河北出版传媒集团共计19种出版物成功入选《2020年农家书屋重点出版物推荐目录》，其中图书14种、音像电子制品4种、期刊1种。具体为：河北人民出版社5种（《新时代怎样做到精准扶贫》《〈共产党宣言〉与新时代》《有机乡村》《教育乡村》《为国铸辉煌：70年来为共和国书写辉煌的杰出人物》），河北美术出版社1种（《人民的艺术——中国革命美术史》），花山文艺出版社1种（《走，到村子里去》），河北科学技术出版社4种（《活出明白》《活出智慧》《中国梦·航天强国梦》《谷子轻简高效生产技术与产业发展》），河北教育出版社2种（《名著阅读百问百答》《穿越千年赏好诗》），方圆电子音像出版社2种（《年画中的传奇》、与花山文艺出版社联合出版的《武则天的梦》），河北冠林数字出版公司3种（《经典中国：国学诵读工程·唐诗三百首》《王厨娘的烟火人生》《最后的冬天》），河北行知文化传媒公司1种（《思维与智慧》）。

燕山大学出版社申报的《水产病害防治与养殖新技术》《新型乡村民宿建设与互联网运营》也成功入选。

2020年7月，河北少年儿童出版社出版的10种图书荣获冰心儿童图书奖[①]，分别是《家住白洋淀——我的观鸟笔记》《再见，婆婆纳》《高小宝

---

① "冰心儿童图书奖"是我国唯一的国际华人儿童文学艺术大奖，诞生于1990年，由著名学者雷洁琼、世界著名作家韩素音和著名的儿童文学作家葛翠琳女士共同倡议创办，包括冰心儿童图书奖、冰心儿童文学新作奖和冰心作文奖，在海内外具有重要影响力。

的熊时代》《沉醉的夏和冬》《懵懂童年》《像芦花一样奔跑》《点街女孩儿》《飞吧！鸽子》《会飞的孩子》《红蜻蜓，我的红蜻蜓》。

2020年1月9日，人民教育出版社在北京举办2020年合作推进年会，大会对2019年度全国人教业务代理单位进行表彰。河北出版传媒集团共获得7项奖励，包括4项个人奖（集团党委委员、副总经理王志江荣获"感动人教年度人物奖"，河北省新华书店公司党委书记、董事长于慧丰荣获"感动人教新华人奖"，河北省出版总社公司执行董事、党委书记李建峰荣获"感动人教创新人物奖"，河北省出版总社公司总经理杨庆岗荣获"感动人教数字资源特别贡献奖"），3项集体奖（河北省新华书店公司荣获"感动人教年度钻石合作伙伴奖"，河北省出版总社公司荣获"感动人教战略合作伙伴奖""感动人教系列活动优秀组织奖"）。

2019年12月31日，"2019年度教师喜爱的100种书"在《中国教育报》公布，河北教育出版社出版的《名著阅读百问百答》成功入选。该书依据国家语文课程标准，引入国际阅读评价理论，结合丰富的名著阅读经验，聚焦家长关心的100个代表性问题，从多个角度做出详细解答，力求将新课标精神落实到每一个问题的答案中，使之更具权威性。

2020年5月24日，河北教育出版社、河北人民出版社荣获2019年度河北省"知名文化企业30强"称号，保定市新华书店有限责任公司党委书记、总经理张永兴荣获2019年度河北省"十佳文化企业家"称号。

2020年9月1日，河北出版传媒集团6件作品获"第三十六届河北新闻奖"。集团党委书记、董事长曹征平撰写的《出版沉思录》荣获一等奖，集团所属《河北青年报》有5件作品获奖，分别是《用"钢的琴"奏响多瑙河畔"春之声"》荣获二等奖，《送别"帮大哥"高瑞奎》《看，这就是黑洞！》《衡水女孩放弃高考捐髓救母》《农超对接，京冀联手助农在行动——让沧州·黄骅旱碱麦走进北京！让北京人民餐桌更丰富》荣获三等奖。

河北大学出版社的《坤舆全图·坤舆图说》一书获2019年美国印刷大奖（2019 The Premier Print Awards）优异奖；2020年11月12日在国家出版基金办和中共河北省委宣传部联合结项验收中，河北大学出版社同方圆电子音像出版社联合申报的《箫鼓春社——京津冀音乐类非物质文化遗产》（第一辑）被评为优秀，这是河北省首次获评国家出版基金优秀等次。

（三）其他相关荣誉

2020年1月14日，河北省委网信办发布"2019新媒体影响力评价和扶持项目"名单，河北出版传媒集团所属的"北洋之家"微信公众号、"河北青年报"微信公众号、"河北青年报"微博、"青豆视频"抖音号4个新媒体账号榜上有名。"北洋之家"微信公众号作品《余则成已经牺牲》、河青网作品《新中国成立70年——70年70城之#这就是石家庄#》被推选为移动传播"十佳作品"。

2020年5月，燕山大学出版社荣获河北省出版物发行业协会颁发的"2019年度服务教育先进单位"荣誉称号。

2020年4月23日，河北美术出版社出版的《人民的艺术——中国革命美术史》成功入选中国图书评论学会评选的2019年"中国好书榜"。

2020年2月上旬，河北出版传媒集团《少儿科学周刊》成为河北省第一批省级信息传媒类科普示范基地。《少儿科学周刊》通过开放编辑部，举办多场科普报告会、展览、实验等多样化活动，以少年儿童科普为重点进行启发教育，受到师生及家长广泛好评。

（四）相关发行及宣传活动

1. 积极助力疫情防控

2020年2月上旬，河北出版传媒集团组织所属河北科技出版社和河北美术出版社联合推出《新型冠状病毒感染的肺炎公众预防指南》《新型冠状病毒感染的肺炎心理防护指南》《画说"新冠"——科学防控新型冠状病毒肺炎宣传手册》等新冠肺炎疫情防控读物①，向公众普及科学防疫知识。微

---

① 上述图书的电子书及有声读物先期由河北冠林数字出版有限公司、纪元光电公司制作，并已上架咪咕阅读、中文在线、懒人听书、喜马拉雅等各大平台供大众免费阅读和收听。

信公众号"北洋之家"推送的原创文章《河北你终于藏不住了》，宣传河北人民群众共抗疫情和河北对湖北灾区支援的动人事迹，文章阅读人数超700万人次，点赞达8.4万次，读者留言7000余条。河北少年儿童出版社特邀知名作家在线启动"作家爱心接力公益讲读直播课"。河北教育出版社策划推出"好书大家读"活动。河北冠林数字出版有限公司重点建设的河北教育资源云平台开通中小学电子版教材免费下载服务，自2月9日服务开通以来，下载次数累计达2399万册次。纪元光电公司科学组织复工复产，按时完成了教材配套光盘的生产及交货任务。深州市新华书店迅速启动疫情期间春季教材发行应急预案，发行人员仅用一天半时间就完成了2000多件教材的收货、分发、配送工作。唐山书城在闭店期间精心推出系列线上栏目《主播带您逛书城》。

2. 做好重要理论读物的推广发行

2020年7月，由学习出版社、人民出版社联合出版的《中国制度面对面》正式发行，石家庄图书大厦和东华书店同步上市。河北省新华书店积极备货发运，保证全省其他地市的新华书店顺利上架销售。为做好该书的推广工作，石家庄图书大厦和东华书店设置了专柜陈列，通过堆码造型、电子屏幕、宣传条幅等多种形式吸引读者浏览、学习和选购。

2020年7月2日，《习近平谈治国理政》第三卷预订服务在全省各地新华书店开通。2020年11月初，河北省各地新华书店门店陆续上架党的十九届五中全会文件及辅导读物。全省各地新华书店门店在卖场设立展示专区，同时，积极组织力量，深入党政机关、企业、农村、社区、学校、军营进行上门征订，并开通了电话预订、网上购书等多种服务，努力扩展发行范围，以优质服务保障需求。

（五）图书参展情况

2020年8月26～30日，第27届北京国际图书博览会云展会成功举办。河北人民出版社共组织了百余种精品图书参展，举办了《武则天大传》和《唐寅评传》两场图书推荐会，并在书展期间与DC加拿大教育出版社举行了《许译中国经典诗词丛书》等8种图书的版权贸易签约仪式。此外，河北大学出版社也有百余种图书参展。

2020年1月9日，在2020北京图书订货会上，河北出版传媒集团组织全省10家出版、发行单位携2000多种冀版精品出版物集中亮相。重点推介了《〈共产党宣言〉与新时代》《为国铸辉煌》《人民的艺术——中国革命美术史》《"诗人散文"丛书》《中医从哪里来——国医寻源》《雄安乡愁记忆》《童年中国书系》《家校合育 少年当强——少年心理素质培养训练》等150多种精品出版物。

2020年11月16日，第十六届深圳文博会"云上"举办。河北展区以"文润河北，冀望未来"为主题，从"文化小康""四个一批""领军企业""绿水青山""匠心传承""圆梦冬奥""融合发展"七个版块全面展示了近年来河北出版业发展的新成效。集团从"冀版精品出版物""融合出版中心项目""名编荐书""有声读物"四个方面展示了近两年来"四名工程"实施和融合发展的最新成果。

2020年10月24日，"读书筑梦 决胜小康"河北省第八届惠民阅读周暨2020惠民书市、第十届河北省图书交易博览会①拉开序幕，通过"新华优选"网上连锁商城和全省166家新华书店卖场向读者发放22万张优惠券，共计260万元。河北省新华书店对来自9家省内出版单位和14家省外主力出版单位的20余万种近千万册图书进行展销。《知之深 爱之切》《人民的艺术》《守护生命》《贯众现代研究与应用》《特种兵学校》《中国古玉品鉴与研究》《董振堂》等一批冀版精品好书集中亮相。

2020年10～11月，河北大学出版社分别参加了在厦门举办的第十六届海峡两岸图书交易会，在珠海举办的中国大学出版社协会2020年年会暨第33届全国大学出版社图书订货会。

---

① 河北省第八届惠民阅读周暨2020惠民书市、第十届河北省图书交易博览会由中共河北省委宣传部、河北省教育厅、共青团河北省委、河北省作家协会、河北广播电视台、河北出版传媒集团、长城新媒体集团、中共石家庄市委宣传部联合主办；各市（含定州市、辛集市）党委宣传部，河北省新华书店，全省各市、县（市、区）新华书店，河北广播电视台经济（故事）广播，河北青年报社承办。

二 2020年河北期刊业发展概况

河北省登记注册的期刊总量为217种，覆盖了社会科学、自然科学各个领域，为全省的学术交流做出了积极的贡献。

（一）基本情况

河北省注册拥有CN号的期刊为217种（其中《女子世界》《通俗歌曲》暂休刊，不作统计），占全国10171种期刊的2.13%。

1. 主管部门

215种期刊中，省内主管的有181种（占期刊总数的84.2%），分布在政府各厅局的有129种，其中省教育厅主管76种（占省内主管期刊的42.0%），科研院所主管16种，省社科联、省科协主管14种，企业及其他主管23种，中央部委主管34种[①]（占期刊总数的15.8%）。

2. 主办单位

215种期刊中，第一主办单位分布在147个单位，其中高等院校主办的有97种（占期刊总数的45.1%），科研院所主办的期刊有33种（占期刊总数的15.3%），协会、学会、基金会主办的期刊有32种（占期刊总数的14.9%），省属企事业单位主办的有53种（占期刊总数的24.7%）；一个主办单位主办3种以上期刊的有18家，其中中国石油天然气集团有限公司主办7种、河北大学主办5种；河北省农林科学院、河北日报社、河北阅读传媒、华北理工大学、河北医科大学各主办4种；主办2种期刊的有16家，主办1种期刊的有113家。

3. 创刊时间

215种期刊中，1949年以前创刊的有7种（占期刊总数的3.3%），1950年至1977年创刊的有31种（占期刊总数的14.4%）；1978年至1987

---

① 全部是自然科学期刊，分布在中央各部委和中央企业。

年创刊的有74种（占期刊总数的34.4%）；1988年至1998年创刊的有54种（占期刊总数的25.1%），1998年以后创刊的有49种（占期刊总数的22.8%）。河北省期刊创刊时间集中在1978年至1998年，共创刊128种（占期刊总数的59.5%）。

4. 出版单位性质

215种期刊中，为非法人编辑部的有155种（占期刊总数的72.1%），为事业法人的有38种（占期刊总数的17.7%），为企业法人的有22种（占期刊总数的10.2%）。河北期刊中具有法人治理结构的仅占1/4。

5. 学科分类

215种期刊中，社会科学期刊为110种（占期刊总数的51.2%），自然科学期刊为105种（占期刊总数的48.8%）。按注册的期刊分类，社会科学期刊中，G类文化、科学、教育、体育34种，C类社会科学总论22种，F类经济13种，D类政治、法律12种，I类文学11种，Z类综合性10种，K类历史、地理4种，J类艺术2种，B类哲学、宗教1种，另有军事、教育、体育各1种。自然科学期刊中，T类工业技术39种，R类医药、卫生29种，N类自然科学总论15种，S类农业科学14种，P类天文科学、地球科学4种，X类环境科学、安全科学2种，O类数理科学和化学1种，U类交通运输1种。学术类期刊共189种，其中高校学报类期刊64种，占全省期刊的29.8%；教辅和少儿类期刊9种，文学、科普、保健类等非学术类期刊17种。期刊种类相对齐全，涵盖社会科学、自然科学各个领域。

（二）编辑队伍

215种期刊，共有各类工作人员1775人，其中在编人员1082人，聘用人员686人，平均每家期刊从业人数为8.3人。从业人员最多的《共产党员》47人，最少的《河北林业科技》《日本问题研究》仅有2人。其中从事新媒体相关工作的仅83人。拥有硕士及以上学历的546人（30.2%），拥有本科学历的1086人（61.1%），拥有大专及以下学历的243人（13.7%）；拥有正高级技术职称的349人（19.7%），拥有副高级技术职称的376人

(21.2%），拥有中级技术职称的 457 人（25.8%），拥有初级技术职称及其他 593 人（33.4%）。编辑队伍中，有中共党员 827 人。

（三）出版周期与规模

1. 出版周期

215 种期刊中，周刊有 8 种（3.7%），旬刊有 13 种（6.0%），半月刊有 28 种（13.0%），月刊有 58 种（27.0%），双月刊有 69 种（32.1%），季刊有 38 种（17.7%），年刊有 1 种（0.5%）。双月刊、季刊占近 1/2，出版周期较长。周刊是《少儿科学周刊》《快乐作文》《儿童大世界》《校园英语》《莲池周刊》《糖烟酒周刊》《教育教学论坛》《商情》，年刊是《河北年鉴》①。

2. 规模

215 种期刊，刊均每期页码数为 112 页，其中每期页码最多的周刊《校园英语》为 256 页，旬刊《价值工程》《医药前沿》均为 256 页，半月刊《产业与科技论坛》为 288 页，半月刊《大众文艺》为 274 页，半月刊《影像研究与医学应用》为 256 页。每期页码最少的期刊为某季刊 64 页和双月刊 48 页。

（四）发行与经营

1. 发行

215 种期刊中，单一邮局发行的为 43 家（占期刊总数的 2%），自办发行的为 77 家（占期刊总数的 35.8%），邮局发行和自办发行的为 85 家（占期刊总数的 39.5%），赠阅的为 11 家（占期刊总数的 5.1%）。

215 种期刊的年度总印数为 4388.06 万册，刊均年度印数为 20.41 万册；年度总印张数为 1961 千印张，刊均年度印张数为 911.6 千印张；期年总发行数为 200 万册，刊均期发行数为 0.93 万册。期均发行数小于 1000 册的有 62

---

① 年鉴同时具有期刊和图书的双重属性。

种（28.8%），1000册至5000册的有105种（48.8%），5000至10000册的有19种（8.8%），大于10000册的有29种（13.5%）。期发行量最大的为《老人世界》（33.2万册）、《共产党员》（22.37万册）、《小学生必读》（16.6万册）、《河北安全生产》（16.5万册）、《杂文月刊》（14.6万册）、《快乐作文》（13万册）；期发行量最小的期刊多为学报，有的不足300册。

2. 经营

215种期刊中，自筹自支的为19家（8.8%），主办单位拨款与自筹结合的为17家（7.9%），主办单位全额拨款的为108家（50.2%），未报经营收支的为71家（33.0%）。据2019年统计的203种期刊计算，总收入为36295万元，平均每种期刊为178.8万元，其中年收入超过1000万元的是《语文教学之友》（6057万元）、《共产党员》（3354万元）、《河北安全生产》（3102万元）、《老人世界》（1624万元）、《能源》（1024万元）。

（五）学术质量及评价

1. 主要文献计量学指标

189种学术期刊中，2020版《中国学术期刊影响因子年报（自然科学与工程技术）》收录的86种科技期刊，刊均复合总被引频次为1907次，低于全国刊均的2079次（-8.3%）；刊均复合影响因子为0.723，低于全国刊均的0.831（-13.0%）；刊均基金论文比为0.56，与全国刊均的0.56持平；刊均他引总引比为0.91，高于全国刊均的0.89（2.3%），进入Q1区（本学科排名前25%的期刊）的有15种（17.4%），Q2区（本学科排名前26%~50%的期刊）的有19种（22.1%），Q3区（本学科排名前51%~75%的期刊）的有27种（31.4%），Q4区（本学科排名后25%的期刊）的有25种（29.1%），可见河北省科技期刊的学术水平明显低于全国平均水平。

189种学术期刊中，2020版《中国学术期刊影响因子年报（人文社会科学）》收录的57种社会科学期刊，刊均复合总被引频次为1255次，低于全国刊均的2008次（-37.5%）；刊均复合影响因子为0.527，低于全国刊均的1.104（-52.3%）；刊均基金论文比为0.56，高于全国刊均的0.52（7.7%）；刊均他引总引比为0.96，高于全国刊均的0.95（1.1%），进入Q1区（本学科排名前25%的期刊）的有4种（7.0%），Q2区（本学科排名前26%~50%的期刊）的有9种（15.8%），Q3区（本学科排名前51%~75%的期刊）的有21种（36.8%），Q4区（本学科排名后25%的期刊）的有23种（43.4%），可见河北省社会科学期刊的学术水平显著低于全国平均水平。

2. 核心数据库收录情况

189种学术期刊中，《石油地球物理勘探》被美国《工程引文索引》（EI）收录。被《中文核心期刊要目总览（2017年版）》收录的有23种（12.2%）。105种科技期刊中，被"2020年中国科技核心期刊"收录的有40种（38.1%），被"2019~2020年度中国科学引文数据库（CSCD）来源期刊目录"收录的有7种（6.7%），包括《地理与地理信息科学》《河北农业大学学报》《华北农学报》《石油地球物理勘探》《中国生态农业学报（中英文）》《中华超声影像学杂志》《中华麻醉学杂志》等。

98种社科期刊中，被南京大学中国人文社会科学综合评价研究院发布的"2019~2020版CSSCI来源期刊目录"①收录的有5种（5.1%），包括《河北学刊》《河北法学》《当代经济管理》《经济与管理》《河北经贸大学学报》。

（六）数字化建设

学术期刊编辑部均使用了在线投审稿系统和协同采编系统，采用了学术不端查重系统，实现了网络办公自动化；大部分学术期刊被国内中国知网、万方数据库、维普数据库、超星数据库等收录；50%的学术期刊编辑部拥有自建官方网站，30%建有公众号，基本实现了App服务。数字化建设使河北省学术期刊整体的传播力、影响力和学术规范的水平均有所提升。

---

① 含扩展版。

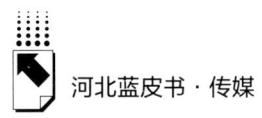
河北蓝皮书·传媒

三 河北省图书期刊业发展面临的主要问题

(一)图书出版业

河北出版传媒集团作为河北省出版业的领军企业,曾在2009年至2018年连续十届"全国文化企业30强"评选中,成功入选四届。[①] 在2020年的榜单中,包括浙江、江苏、江西、四川、安徽、河南、湖南、山东、上海、广东等省市出版集团在内,全国共13家出版企业榜上有名,遗憾的是河北出版企业并未入选。与十年来稳居榜单的浙江出版联合集团、江西省出版集团、江苏凤凰出版传媒集团、中国出版集团、中南出版传媒集团相比,河北省出版企业的相对优势呈现一定程度的下滑。

1. 资源整合能力不足,创新亮点挖掘不够

虽然河北紧邻出版中心北京,但对于北京优质出版资源的吸收程度还不是很高,与京津在出版资源的协调联动上缺乏后劲和动力,需要进一步加强政策支持与引导,加速实现出版业的"京津冀一体化"。虽然河北出版业一直在努力挖掘自身特色,但是对于挖掘的着力点,及其市场规模和市场吸引力还是缺乏一定的科学认知和专业判断。河北拥有大运河、太行山等人文历史题材,雄安新区、冬奥会等国家重大现实题材,主题出版与红色出版等常规题材,在挖掘时不能把河北特色仅仅看成地方特色,要有核心意识和看齐意识。亦应在省内构建起合理高效、统一协调的出版资源的整合与创新机制,使省内出版中心石家庄的出版资源与各地区出版资源融合呼应,形成行业联动。资源整合能力不足和创新亮点挖掘不够,已成为限制河北出版业发展的现实困境。

2. 创新平台支撑不足,人力资源更新乏力

以河北大学新闻传播学院出版专业的硕士研究生为例,每年约20位毕

---

① 《2018文化企业30强发布,13家出版发行企业上榜!》,湖北省新华书店(集团)有限公司,2018年5月18日,http://www.etjbooks.com.cn/show.aspx? GENERALID = 47771&NodeID = 157。

业生中留在河北出版单位工作的寥寥无几，绝大多数都选择京津地区。河北省培养的学生留不住，相关人才政策缺乏吸引力、选人机制缺乏足够灵活性等问题，在很大程度上影响并限制了本地区人才资源优势的发挥。

据了解，出版专业的博士研究生毕业后基本转为科研和教学岗，较少涉足图书出版业。而本科生有着进入出版业的热情，却因为自身水平和能力的限制，无法直接进入出版单位工作或无法从事自己心仪的岗位。多数本科毕业生选择的是传统出版业的周边行业，尤其是大量进入互联网行业，一定程度上偏离了出版专业人才培养方案和目标。河北省培养的人才流失严重，对外省人才的吸聚能力较弱，这已成为制约河北出版业发展的人才难关。

河北出版的人脉资源较广，但是联动性仍然不足，学术交流的常态性沟通和机制性合作也并不顺畅。如何充分发挥地区资源的优势，创新出版平台支撑能力，如何抓住雄安新区"千年大计"的历史机遇，如何发挥省内大学众多以及作为人才大省的优势，是河北出版实现更好更快发展需要思考的问题。

3. 营销运营能力不强与出版增量释放不足

受新冠肺炎疫情影响，许多实体书店难以为继，陆续宣布倒闭。而存活下来的实体店，如何消化已有库存，成为难题。由于国际市场萎缩，进出口受阻，内外双循环如何开展，仍在探索之中。随着读者消费习惯和阅读平台的变迁，传统出版的卖场营销却越来越乏力，盈利增收的空间被进一步压缩。

河北省出版业也面临线上网站营销运营能力不强的问题。如集团官方网站与官方公众号存在信息发布时间不对称、官网信息推送明显少于官方公众号推送等问题；河北大学出版社官方网站和燕山大学出版社官方网站均存在运营效果不佳、信息更新速度慢、有价值信息较少等问题。疫情期间，出版业纷纷自救，转变传统运营思路，从"线下"搬到"线上"，主要进行图书"云出版"与"云营销"。疫情影响给河北出版业的发展敲响警钟，要对自身的出版产业结构进行变革调整，明确新的市场定位，要进行全面的服务优化、改革和升级，以此来释放发展潜力，找准疫情防控常态化阶段河北出版业的发展道路。

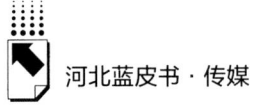

（二）期刊业

1. 集约化、集团化程度偏低

管理单位比较分散，第一主办单位分布在147个部门，一个主办单位主办3种以上期刊的有18家，主办2种期刊的有16家，主办1种期刊的有113家；非法人编辑部有155个（72.1%），企事业法人有60个（27.9%）。集约化程度低，大多数学术期刊编辑部处于"小而弱"的状态，精品大刊偏少，难以形成国内、国际的影响力。

2. 期刊办刊水平相对不高

由于受科研活动评价、人才评价对论文认证标准的限制，河北省优质论文流失严重，多项指标相较全国水平仍然偏低。一是文献计量学指标低：科技类期刊刊均复合总被引频次、刊均复合影响因子明显低于全国刊均水平；进入Q1区、Q2区的期刊总数不到40%。社科类期刊刊均复合总被引频次、刊均复合影响因子显著低于全国刊均水平；进入Q1区、Q2区的期刊总数仅为20%多。二是被权威核心期刊数据库收录少：被《中文核心期刊要目总览（2017年版）》收入的占189种学术期刊的12.2%；在105种科技期刊中，被"2020年中国科技核心期刊"收录的占38.1%，被"2019~2020年度中国科学引文数据库（CSCD）来源期刊"收录的占6.7%；在98种社科期刊中，被"2019~2020版CSSCI来源期刊目录"收录的占5.1%。三是发表论文学术价值不高，高被引论文数量较少。

3. 数字出版服务及营销障碍较多

虽然绝大多数期刊使用在线投审稿系统，也被中国知网、万方数据等收录，但自建网站并及时更新维护的数量不足50%，拥有公众号实现了App服务的不足30%，数字出版建设以及相关服务配套要求还未充分实现。除少数几家教辅类、少儿类和有影响的大刊外，多数期刊经营维艰，发展阻力较大。究其原因，一是受新媒体、速食阅读的冲击，期刊订阅群体大量流失，发行量呈断崖式下跌；二是刊登广告的客户持续转移，收入锐减。

4. 编辑队伍水平和层次仍偏低

编辑数量、质量和结构上都与科学技术、新媒体的高速发展不相适应。大多数期刊编辑人数未达到季刊 3 人、双月刊 5 人、月刊 7 人的标准配置，少数期刊仅 2~3 人，难以"走出去"约稿、组稿；专职编辑业务素养偏低，具有深厚的专业知识功底又谙熟编辑技术的人员相对较少；从事新媒体的专兼职人员全省仅 83 人，只有 1/3 的期刊社配有新媒体编辑。

四 河北省图书期刊业的发展思路与建议

（一）出版资源融合与产业协同创新

在出版融合的行业发展趋势下，河北省出版业一方面要在十九届五中全会精神指引下，落实中央关于"十四五"时期文化建设的部署和省委要求，切实履行好"举旗帜、聚民心、育新人、兴文化、展形象"的职责使命；另一方面要积极促进出版资源的融合，将传统出版业特有的内容资源优势与新型出版业的技术、渠道、平台优势结合起来，打造新的出版优势。同时要努力挖掘本省出版资源，更进一步吸收北京文化资源，广泛参与各种出版文化活动，推动出版资源向大项目、大工程与大规划转移。目前，河北省真正具备核心文化创造力的产业还不够突出，产业质量和产业结构要进一步优化，资源配置要更加市场化，整个出版产业链要进一步调整、完善，进而建立出版物从编辑、印刷到发行服务的现代化多业态出版产业链，实现出版资源融合与产业协同创新。

从促进期刊业发展来看，建议实施科技期刊、精品期刊或刊群建设项目，选择有发展前景的省内大刊，从财力、人力、技术上给予支持，打造一两家形态多样、特征明显、手段先进、效果显著、可持续发展能力好、具有一定国内国际竞争力的学术期刊集群。河北期刊应持续关注河北省面临的经济、社会、科技等各方面发展任务，尤其是要瞄准难题、研讨思路，发挥期刊的专业化和高水平的优势。充分盘活已有资源，拓展作者资源，提升学术内涵，提高期刊在人民群众中的知名度和美誉度，尤其要重视其文化力和传播力的建设。

（二）营销平台优化与数字渠道拓展

现阶段，河北省图书出版企业在营销平台优化和数字渠道拓展上，还有很多需要改进和提升的地方。以抖音短视频平台使用情况为例，可以发现存在两大短板：一是河北省图书出版社的数量较少，河北省还有很多图书出版社至今未涉足抖音短视频平台；二是河北省图书出版社的影响力较低，已开通的账号整体运营和拓展情况不佳，目前河北省的图书出版社粉丝数较多的仅有河北少年儿童出版社，为1.1万，其他均未上千（见表1）。从目前河北省图书出版企业在营销平台优化和数字渠道拓展情况来看，发展之路任重道远。

表1 河北省出版代表性企业"抖音"短视频使用情况分析

企业名称	粉丝数	获赞量	作品数
河北少年儿童出版社	1.1万	508	25
河北教育出版社	161	230	14
花山文艺出版社	55	20	2
河北大学出版社	159	319	97
燕山大学出版社	76	211	18
河北省新华书店	4447	3044	68

注：截至2020年11月28日。

另据百道网发布的2020年1~10月图书销售的市场情况，可以看出2020年关于"民法典""新冠肺炎疫情"等相关题材图书热度上升，如各类法律学系图书与抗疫手册等；课外阅读类继续升温，如"新课标""儿童读物""推荐书目"等；新形式童书热度上升，如"游戏书""立体书"等。河北出版业一方面要掌握市场需求，紧跟市场发展趋势，加大相关热度题材图书的出版；另一方面要更注重网络营销渠道的布局，疫情给消费者的购买习惯带来了长期影响，应顺势布局。除主题读物在团购、馆配大幅增长外,传统大众类别文教、少儿、文学类读物的最主要销售渠道依旧集中于网络零售。同时在实体零售折扣力度处于弱势的情况下,河北出版业应积极探索,通过举办新品读书会、作家见面会等活动,满足大众的消费需求,打造河北省自主品牌。

(三)产品迭代升级与读者资源聚合

2020年11月11日,《全国人民代表大会常务委员会关于修改〈中华人民共和国著作权法〉的决定》颁布。新著作权法将提高侵权成本,扩展受保护作品的类型,对于出版者和作者来说都是利好消息。随着产业环境的进一步规范,更加有利于产品生产的创新和转型。河北出版业应瞄准读者的年轻化趋势,针对线下阅读促销乏力的情况,积极开展以直播和短视频为主的线上营销活动。出版社应充分利用作者、学校教育等资源,增加作者的"曝光"机会,以内容资源带动消费意愿。

大数据时代、新型出版模式下的期刊业也必须顺应发展趋势,依托融合出版,提供知识服务,广泛展开与互联网企业的合作,打造个性化、高质量的数字化出版平台。应鼓励所有期刊使用QQ群、微信公众号等,利用二维码技术,建立公众号平台,实现移动服务。有条件的期刊社可利用公众号,吸收同行业、同类期刊,建立集群化平台,以有效组织群内用户之间实现沟通交流,推进信息共享和知识服务。

(四)产教融合发展与人力资源整合

目前相关国内出版专家已经在多个场合或集体呼吁,或独自发声,目标都瞄准了出版学一级学科的推进与建设。河北省内出版人力资源出现疲软状态,应施行专项人才计划,配合文化产业振兴规划,加大出版专业人才培养力度。紧紧依托未来雄安新区的人才吸附优势,吸纳高端产业,集聚高端智慧,对接北京出版资源,为出版业提供更好的产业扶持政策和环境。

应针对期刊业的不同办刊模式,推进包括主编、编委会、运营管理、技术编辑在内的整体人才队伍培养,带动期刊编辑出版人才队伍的全面发展。

建议制定较为稳定的支持政策,加强制定期刊出版人才战略规划,建立完善的人才培养、评价和奖励机制,提高编辑队伍的创新能力和专业化水平,在职称晋升、奖励薪酬等方面适当地倾斜。

(五)多元经营并行与做大做强主业

在新冠肺炎疫情影响下,实体经济受挫,不可避免牵连到出版产业的多元经营,包括房地产、线下教育、旅游、住宿、餐饮等都受到了较大影响。受经济大环境的影响,不健康资产剥离的难度增加,资产安全问题更加突出。目前,河北出版传媒集团的资产量仍然较大,资产规模的控制仍然存在难度。回归出版主业,继续深化调整发展思路也成为促进出版业健康发展、实现国有资产保值增值的必由之路。

基于市场形势,河北省期刊业应该转变管理模式和办刊方式,借鉴国外科技期刊成功的办刊经验,走集约发展与资源整合之路。以国内有影响力的期刊为龙头,加强同类优秀期刊的协同与联合,在自愿、互利的前提下,建立一两个具有学科优势的科技期刊集群,发挥规模效应与群体优势,增强河北省期刊的传播力和影响力。

B.6 2020年河北省影视业发展报告

景义新 韩雨坤**

摘 要： 2020年河北省影视业发展呈现四个鲜明特点：一是对接当下，现实主义题材占据主流；二是紧跟政策，旗帜鲜明提高政治站位；三是服务于民，影视业服务意识显著提升；四是融合发展，"文化+科技+区域"协同共生。与此同时，河北省影视业也面临影视行业缺乏人才标准、教育培养与实际就业失衡，市场主体单一、民营影视企业发展疲软，重宣传轻市场、影视作品趋于符号化，影视创作动力不足、不利于降本增效等等问题。对此，应尽快制定行业人才标准，助力影视行业人才升级；坚持"产业""事业"两手抓，培养市场意识，开展多元策划经营，发挥各类市场主体作用；利用"新基建"机遇，促进行业转型。

关键词： 影视业 融合发展 降本增效 "新基建"

---

* 本报告为2020年河北省社会科学发展研究重点课题"5G技术对我省传媒产业的影响及对策研究"（20200401002）阶段性成果。本报告中所用的部分数据来源于河北省委宣传部电影处、河北省广电局研究室，在此对这两个部门及有关同志的支持和帮助表示特别感谢。
** 景义新，河北经贸大学文化与传播学院副院长、副教授、硕士生导师，主要研究方向为广播电视与新媒体传播；韩雨坤，河北经贸大学文化与传播学院硕士研究生，主要研究方向为视听新媒体传播。

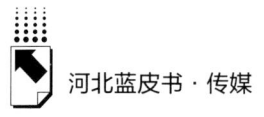

一 2020年河北省影视业发展概况

（一）对接当下：现实主义题材占据主流

2020年是一个特殊的年份。年初新冠肺炎疫情暴发，举国抗疫，我国影视作品的播出和制作受到较大影响。2020年也是"十三五"收官之年、"十四五"整装待发的奠基之年，"十四五"时期我国文化产业将在稳增长、促改革、调结构、惠民生等方面持续发力。放眼全国影视行业，2020年现实主义题材影视作品仍然占据主流。3月10日，国家广电总局电视剧司召开云端会议，对《山哈闹海》《枫叶红了》《温暖的味道》《脱贫十难》《湘西纪事》等脱贫攻坚题材电视剧进行创作进展通报和播出安排。10月播出的抗疫题材电视剧《在一起》在豆瓣获评8.9分，《火神山》《中国医生》等抗疫题材的电影也已提上上映日程。2020年是我国脱贫攻坚决战决胜之年，农村地区的经济发展和精神文化风貌受到越来越多的影视创作者关注。在2020年1月至9月备案的电视剧中，当代题材电视剧共有303部10336集，整体来看，备案电视剧题材集中于当代都市（232部），当代农村题材（61部）在其中也占据重要份额。

2020年河北省影视剧创作也颇具亮点。36集电视连续剧《最美的青春》获第32届电视剧"飞天奖"优秀电视剧奖，该剧讲述了20世纪60年代初青年创业者冯程、覃雪梅克服艰难险阻，以青春热血点亮荒原绿海的传奇故事，是河北省此次唯一获得飞天奖的优秀电视剧。为纪念2021年中国共产党成立100周年，邯郸剧作家韩飞创作40集大型电视连续剧剧本《战歌》，该剧本讲述了20世纪70年代为摆脱贫困、争取到良好的生存和生产环境，全市各界群众、知识青年、党员干部弘扬"战天斗地、奋发图强、公而忘私、联合攻关"跃峰渠精神，以破釜沉舟的决心修建大型水利工程的感人故事。该剧本已在国家广电总局备案公示，并已入选国家广电总局"重点现实题材电视剧剧本创作计划资助项目"。

（二）紧跟政策：旗帜鲜明提高政治站位

党的十九届五中全会以来，国家广电总局将文化建设摆在突出位置，要求对标对表全会精神，凝心聚力履行核心职能，编制好广电行业"十四五"规划，采取切实措施提升影视创作质量水平，重点组织实施"纪录小康工程"，推进"智慧广电"建设。2020年10月，保定市举行河北省第二届税收公益广告微电影优秀作品评选推介会。微电影《张十四》、公益广告《大工匠》、动漫作品《"票"亮生活》等优秀作品内容涉及减税降费助力疫情防控常态化阶段复工复产、普惠民生政策的落实、智能税务提高办税效率等税收改革，以税收助力扶贫攻坚为创作方向，讲述税务新格局、新阐发，全力展现河北省优秀税务干部在重要任务中迸发出的神圣使命感与"铁军"风采，同时本次公益广告微电影优秀作品也反映了河北省以高质量服务"六稳""六保"的新发展格局，做到了真正服务于中心工作，稳扎稳打纪录小康工程。

"十三五"时期我国全面深化改革取得重大突破，全面依法治国取得重大进展。2020年7月河北省广播电视局召开电话会议部署全省广播电视法治工作，要求全省影视行业担负起社会责任和普法义务，从贯彻落实全面依法治国新理念新思想新战略、切实提升广播电视和网络视听领域依法治理水平、精准化提升监管效能、广泛开展普法宣传教育四个方面对河北省影视业的法治工作提出新要求。由河北省委政法委、省司法厅等有关单位专家授课，组织全省各级影视产业主管部门以及市、县两级负责影视法治工作和行政执法的业务骨干进行依法行政培训，进一步树牢影视业法治建设的思维和意识，提升影视行业依法行政的自觉性和坚定性。

（三）服务于民：影视业服务意识显著提升

习近平总书记在文艺工作座谈会上强调，社会主义文艺从本质上讲，就是人民的文艺。文艺要反映好人民的心声和生活，就要把满足人民精神文化需求作为文艺和文艺工作的出发点和落脚点，把为人民服务作为文艺工作者的天职和使命。① 2020年10月，第32届中国电视剧"飞天奖"颁奖典礼在河北省衡水市举行，共有50部作品入围，包括《绝境铸剑》《父老乡亲》《老酒馆》《在远方》《最美的青春》等，这些作品之所以能够得到评委和大众的认可，是因为其积极探索用一种更年轻、接地气的表达方式来抒发重大历史题材电视剧中所承载的中国精神、中国力量、中国担当。《小欢喜》《大江大河》《最美的青春》《急诊科医生》等优秀电视剧作品则扎根生活、扎根人民，通过书写大时代背景下小人物的人生轨迹来引发观众共鸣，达到了收视与口碑双丰收。本届"飞天奖"的获奖作品较好地反映了2017~2019年中国电视艺术的发展成就，同时也为文艺创作树立了普适的创作标杆和主流价值导向：弘扬当代中国精神，将年轻化的表达方式与一脉相承的中国使命、中国担当相结合，真情讴歌祖国、讴歌党、讴歌人民、讴歌英雄，让电视剧更好地满足人民群众的精神文化需求。

2020年10月遵化市纪委监委借助农村公益电影下乡的契机，以送廉政电影下乡为载体，宣扬廉政精神。该市成立31支流动放映队，在每天晚上的黄金时段，深入镇村开展巡回放映活动，免费放映电影1244场，受众2万余人。遵化市这一举措充分发挥了影视作品舆论引导和价值引领作用，使当地党委干部和普通群众受到廉政思想的教化。除此之外，唐山市也于国庆、中秋"双节"之际举办主题电影展，《开国大典》《建国大业》《我和我的祖国》《上甘岭》《英雄儿女》《我的战争》等多部红色经典影片均在展映行列。放映队深入农村、社区、企业、高校、部队等，使群众享受电影艺术给心灵和思想带来的震撼与激荡。由廊坊市微电影协会等45家单位联合举办的第二届星光微电影大赛推选出《酒运》《不完全真相》《特殊的礼盒》《无间行者》《心锈》《铭警察之志铸辅警之魂》《非遗》《核雕》《存史鉴今》等39部优秀获奖作品，大赛以"梦飞翔的

---

① 《习近平在文艺工作座谈会上讲话（全文）》，人民网，2014年10月15日，http://culture.people.com.cn/big5/n/2014/1015/c22219-25842812.html。

地方"为主题,着力展现群众生活的新面貌、城乡风采的新提升、凡人善举的新典型,用一个个精彩的微故事讲述人间真情、歌颂人文美德、展现燕赵风采。

(四)融合发展:"文化+科技+区域"协同共生

面对迅猛发展的5G、人工智能等新兴技术,影视业正在加速推动产业融合共生,从而催生更多元的市场机遇与行业风口。2019年5月29日,中央全面深化改革委员会第八次会议在京召开,会议审议通过了《关于深化影视业综合改革促进我国影视业健康发展的意见》,要求加快影视业与文化、科技的深度融合,推动超高清视频体系建设、影视生产分发、后期宣传、运营机制等各环节互融互通,促进融合质变。5G时代的到来意味着我国影视行业面临新一轮的革新,"5G+数字影视"产业化基地的建设业已提上日程,而未来科技与文化的结合必将成为影视业形成可持续发展动力的重要源头。

对标河北省影视业发展战略,在以往的文化产业规划中,京津冀三地之间并未形成一个统一的文化产业规划布局,文化产业之间的配合度较低,京津两地依靠内涵丰富的历史文化底蕴成为我国文化产业排头兵,而京津冀地区之间缺乏协同发展的实际经验,在文化零售业、文化制造业和服务业方面协同发展能力有限。随着京津冀协同发展战略的推进,"融合共生"更多体现在地区之间的通力协作上。2017年中共中央、国务院在河北省设立雄安新区,影视产业作为低投入、高回报的第三产业若能得到充分发展势必能为京津冀协同发展以及雄安新区建设带来新机。2020年9月河北省广播电视局同北京、天津局共同签署《京津冀新视听战略合作协议》,京津冀三地共同设立创新中心,并面向各单位征集区域协同类、融资需求类等可成长性较强的项目,完善建成"5G+8K"技术体系和产业链布局,进一步汇聚三方力量、强化视听媒体融合的相关应用示范,促进影视行业在技术、文化、区域等方面融合共生。

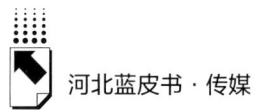

二 2020年河北省影视业面临的压力

（一）影视行业缺乏人才标准，教育培养与实际就业失衡

加快河北省影视业发展，关键在于影视业人才，包括编剧、艺术摄影、后期剪辑、配音、音响、录音、撰稿、市场分析、新媒体影视创作等全方位优质影视从业人员的挖掘和培养。北京作为我国政治、经济、文化中心，对影视业人才有着天然的吸引力，天津作为发展势头正猛的直辖市，凭借明显的经济优势与政策福利，也吸引了大量人才加入。河北虽然毗邻京津两地，但由于两地"虹吸效应"，人才大量外流的情况长期存在。

长期以来，河北省对于影视业人才的标准界定比较模糊，比如从业年限、是否在影视作品的创作中做出特殊贡献、是否获得过相关奖项等都未明确界定，这影响到未来影视文化行业人才引进的标准和成长激励。

另外，河北省影视行业从业者中，籍贯是河北河南两省的远高于其他省市，虽然这种现象有一定的历史原因，但也说明一个问题：影视行业人才培养没有与国内的教育体制衔接起来，还没有从全国范围内考虑人才的供应和配置。当前国内影视行业在对人才的引入和培养中，忽略了将各个省份和地区的自由创作者或是活跃在短视频平台中的人才吸引到影视行业，而是将视野局限在所学专业为影视行业的"行内人"，这就造成影视行业人才教育培养与实际就业之间的不平衡。

（二）市场主体单一，民营影视企业发展疲软

受新冠肺炎疫情等有关因素影响，2020年上半年各大影视公司经营总体亏损与下滑。2020年1月1日至5月31日，约1.6万家影视、影院类企业注销。根据中国电影协会的调研结果，在2020年第一季度有20%的影院已经进行了裁员，这些影院大多是中小规模，抗风险能力较弱。另外还有12%的影院表示，正在进行薪资调整，后期有可能进行裁员。突如其来的疫

情不仅使国内影院遭受打击，也使处在电影生产线上的制作公司受到不小影响。金逸影视公布的半年报显示，2020年上半年公司营业收入同比下降93.33%，万达电影2020年上半年营业收入同比下降73.93%，横店影视同期营业收入同比下降92.92%。这些行业标杆性的影视制作公司的亏损状态影响到全国各地影视业发展，2020年上半年涿州影视城、怀来天漠影视基地、香河国华影视基地等承接影视剧拍摄业务的河北省知名影视城的资金运转陷入低迷，河北省民营影视企业的发展形势更加严峻。

长期以来，受传统文化中重农抑商思想的羁绊，加上体制的樊篱，河北民营影视公司发展缓慢，而欠缺具有创作活力的民营影视公司的支撑，仅靠政府扶持和国有制作机构的艰难摸索，难以打破固有的局限，从而在精品的数量上有所突破。河北省影视市场主体单一，文化制作单位很多是从事业单位发展而来的，缺乏竞争意识，资本额度不足，难以完成规模化生产。民营影视制作机构创作生产的作品占全省影视作品的比重较小，且缺乏能够独当一面的龙头企业，各企业之间仍未形成互补优势，难以与湖南、浙江、上海等影视业发达省市形成比较优势，可持续发展能力较弱。

（三）重宣传轻市场，影视作品趋于符号化

长期以来，河北省广播电视局以打造"燕赵品牌"为己任，将传记题材和战争题材为主的精品力作打上河北烙印，弘扬"燕赵风骨"的人文品格已经成为近年来河北省影视行业输出影视作品的基本标准。2020年备案立项的电视剧《战歌》《青春如歌》《白毛女》《长城脚下》《永远的乌兰牧骑》《党小组》多数是以革命历史题材为主的作品，致力于将新中国成立以来中国共产党和全体劳动者所展现出的敢为人先的革命气概、不屈不挠的顽强毅力、为民奋斗的献身精神融入电视作品中，打造出充满时代气息、散发泥土芬芳的精品力作，在追求宣传价值和社会效益方面是有目共睹的。但影视行业的发展很大程度上取决于市场规律。在影视剧题材选取方面过于向特色化、品牌化倾斜，容易造成影视作品内容窄化，不可避免地影响市场效益。

2020年上半年全时段收视排行榜，湖南卫视、浙江卫视、东方卫视、

北京卫视、江苏卫视五大卫视持续引领，以《三十而已》《二十不惑》为代表的女性题材剧出圈传播，脱贫攻坚题材剧《绿水青山带笑颜》《我的金山银山》收视情况良好。五大卫视的成功说明"特色"与"市场"并不冲突，湖南卫视的独播剧场、浙江卫视的中国蓝剧场、东方卫视的东方剧场早已形成自己的品牌，题材丰富的电视剧作品使其受到市场的青睐。而相比较于都市人文这类反映现代生活的题材，河北省更擅长于创作讴歌时代、弘扬主旋律的正剧，趋于符号化的题材结构一定程度上导致部分年轻收视群体的流失，不利于全时段收视业绩的提升。

（四）影视创作动力不足，不利于降本增效

截至2020年5月15日，全国各级播出机构经批准高清播出的电视频道共507个，其中中央广播电视总台22个（含4K频道1个）、中国教育电视台1个；省级台133个（含4K频道1个）、地级台285个（含4K频道1个）、县级台14个；付费高清频道52个（含4K频道2个）。然而，包括河北省在内的13个省市的省级电视频道高清率不足50%，12个地级台主频道高清率不足50%的省市，河北省也在其中。由此可见，在影视基础设施建设方面，河北省的总体状况是不容乐观的。

综观全国电影行业，市场已趋于饱和，影院、银幕数量与票房、观影人次之间呈现倒挂的趋势，靠影院等基础设施拉动观影人次激增的时代已经过去。然而，在优秀剧本创作、对接国际的制作标准以及差异化故事架构方面，我国仍然有很大的进步空间。电视剧行业受到平台化模式为主导的行业范式的影响，伴随媒介融合进一步深化以及IPTV的普及，网络端与电视端之间已不再水火难容，网络剧的质量与数量迅速崛起，电视媒介的受众被分流至移动媒体平台，网台同播已成为常态。然而河北影视行业仍处于传统的创作和播出结构，素材传递效率低、存在现场数据风险、基础设施落后、发行成本高等问题使创作成本居高不下，电视和影院仍扮演着绝大部分影视作品传播终端的角色，网络平台没有被充分开发。影视基础设施建设不到位，使影视行业实现降本增效成为难题。

三 河北省影视业发展对策与建议

(一)建立行业人才标准,助力影视行业人才升级

当前河北省影视行业人才标准相对缺失、模糊地带较多导致了诸多行业问题。如岗位标准的缺失不利于人才定价,为后续奖励机制的制定带来不便;人才分配不平衡导致生产效率低下,过劳现象严重;缺乏实际层面的安全标准,剧组安全事故频发;等等。建立行业标准成为河北省影视行业扩大人才储备,为人才引进与成长保驾护航的基础。

建立影视行业标准需要从三个层面入手。一是要加大政策扶持力度,做好影视行业人才的引进和服务管理工作。由省政府、省委宣传部联合制定全省影视产业人才规划,建立省级影视工作者评价制度,对省内在册影视人才进行基本的分级评价并给予相应的薪酬待遇和职称晋升条件。二是要结合实际,根据现有的行业结构对影视业人才给予更适配的岗位分类标准。新媒体手段的加入使移动屏幕成为影视作品新的端口,相对应的影视业人才不再仅限于传统电视剧、电影的创作者,要将擅长影视市场分析、热点题材把控、短视频创作的潜在影视行业人才纳入其中,并进行重点培养。三是对标国内先进省市制定人才标准所参考的指标,在保留河北省发展特色的前提下做到与全国影视业标准大方向一致,做到不脱节、保特色、再创新。

从全国范围来看,目前国内影视行业还面临合适人才缺乏、人才能力不足、人才活力不足三大困境,将影视行业人才笼统地概括为实际操作层面的优秀从业者已经无法满足行业发展需要。当前影视市场急需复合型的创作型人才,除了创作本身外,还要具备上下游思维,能够分析市场动向、把握热点题材。建议河北省影视产业规划部门将省内影视专业人才的培养计划与行业现实需求结合起来,通过高校和影视制作方的合作使影视专业的高校学生尽早接触行业一线动态,培养其专业敏感度,避免出现教育内容与就业实际"两张皮"的现象,从而减少不必要的教育资源损耗和影视业人才流失。

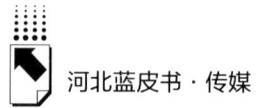

（二）多元策划经营，发挥各类市场主体作用

影视产业是一个高投入、高产出的行业。随着我国经济发展水平的提高，影视制作经费大幅度提升，影视业发展除了依靠自身积累外，还必须向外界寻求资本，在政府的指导下增强民营影视企业的发展活力。

首先，应强化政府政策的扶持与引导。中国共产党河北省第九届委员会第十一次全体会议审议通过的《中共河北省委关于制定国民经济和社会发展第十四个五年规划和二〇三五年远景目标的建议》指出，要切实打造高质量发展新动力和构建高水平社会主义市场经济体制，挖掘并发挥文化产业的潜力，激发市场主体活力。这为河北影视业的发展提供了根本政策遵循。建议河北省各级政府可以在政策上为民营资本投资影视业提供更多便利条件，把握疫情得到控制之后复工复产的有利时机，加大对民营影视企业的信贷力度以及税费、融资等优惠政策落实力度，从资金链的首端为民营影视企业做好政策导引。同时加强法律建设，针对盲目投资、低水平重复建设等逐步规范民营影视投资行为。

其次，民营影视企业要加快自我发展的步伐。建议民营影视企业制定长期战略规划，做好在影视寒冬的行业现状下打持久战的准备，以本土化影视创作为根基，提升对抗风险的能力。同时民营企业应遵循市场规律制订影视投资计划，学会发掘新的题材热点，提高市场敏锐度，以节约成本提高投资收益。河北省民营影视企业应实施特色鲜明的品牌发展战略，通过影视作品宣传河北省的名人风骨与地域环境，充分利用政府提供的优惠政策，开发影视剧衍生产品，形成影视产业集群效应，将影视作品、文化周边、旅游景观等特色产业串联起来，通过整合制作、发行、宣传、放映资源，提高作品质量和市场营销能力，走全产业链式的经营之路。吴桥杂技、定州秧歌、武强木板年画、乐亭皮影戏、赵州石拱桥等河北省独有的文化景观都可以被纳入影视剧创作中，同时开发体验性周边产品，加大其在全国乃至国际的推介力度，带动燕赵大地影视业各类市场主体的协同发展，优化影视产业生态结构。

（三）培养市场意识，要"产业""事业"两手抓

俗话说，酒香也怕巷子深，在影视作品播出或上映之前争取社会关注、营造市场热度是非常重要的。目前优质影视作品缺乏、产出量较低，整个影视行业进入低迷期，河北省影视制作方更应着力培养市场意识，突破以往创作惯性，扩大题材选取范围，敢于尝试，拓宽影视艺术表现形式，才能赢得更高的市场关注度。重视影视作品的市场表现并不意味着放弃社会效益，作为讲述故事的重要载体、建构文化记忆的重要媒介，影视作品是人类社会传承文明、记录传统以及各民族之间跨文化理解的重要方式，在对外讲述中国故事、对内进行文化交流的过程中，要做到"产业""事业"两手抓。

自2013年"一带一路"倡议提出以来，河北省从未停止与"一带一路"建设的对接步伐。2020年4月河北省召开推进"一带一路"建设工作领导小组会议，强调要将合作的眼光转向绿色、创新、高质量发展的文化产业。建议河北省影视创作者加强中外影视经验交流与深度合作，充分考虑国内外存在的文化差异，必要时进行适当的本土化改造，以避免作品"水土不服"从而折损传播效果。同时在影视作品的宣发阶段，重视不同互联网渠道在海外传播的窗口作用，做好线上大数据抓取、观众偏好分析、映后定向调研等，全面掌握市场需求，为影视作品的宣发营销制订精准的投放对策。

影视产业作为高科技、高品位文化结合的新型产业，不仅成为我国文化"走出去"的助推器，也是地方经济的有机组成部分，能够带动国内文化交流、推动地区经济发展。建议河北省从影视IP化、旅游化、产品化、流量化四个方向入手，通过招商、创投、版权交易等市场交易，因地制宜打造现代化、年轻化的影视产业圈，其背后的直接经济效益也将十分可观。河北省政府及影视创作者可适当转变传统的"谈钱伤感情"思想，在符合"十四五"规划及相关政策的前提下关照市场效益，将燕赵影视品牌打造成为经得起社会和市场双重考验的"金招牌"。

（四）抓住"新基建"机遇，行业转型势在必行

"新基建"是我国进行产业结构升级优化的重要举措。2020年，国家颁

布了以5G技术、大数据、工业互联网、人工智能等为代表的新型基础设施建设的相关政策，在全国各地掀起一股"新基建"热潮。25个省市政府工作报告中提及新型基础设施建设，其中7个地区更是精确规划了年内计划新建5G基站的数量，合计超过30万个。根据河北省发改委统计数据，河北省2020、2021两年内5G技术、数据中心、工业互联网、人工智能等新型基础设施拟开工和在建项目约140项，总投资达1744亿元。

作为推进社会数字化、网络化、智能化转型的关键新型基础设施，5G技术的发展将加速推进河北省高新影视生态打开新局面。河北省应充分借鉴其他省市的先进经验，将新基建的红利释放到影视生产领域。2020年4月"中国广电·青岛5G高新视频实验园区"落户西海岸，该园区将致力于构建云端的、聚合的、全新的5G开放式高新视频云平台，建成国内第一个5G影视全流程工业体系的云生产平台，集聚整合影视全产业链优质资源，在保证高质量的前提下尽可能缩短制作周期，节约前期成本。2020年5月，江苏太湖影视文化产业投资峰会开启了江苏省5G影视改革。华为联手无锡国家数字电影产业园共同成立了华为（无锡）数字影视联合创新中心，以提高影视作品从拍摄技术到后期加工的科技含量为目标，5G技术、大数据、人工智能、云计算等数字技术将从硬件上为影视业发展提供支持，这将进一步夯实影视工业化数字基础，促进影视行业的转型升级。

2020年初河北省发改委印发了《关于加强重大项目谋划储备的指导意见》，致力于激发新型基础设施的数字化治理动能。河北省应参照其他省市做法，结合自身发展实际，将"5G+影视"提上日程，加大财政资金支持力度，创新规划产业布局，促成通信技术公司与影视生产部门达成合作，提供充分的软硬件支持。同时，在5G技术正式投放之前做好备案，合力建设实验园区，以实现"多、快、好、省"的影视云制作、提升实时消费体验、进一步提高完片率为目标，加快河北省影视行业"新基建"步伐。

B.7
2020年河北省广告业发展报告

宋维山 韩文举*

摘　要： 在多重因素的影响下，河北广告业的发展也进入了新阶段。面对新媒体的发展、数字营销的进步、科学技术的更迭与业态环境的改善等新形势，河北省广告业在稳固基础的前提下，顺应时代要求，突破创新，不断开拓发展空间。业内主体积极自省、大胆改革、协同发展，发挥集聚势能，逐渐走出一条特色发展之路。随着社会形势的不断变化，河北省广告业依旧要抓住机遇，迎接挑战，坚持自省与创新，在稳健发展的基础上力求突破，不断为河北省经济和社会发展做出应有的贡献。

关键词： 广告业　产业协作　数字营销　河北

2020年受新冠肺炎疫情影响，河北省广告业发展速度放缓。尤其是上半年，在相对封闭的社会环境下，传统媒体广告发展进程放缓，线上媒体、自媒体广告发展势头强劲。下半年，河北省广告业呈现加速发展的良好态势，发展速度逐步加快。

---

* 宋维山，河北师范大学新闻传播学院广告系副教授、硕士研究生导师，河北省广告研究院执行院长、河北省广告协会学术委员会主任、中国广告教育研究会理事、中国酒业协会文化委员会品牌传播专业委员会副秘书长，主要研究方向为品牌营销传播；韩文举，河北地质大学艺术学院讲师、广告学教研室主任，河北省广告研究院办公室主任、河北省广告协会学术委员会秘书长，主要研究方向为品牌营销传播。

虽然处于特殊的社会时期，但河北省广告业的探索发展并未停息。河北省广告业持续研究把握现代广告传播规律和新兴媒体发展规律，强化互联网思维和一体化发展理念，推动各种媒介资源、生产要素有效整合，重新定义广告，思考广告定位，坚持行业发展"思"与"行"并齐，不断创新产业赋能，推动行业高质量发展，推动广告业务不断提质扩容。

一 2020年河北省广告业态发展特点

2020年对于河北省广告业而言是曲折前行、守正创新的一年。各种因素和新形势的冲击给河北省经济带来巨大压力，也深刻影响到河北省广告业态的发展。河北省广告主对品牌意识有了新认识，河北省广告机构也在压力下逐步探索发展新方向，数字营销的发展直接影响着河北省媒体平台的发展方向。

（一）广告主：品牌意识再次提升，科学广告认知不足

2020年上半年河北省国民生产总值为16387.3亿元，同比下降0.5%，第三产业同比下降1.3%。广告作为服务于经济建设的第三产业，同样受到疫情的冲击。2020年上半年，河北省广告业出现了大幅度下滑，很多品类的广告投放锐减。河北省广告主尤其是生产型企业、中小企业出现现金流紧张问题，需求的不振导致广告主利润承压，进而缩减广告费用。受新冠肺炎疫情防控的影响，广告主之间的联系受到阻碍，各环节的分裂使产业协同发展面临困难。

河北省广告主开始利用互联网技术和大数据将他们的投放目标设定得更加精准化。在原来注重传统广告的营销模式下，创新了借助电商平台、直播带货等互联网营销模式。在新形势下，河北省广告主一方面把握了互联网营销的优势，比如私域流量、粉丝集群效应、体验营销等，抓住互联网广告势头，打造本品牌影响力；另一方面广告主的科学广告意识也存在不足，过度依赖互联网精准广告，并且很大程度上对低价促销策略具有高度依赖性，这

很有可能导致企业陷入激烈的价格战，影响后期品牌建设，无法带来连续性的效益。除此以外，广告主对曝光类广告也表现出积极的投放倾向。

在世界范围内，各国对于商品进出口都制定了严格的条例规定，这种现实因素导致河北省一些对外贸易型广告主的贸易出口受阻，为开辟广告传播新渠道而涌向效果广告，甚至接受较高的CPA/CPS[①]，只要毛利率是正数即可。不停地寻找"流量洼地"，在新兴形式和新兴平台上分配了更多预算，增加了短视频平台、直播平台、电商平台的广告费用，但同时会急剧拉低ROI[②]。

（二）广告机构：综合业务稳中有升，中小机构压力剧增

河北省广告研究院调研数据显示，2020年河北省广告业市场主体营业额约为112亿元，较2019年的115亿元，同比下降2.6%。按季度划分：第一季度经营额为26.5亿元，第二季度为27.8亿元，第三季度为28.5亿元，第四季度为29亿元。对比前两年河北省广告业市场主体营业额，无论增速还是规模都有所削减（见图1、图2），但这并不是因为河北广告机构整体业务量萎缩，而是由于上半年的整体环境影响，随着经济形势的转好，河北省广告业的发展势头也是向好的。

从疫情对整个河北省广告业的影响板块来看，专注线下投放的纯资源型广告公司与平台受到巨大影响。河北省广告研究院调研数据显示，2020年第一、第二季度河北省规模以上的广告机构业务量缩水80%以上。CTR媒介智讯的数据显示，2020年上半年河北省广告投放刊例花费整体呈负增长趋势。中小规模的资源型与设计类广告机构受影响程度尤为突出，不少中小规模广告机构压力剧增。

---

① CPA（Cost Per Action，每次行动成本）计价方式是指按广告投放实际效果，即按回应的有效问卷或订单来计费，而不限广告投放量。CPS（Cost Per Sale）广告是网络广告的一种，广告主为规避广告费用风险，按照广告点击之后产生的实际销售笔数付给广告站点销售提成费用。

② ROI，投入产出比。很多广告主要求每笔广告投入都能够获得一定量的转化目标，在广告主的成本控制中就会出现一个指标，即每获得一个有效转化所花费的成本，该指标就是衡量效果广告的投入产出比。

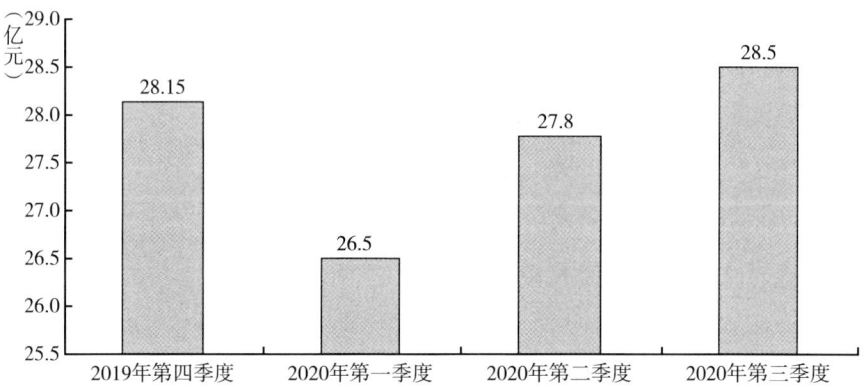

图1　河北省2019年第四季度与2020年前三季度广告经营额对比

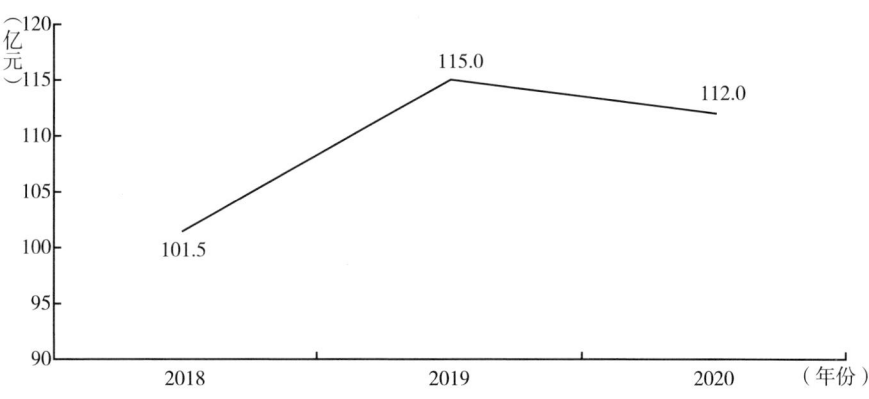

图2　2018～2020年河北省广告营业额发展趋势

在这种背景下，河北省广告机构开始以"连接者"身份实现最直接的内容、服务延伸，当单一的广告机构无法在技术、业务上直接达成此种连接的时候，广告平台开始从独立发展转换为配合延伸。不再局限于单一渠道和平台，利用联动和拓展实现综合型全案业务发展。

虽然新形势让整个广告业承受着巨大压力，但河北省众多广告机构认识到广告其实不只是原来定义的广告，更多的是创新品牌与消费者建立联系的方式。河北省广告机构开始改革自身业务范畴，逐步增加综合服务类业务。在策划制作传统广告的同时，运用互联网思维和技术实现营销策划。

如果说2019年的河北省广告业是"晴天"工作，那2020年新冠肺炎疫情的来临更像是为河北省广告业下了"一场雪"，在一定程度上改变了河北省广告机构思维固化的问题，令其学会了"一边打伞一边工作"。

（三）媒体平台：传统媒体发展放缓，新媒体发展势头增强

2010年以来，互联网的冲击改变了广告主的广告投放策略，传统媒体份额呈下降趋势。2020年1月以来，河北省报纸、杂志、广播等较为传统的广告媒介刊例下降幅度较大，报纸、杂志等纸媒下降了30%以上。在现实压力下，传统媒体加快互联网转型，如河北广播电视台进一步拓展综合服务类平台——"冀时"客户端的业务、河北音乐广播打造102.4"乐商城"严选平台等，都是希望在互联网营销传播中占据一席之地。

对于首先受到影响的分众媒体来讲，2020年绝对是曲折前进的一年。从贺岁档撤档开始，影院广告业务可谓迎来了寒冬，直到第三季度才逐渐缓和。与影院广告不同的是，疫情使梯媒广告展现了无可替代的广告价值，楼宇电梯广告从2020年3月开始逐步回升。户外等分众媒体的广告投放下滑受交通、娱乐休闲、商业的约束，同时不少广告主也转投互联网效果广告，导致上半年广告业整体处于低迷状态。但令人惊喜的是，借此机会分众媒体也优化了自身的影院、楼梯灯传媒点位，使单个点位价值有所提升，也使分众传媒价值更加凸显。

与传统媒体广告相比，互联网广告市场更为乐观。2020年河北省互联网广告市场呈现上升趋势，互联网、移动互联网媒体以及自媒体平台的优势日趋明显。但盲目追逐效果广告的风潮也让互联网广告的监测监管成了现阶段河北省广告媒体平台亟待解决的问题之一。

（四）数字营销：呈现新亮点，科学应用任重道远

新技术不断赋能广告业，催生出新的广告内容与生态。4G、5G、超宽带光纤网络、CDN，使新媒体内容向大视频化、超高清化发展，直播行业和短视频行业迎来发展良机。在技术推动河北省互联网广告持续发展的背景下，河北省广告主需求也逐渐由传统线下活动转为计算广告和数字营销。基

于这一发展态势，河北省以互联网广告业务为主的创新型广告企业在业务方面进行了更深层、更精准的升级，并取得了一定成效；传统广告公司也在向网络化、数字化转型，以期弥补互动、精准投放等方面的不足。

2020年河北省广告主与广告机构也将广告费用更多地投入数字化营销广告。许多互联网公司转型承接广告业务，广告业的边界再度拓展。2020年初MCN①模式的骤然火爆，也给河北省内一些网红、电商传媒公司如道易品牌策划、河北省淘宝电商直播培训基地等传媒公司带来了发展机遇。根据艾媒网预测，截至2020年底，中国短视频MCN机构数量将超过11000家。作为短视频营销产业重要一环，河北MCN机构已从逐渐完善服务生态延伸，走向提供孵化、制作、运营、推广、变现等全方位服务。

这一系列新通信技术和营销模式，为广告业发展提供了内生动力与张力。但我们也看到，互联网公司与MCN模式目前的市场规范并不明晰，广告质量参差不齐。由于互联网媒体成本低、易操作的特点，导致广告质量难以保证，广告内容难以监测管理，广告信息拥挤等现象。这些问题如果不能够较好地得到解决，在未来会成为河北广告业优势发展、健康发展和可持续发展中的瓶颈。

二 2020年河北省广告业协同发展

从2020年第三季度开始，河北省广告业呈现出持续稳定发展的良好态势，不断探索新方向与新模式。在广告业市场化和协同化的进程中，政、产、学、研、媒各参与主体都有自己的思考与变化。

（一）广告监管：监管服务卓有成效，广告监测仍需优化

在深入贯彻落实河北省委省政府关于统筹疫情防控和经济社会发展的工

---

① MCN（Multi-Channel Network）是一种多频道网络的产品形态，是一种新的网红经济运作模式。这种模式将不同类型和内容的PGC（专业生产内容）联合起来，在资本的有力支持下，保障内容的持续输出，从而最终实现商业的稳定变现。

作部署,扎实推进"三创四建"活动的基础上,河北省广告业的各级行业监管部门继续深化"放管服"改革。在强化广告导向监管的同时,主动服务、精准施策,促进广告业健康有序发展。2020年河北省广告监管服务体制在深化改革中不断优化:一是突出了导向监管,引导发挥广告独特作用,弘扬社会正能量,为疫情防控和复工复产营造了良好舆论氛围、提供了专业支持;二是突出了重点媒体和重点领域监管,尤其是对"三品一械"、互联网广告和数字营销等加大了政策引导和监管力度;三是突出了重点案件查办,通过"整治虚假违法广告专项行动",抓典型、做宣传、带全局;四是强化了广告监测机制,进一步完善了违法广告预警机制和失信联合惩戒机制,切实净化了广告市场;五是加强了行业指导,加强了全省广告业发展的统筹协调,推动了广告业高质量发展。

河北省市场监督管理局作为全省广告业的行业监管部门,统筹全省广告行业,发挥广告在促进经济发展中的独特作用,全力支持企业复工达产。一方面,对行业违法违规行为进行严厉打击,加强媒体广告监测、"三品一械"广告审查、整治虚假违法广告等;另一方面,不断优化、服务行业发展,通过专项、精准和特色的行业服务手段,完善广告业监管服务的相关系统制度,协调和组织促进公益广告发展、广告助企等特色活动,优化广告营商环境,助力广告市场参与主体的良性发展。

2020年河北省广告监管呈现以下鲜明特征。一是坚持问题导向。通过各渠道、各平台切实摸准企业发展中遇到的难题,及时提供有针对性的服务,帮助广告企业解决实际难题。二是探索监管服务的新路径。支持相关机构加强对新业态、新技术、新模式的研究,探索广告监管服务的新方向、新方法。三是通过统筹、引导、组织和参与,助力广告机构和品牌企业的对接,实现合作双方的双促双赢,既引导广告公司、媒体单位通过抱团取暖、创新思路实现广告业自身发展,又组织广告业优势力量服务好企业,寻找新的增长点和新的结合点,为繁荣河北经济贡献广告业的智慧和力量。

(二)广告协会:改革推进服务功能,有待构建自律体系

2020年河北省各级广告协会为促进行业自律、协作,做了很多基础性、

服务性、探索性的工作，在行业协同发展、公益广告助力、广告学术推进等方面收到了良好的效果。

其一，促进产业协作、助力企业发展。从2020年5月起，河北省市场监督管理指导，河北省广告协会全力组织，各地市广告协会大力协作，协调和组织了优势企业和业界、学界资源，针对疫情以来生产企业等市场主体在品牌宣传、产品销售等环节遇到的难题，实施广告助企发展活动，帮助广大企业渡过难关。其二，加大公益宣传。河北省广告协会在疫情初期就号召全省广告经营单位发挥自身优势，宣传公益，抗击疫情。2020年3月，制订多项措施率先支持河北广告经营单位复工复产。其三，推动河北省广告教育和学术研究。河北省广告协会组织了第十九届广告作品评比；在全国率先策划和打造了广告校企对接和广告学生成长助力平台——"河北广告云成长学院"；组织举办了"河北省第二届广告学术年会"等，全方位支持河北广告学研提升。其四，规范行业自律。进行了第二次河北省广告协会证明商标企业认定，组织了促进行业自律的特色活动，进行了行业自律的专项宣传。

目前，河北省广告集群整体自律水平有所提高，协会功能改革推进，在行业环境影响和行业监管的作用下，广告经营单位的违法违规行为有所下降。但河北各级广告协会在行业自律方面的能效还有较大的发挥空间，在自律组织、自律规范、自律监督和自律惩戒等方面仍需进一步优化。

（三）广告教育：专业培养多元优化，专业方向需要革新

河北省为保证广告专业化发展，以高校人才培养与从业人员培训为抓手，积极开展"学界+业界"教育模式与培训方案的探索，并在大胆尝试后取得了一定成绩。但由于市场形势瞬息万变，在专业设置上也存在一些问题亟须解决。

河北省现有32所高校开设了"广告学"或"广告设计与制作"专业，占河北省高校总数的28.6%。其中，本科院校11所，占比为34.3%；专科院校21所，占比为65.7%。由此可见，河北省广告业人才后备力量从数量

和质量上都是较为可观的，但毗邻北京这样的国内广告业一线城市，"虹吸效应"明显，有相当一部分广告相关专业的毕业生未留在省内就业，也造成了河北省广告业界出现结构性专业人才短缺的情况，这也是河北省广告教育和广告人才培养过程中一个亟待解决的问题。

在广告教育模式方面，河北省各高校日益重视广告相关专业的实践环节，结合社会需求和学校特色，构建各自的实践教学体系并不断创新实践教学方法。目前，河北省广告学界虽已初步形成广告学专业人才培养的基本格局——强调应用型人才培养，重视学生在某一领域的就业能力，但由于广告市场瞬息万变，人才培养模式调整改革成本高、见效慢，现行专业人才培养仍然滞后于行业创新发展和最新岗位需求。

因此，河北省广告学界需探索全面加强学生实践能力的教育教学方式，以理论与实践相结合、校企产教相融合等模式为基础，拓展符合市场发展的专业培养方向，培养实践应用能力和学术研究能力并重的专业人才。

（四）广告研究：专业研究持续发力，学术价值需被重视

目前河北省广告学术研究主要包括两大方向：一是各高校及依托学界的专业研究机构开展的广告专项研究；二是各行业监管部门、广告协会、广告企业、广告媒体平台等根据广告业发展与自身业务需要自主或委托专业行业研究机构进行的学术性研究。

作为河北省广告学术研究的绝对主力，2020年相关高校及广告专业研究机构探索当下广告专业发展重点与趋势，进一步阐释广告发展内在逻辑，显现中国广告学科发展的自主性与创新性，营造可持续性发展的空间。同时，在政产学研产业融合的基础上，广告业的各参与主体也都参与了广告业发展的全新研究课题，探索广告业发展的新思路与新方向。

河北省广告业学术研究的主体以河北省广告研究院、河北省广告协会学术委员会等专业研究机构为代表。2020年河北省广告研究院、河北省广告协会两大专业研究机构组织了"同舟共冀·广告战疫"公益广告作品专题征集、河北省（首届）公益广告大赛、河北省第二届广告学术年会等主题

活动，参与了"广告助企"全行业专项活动，出版了《河北广告业发展蓝皮书（2017～2019年）》等，为研究河北省广告业发展规律与发展态势，助力河北省广告业协同发展贡献了专业力量。

但我们也清楚地看到，由于各方面资源支持的缺乏，广告学术力量的凝聚和协作存在一定障碍，河北省广告业学术研究力量较为分散。河北省广告业学术研究力量的整合平台尚未充分发挥作用，广告业学术研究力量的融合和协作仍有较大挖掘空间。另外，河北省广告学界在河北省广告业全产业链上的受重视程度较低，河北省广告业界对学界的需求更多地还是体现在"人才输送"方面，但对于业界而言，学界"智慧输送"带来的价值也是巨大的，这一点应被全行业所重视。

三 2020年河北省广告业产业发展亮点

（一）新技术拓展应用，业务业态加速融合

互联网新技术使数字营销形式不断演进更新，逐步拓展到社会化营销、视频营销、内容营销等形态上来，重构了整个营销生态，影响了广告发展业态，实现了更大范围的智能化覆盖。河北省广告业逐步开始应用新技术，以适应广告业态发展新趋势。广告主将目光投放在数字营销领域，社会化营销、自有流量池、视频广告和社交电商等成为新的关注点，短视频、直播等内容营销贯穿了品牌营销、传播、销售、运营的各环节，"内容"成为核心变量。传统品牌建设的时间成本和品牌营销传播的预算结构都发生了改变。

河北省广告业务将在云计算、大数据的背景下，采用"技术平台化、业务多元化、服务生态化"的理念，实施构建满足各类媒体业务需求的融合媒体技术平台，实现"多来源内容汇聚、多媒体制作生产、多渠道内容发布"的生产业务模式，形成以智能化、网络化为主体，融媒体发展的云平台技术架构，打造支撑传统媒体与新兴媒体融合发展的平台化技术体系，最终带动河北省广告业务乃至整个广告业的繁荣发展。

河北省广告业更多地呈现出多终端融合、多业务融合、多功能融合的大趋势，广告以一个空间化的态势发展，它的边界越来越模糊，广告经济在社会发展中的占比越来越大，作用也越来越显著。

（二）广告助企成果丰硕，双链助市双促双赢

2020年伊始，新冠肺炎疫情暴发，对广大企业生产经营造成巨大冲击。2020年4月7日，河北省委书记、省人大常委会主任王东峰同志主持召开民营企业座谈会，要求全省各级各部门进一步加大对民营企业的支持力度，全面解决企业各方面的难题。2020年5~12月，河北省市场监督管理局把广告作为关键抓手，组织了河北省"广告助企"专项活动。组织协调河北省广告协会、河北省广告研究院、河北日报、河北广播电视台、长城新媒体、众美传媒、春秋文化、百度河北、抖音河北、快手河北、华糖云商、新潮传媒等省内协会、研究机构、主流媒体、新媒体平台和广告融合媒介资源方共12家，为衡水、邢台、张家口、承德、邯郸、沧州、保定、廊坊、唐山、秦皇岛、定州、辛集等12个地市及雄安新区的113家企业提供免费广告资源2000余万元。一手抓广告传媒业供应链，为企业方的产业链提供整合服务，形成有效供给，解决了企业界需要广告传媒界助力市场发展的燃眉之急；一手抓企业方的产业链，促进产业创新升级，让广告传媒界充分了解企业的实际需求，进而反哺广告传媒业推动其创新升级。

通过广告助企活动，打破广告媒体宣传助力产业与市场的单一形态，整合省内一流专业资源，形成广告助企、双链助市的系统资源保证。同时，也使产业链品牌企业受益，反哺广告传媒业供应链，实现双促双赢、产业互惠。

（三）重点打造公益广告，公益价值适时凸显

2020年政策支持助力河北公益广告业发展，公益广告的社会服务性作用显著，这也成为河北省广告业年度发展的一大新亮点。疫情时期，在国家市场监督管理总局和中国广告协会的组织和号召下，各大广告公司和有关媒体在全国推广抗击疫情的公益广告。河北省各地市广告公司积极响应，利用

自己的户外广告与媒体广告资源，发布公益广告，宣传疫情防控知识，为战胜疫情鼓劲儿，凝聚社会力量，践行社会责任，发挥公益广告积极作用。仅2020年2月，石家庄全市共发布各类疫情防控公益广告57800条次、宣传片7850部、各类宣传标语27000余条，传播了正能量，极大鼓舞了抗疫必胜的决心，服务社会作用显著。

2020年2～3月，为支持全社会抗击疫情，河北省广告业业界、学界共同发起了"同舟共冀·广告战疫"主题公益广告作品征集活动，并得到全行业响应，有超过100家广告公司、媒体机构、高校等机构参与，征集到公益作品1033组，部分优秀作品在媒体刊播。

2020年6月，由河北省市场监督管理局举办，河北省广告研究院承办，河北省广告协会、河北广播电视台、河北省消费者权益保护委员会、石家庄市市场监督管理局协办的河北省（首届）公益广告大赛正式举办。参赛人员涵盖全国27个省市、100余家业内机构、70多所高校，最终共征集作品5496份。基于本次大赛，建设了"河北省公益广告线上资源库"，供全社会公益宣传借鉴与使用；编辑和发布了《2020河北省（首届）公益广告大赛优秀成果集》，举办了"2020河北省（首届）公益广告大赛优秀成果展"，对大赛成果进行专业展示；组织了"河北省公益广告大赛优秀成果全省高校大巡讲"，激发公益广告创作的新力量；开展了"河北省公益广告媒体展播"等，通过多方位、多平台的联动，实现了公益成果的有效展示与转化。

同时，各地市也积极组织公益广告活动，如廊坊市举办了"廊坊市第一届公益广告创意大赛"、保定市举办了"文明保定"最美公益广告评选活动等，在"三创四建"活动和社会主义精神文明建设中发挥公益广告的社会引导价值，同时让业界重新认识并重视公益广告，让社会接受并认可公益广告的作用。

（四）政产学研深度融合，拓宽路径创新方式

在整个广告业受到较大冲击和影响的情况下，优化产业协作、创新产业生产模式是广告业稳中提升的关键动力。

河北省广告业的整体发展呈现出以政府和行业监管部门为引导，以企业产业为主体，以高校与研究机构为推手，政府、企业、媒体、协会、学界等全方面融合的产业综合推进态势，从而助力提升品牌和产业链融合发展能力，推动广告传媒业机构服务方式的创新转型，主动服务与开发潜在客户，在促进实体经济领域的成长型企业品牌升级的同时，提高自身的知名度和美誉度，开创新的合作领域。

河北省广告业多方面、全方位融合推进，是"政产协学研媒"融合赋能与守正创新的生动实践，实现了河北省广告业产业内部智业资源、媒体资源与营销资源等多方资源的有效对接，也有效地凝聚了广告业的各方优势力量，能够更好地对接所服务产业和企业的全面需求，为市场提供更有效的专业服务。

在产业参与主体融合的过程中，河北省广告各界也逐渐形成了高度的合作共识，在市场的不断磨合过程中，从自我发展到资源互补、产业互赢，新的产业协作模式逐渐形成。

四　河北省广告业发展趋势分析

（一）立足产业发展大势，重新定位广告业

广告业作为我国文化产业的重要组成部分，将在未来河北省经济转型发展中发挥独特作用。为了适应新的发展要求，河北省广告业当务之急是重新定位。

广告业作为服务型产业，应该为经济转型服务，同时经济转型也会为广告业自身带来调整与发展的机会。在数字广告、互联网广告等方面，由于政策、行业、经济、文化科技等因素影响，河北省广告从质与量上均得到提升。就当下来看，这对于河北广告业来说既是机遇又是挑战。河北省广告人将进一步重新认识广告，重新梳理广告的内涵与外延，重新定义广告产业，重新塑造广告业的产业发展模式，这将是河北省广告业战略发展的基本方向。

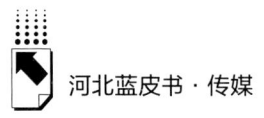

从目前情况来看,河北省广告业应该反思传统发展思路的弊端,学习并了解先进的产业经验,若能建立良好的产业链,实现产业融合,紧跟发展大潮,积极进行自我调整,就有可能在未来实现弯道超车。

(二)契合国家发展大势,开创共建共享新生态

国家战略与国家政策的"顶层设计"和河北经济与社会发展的规划与政策的落地,是河北省广告业发展的契机。借大势、谋发展,是迅速形成河北广告业特色品牌、提高自身影响力的主要举措。在"十四五"期间,甚至较长的一段发展时间里,河北省广告业的发展势必要契合国家整体规划,贯彻有关政策方针,借势京津冀协同发展、雄安新区建设、北京冬奥会三件大事,实现资源共享和互补式发展。

从长远来看,河北省广告业的未来发展,应该在有效的产业协作和产业融合的前提下,构建全产业"共建共享"的产业新生态。"共建共享"的产业新生态是资源优化配置、产业优势互补、市场协作互利的融合化产业生态,是技术创新、业务革新、模式出新、产业日新月异的发展型产业生态,是智慧化、智能化、资源化、市场化融合创新的产业生态。

(三)技术内容齐头并进,助推行业转型升级

从整体来看,河北省广告业目前已经进入平稳发展时期。5G技术的开发、海量数据的泉涌、万物互联与全时在线给广告业的发展带来了新的机遇和挑战。在"技术为先、内容为王"的时代,只有走出封闭,以开放的姿态拥抱互联网技术生产力所创造的极大资源,才能获得全新的发展活力。在此形势下,河北省广告业应在技术方面持续革新,更加注重优质内容的生产,借鉴优秀案例经验,不断推出优质作品;拓展新业务,不断寻求营销模式的创新发展,提升行业水平,促进产业转型升级。

同时,在消费升级、营销推广费用占比较低的环境下,广告主逐渐走向产品和品牌同步升级之路,也将更加注重营销传播的内容与质量。广告主日益倾向于利用多种媒体组合开展多场景营销,并更加重视内容营销,在

"碎片化"的信息流中不断增加受众接触率,吸引受众成为可变现流量,从而达成营销目标。河北省广告经营主体也必须守住"内容"核心,不断推动内容创意的高质量发展,带动广告公司向全方位服务转型升级。

(四)广告业务不断扩容,业务结构持续优化

为了顺应市场与媒体环境的更新变化,满足广告主日益多元与精准化的投放需求,众多广告机构开始进行内部业务的细分整合,重构与划分部门职能,成立提供更加精准和专业广告服务的专门机构,使广告制作的全过程更加环环紧扣,提高广告公司专业化服务水平。

随着广告技术的更新与广告内容质量的提升,河北省广告业务整体水平呈上升趋势,但仍存在结构不平衡的问题。目前,在河北省广告业务领域中占比最大的是食品、房地产、汽车、日化用品等行业,且规模仍在不断扩张。其他行业由于规模、利润空间、专业性要求和业务壁垒等因素,广告规模有限。在板块细分上,整体呈现不平衡的状态,在未来急需优化。首先,涉足移动互联网代理业务的广告公司在不断增多,移动互联网代理业务大幅提升,竞争力较强。其次,平面设计、电商服务等智力服务业务类的广告公司数量占比较低,从事品牌营销传播、广告设计制作、专项策划执行等服务的河北省广告公司竞争力较弱。

另外,在业务结构方面,广告业进入门槛逐步降低,市场持续放量,但大多数中小广告公司业务细分方面的问题依旧严峻。中小公司在人员配置方面具有局限性,公关、创意、设计、管理等工作岗位配置不全,专业设计人才短缺,综合业务能力不强,重点业务能力不突出。未来,河北省广告整体业务水平提升的关键在于其业务结构的整合优化与平衡。

(五)专注重点工程打造,驱动行业革新发展

从河北省广告业发展的整体特点来看,未来河北省广告业的整体提升和重点突破均需要重点产业工程的推进,以此为产业发展注入新动能、激发新活力、促进新转型。专注重点工程打造将成为河北广告业实现跨越式发展的

有效途径。

从目前河北省广告业发展阶段来看,在河北省广告业特色品牌的打造上,国家级广告产业园区的建设、公益广告事业的推进、雄安新区规划建设与北京冬奥会筹办的专项参与、特色数字营销的探索、京津冀广告业协同发展、学界智脑工程等重点特色工程,均将成为产业发展的新亮点,助力河北省广告业发展迈上新台阶。

参考文献

宋维山、胡树明主编:《河北省广告业发展蓝皮书(2017~2019年)》,河北人民出版社,2020。

河北省市场监管局:《"双促双赢双提升,助产助销助市场"——省市场监管局"广告助企"活动总结汇报材料》,2020年12月。

喻国明:《未来传播的三大关键转型——站在未来已来节点上的思考与展望》,《新闻与写作》2020年第1期。

《2020年上半年河北经济运行情况分析:GDP同比下降0.5%》,中商情报网,2020年7月25日,https://www.askci.com/news/finance/20200725/0935421164823.shtml。

前瞻研究院:《中国互联网广告行业市场前瞻与投资战略规划分析报告》,2020。

专题篇
Special Reports

B.8
河北省省级主流媒体融合创新发展报告

田苏苏*

摘 要： 河北省认真贯彻习近平总书记指示精神，积极应对全媒体时代发展大势，不断推进媒体融合向纵深发展，创新成果不断涌现，凝聚效应、舆论引导力进一步显现。面对媒体融合发展和提质转型的时代需求，主流媒体需要进一步优化媒体生态，通过建立更加广泛而开放的媒体平台，打造新型传播平台，不断助力主流媒体开新路、创新局。

关键词： 省级主流媒体　融媒体平台　河北省

习近平总书记在主持中共中央政治局第十二次集体学习时，就推动媒体

---

* 田苏苏，河北省社会科学院新闻与传播学研究所所长、研究员，主要研究方向为新闻史、新闻业务等。

融合向纵深发展发表重要讲话，指出："要抓紧做好顶层设计，打造新型传播平台，建成新型主流媒体，扩大主流价值影响力版图，让党的声音传得更开、传得更广、传得更深入。"① 一年来，河北省省级主流媒体深入学习贯彻习近平总书记关于推动媒体融合发展的一系列重要论述和指示精神，在省委和省委宣传部的领导和支持下，积极应对全媒体时代发展大势，积极务实推进媒体深度融合发展，打造报、网、端、微、号全媒体新闻传播格局，不断创新和完善媒体运行机制，推动主力军进入网上新闻宣传主阵地，创新成果不断涌现，主流媒体的凝聚效应和舆论的传播力、引导力、影响力、公信力不断增强，呈现出创新发展的良好态势。

一 以互联网为主战场，坚定发力，推动主流媒体融合创新

在省委、省政府的坚强领导下，河北省加快推进主流媒体融合发展，积极推进传统媒体转型发展，打造全媒体生态链，省级各主流媒体深化以"中央厨房"为龙头的技术设施更新和技术流程再造，推进新闻媒体在技术、内容、渠道、方式、手段、机制等方面的全面创新，媒体融合日益走深、走实，以内容建设为根本、先进技术为支撑、创新管理为保障的全媒体传播体系初步形成。通过新旧动能融合转换激发主流媒体融合的内生动力，展现出更加积极、蓬勃、向上的态势，重大宣传活动新颖性凸显，主题宣传亮点频出，新闻舆论传播力、引导力、影响力、公信力大幅提升。

（一）省级主流媒体融合发展走向深化、细化

河北省省级主流媒体将互联网作为新闻主战场，以互联技术赋能传统媒体，以新媒体叠加传统媒体内容优势，达到从技术到内容的优势交互、

---

① 《习近平主持中共中央政治局第十二次集体学习并发表重要讲话》，中国政府网，2019年1月25日，http://www.gov.cn/xinwen/2019-01/25/content_5361197.htm。

深度融合。

　　河北日报报业集团继续推动多元传播格局下报纸出版方式和报业经营模式的转型，推进报、网、端、微在内容、渠道、平台等方面深度融合，构建包括报、网、端、微和人民号、头条号、抖音号、大鱼号、腾讯企鹅号等在内的全平台的新媒体矩阵。2020年6月，为加快建立以内容建设为根本、先进技术为支撑、创新管理为保障的全媒体传播体系，谋划提出了河北日报报业集团智媒中心建设项目，内容包括全面升级改造"中央厨房"、建设适应5G条件下具有党报特点的音视频生产发布体系、探索新技术条件下的新闻生产新场景和新应用等，为集团融媒体平台、河北号聚合平台、新媒体矩阵平台提供空间和技术支撑。

　　河北广播电视台注重发挥"中央厨房"聚合作用，实现广播、电视、新媒体、网站、报纸等各平台有效整合，形成集约高效的内容生产体系和全媒体传播链条。总投资近2亿元的"中央厨房"二期、全高清电视播出系统和400平方米演播室升级改造、4K超高清转播车等项目顺利完工，采编播系统实现互联互通、资源共享。启动"智慧台站"建设，广播、电视"智能化"水平得到有效提升。河北广播电视台IPTV（即交互式网络电视）业务继续保持快速增长势头，自主研发能力不断提升，核心竞争力持续增强，IPTV用户规模保持在1600万人，居全国前列。强化"移动优先、台网联动"，冀时移动客户端下载量达到600万次。台属56个微信公众号入驻统一管理平台，广播电视台微博微信矩阵涵盖330多个优质账号资源，深度覆盖全省用户。

　　长城新媒体集团重点打造的冀云·融媒体，以冀资讯、云生活为目标，以"中央厨房"为龙头，再造策、采、编、发内容生产流程，重构技术研发和运维体系，重塑经营性产业链条，搭建"报、网、端、微、视、屏"六位一体的融媒体传播矩阵，形成集新闻、政务、广播、电视、视频、直播、文旅、健康和民众生活等于一体的综合性主流媒体。以"学习强国"河北学习平台和河北省县级融媒体中心省级总平台——冀云·融媒体平台为抓手，构建"新闻+政务+服务"媒体发展模式，推进省市县三级新媒体宣传网络建设。冀云·融媒体平台本身具备支撑200家以上单位接入的能力，已为163个市县融媒体中心全部开通入驻账号，实现了河北省全覆盖；为全省147个县级融媒体中心全部开发了本地客户端，开通冀云号，入驻单位和个人达到200多个/人。通过聚合推动整合、深化融合，冀云·融媒体平台与各市县融媒体中心互联互通、共融共享，实现了全省新闻宣传统一部署、重大稿件一键推送，在融媒体精品制作、推送方面精准发力，打造内容丰富、渠道广泛、传播有效的融合创新模式，构建全省宣传工作"一网联通"。2020年全国两会期间，长城新媒体集团为河北省全国两会报道指挥中心搭建了云"中央厨房"。依托云"中央厨房"稿件处理系统，各新闻单位新闻产品制作多角度、全方位全息共享，各家编辑、记者全员共享，图文、音视频等多功能全效共享，探索了全国两会报道省域范围内主流媒体由物理割据走向化学融合的新模式。

积极推进主流媒体跨区域融合发展。河北广播电视局积极推动"中国（京津冀）广播电视媒体融合发展创新中心"建设，2020年9月，同北京市广播电视局和天津市广播电视局共同签署《京津冀新视听战略合作协议》。通过健全合作机制，发挥区域优势，贯通广播、电视和网络视听，做大做强主流舆论，着力推进广播、电视媒体融合向纵深发展。河北广播电视台协办首届中国（北京）国际视听大会，《京津冀新视听媒体融合学院战略合作协议》签约仪式、京津冀媒体融合典型案例交流会、中国（京津冀）广播电视媒体融合发展创新中心理事会第一次会议在大会上集中举办，谋划建立中国（京津冀）广电融媒学院河北分院。长城新媒体集团与北京歌华有线电视网络股份有限公司、天津津云新媒体集团正式签署《京津冀三地融媒体战略合作协议》，冀云、北京云、津云"三朵云"正式携手开展深度合作，将充分整合各方资源，实现三地融媒体协同发展，省级主流媒体融合发展走出跨区域整合发展新步伐。

（二）全媒体新闻传播格局初步形成

围绕打造"全程媒体、全息媒体、全员媒体、全效媒体"，河北省省级主流媒体坚持移动优先策略，加快构建一体化全媒体传播生产链，成效逐步显现。

河北日报报业集团谋划实施了河北日报全媒体建设提升工程。以视频产品为重点，加强可视化新闻采制能力建设；以移动直播为重点，加强直播能力建设；以河北日报客户端为重点，加强移动端传播能力建设；以实用为原则，加强先进技术和装备支撑能力建设。集团旗下的"阳光理政"平台以"互联网+"为技术支撑，实现PC端、客户端、微信公众号、微信小程序等多渠道的互联互通，不断推动媒体融合，从信息传播工具扩展成为社会发展和治理的综合专业信息化平台。河北日报客户端立足"权威信息发布、沟通网民关切"，突出"实时、深度、观点"，努力建设移动端河北新闻宣传的主阵地、主平台，2020年3月进行了技术升级。客户端共开设"头条""时政""观点""深度""阳光理政""京津冀"和"财经"等16个频道以及27个地方频道，24小时滚动更新。下载量累计超过1300万次，高峰时注册用户超过500万人。河北新闻网努力打造河北新闻资讯发布权威平台和信息库，Alexa全球综合排名从2019年的17.5万名上升到1.1万名以内，日均UV（独立访客）从5000人上升到100多万人；日均PV（页面访问量）从7.7万次上升到500多万次。河北日报官方微信订阅用户由2019年底的55万人增长到近90万人，2020年以来"10万+"稿件120多篇，是2019年同期的2倍多，各项数据居全国省级党报前3位。"河北日报"抖音号粉丝数量由2019年底不足100万人增长到近300万人，报道总点赞量达到1.1亿次，总播放量突破20亿次，各项数据排名由省级党报第10位升至第4位。

河北广播电视台坚持移动优先战略，将更多优质内容、先进技术、专业人才、项目资金向移动互联网主阵地聚集，举全台之力做强做优冀时移动客户端。推出的大型全媒体新闻采访活动"行走大运河"，实现"广播+电视+移动端+纸媒"同步立体传播。对《中华好诗词》《成语天下》等优质节目进行短视频"二次创作"，打通"大屏小屏"，形成立体互动。河北省首档电商综艺节目《冀有好物》开创"电视+新媒体+电商"互动模式。

河北广播电视台融媒体新闻中心"知河北"抖音官方号开通仅1个月,发布视频466条,总点击量4597.7万次,单条视频最高点击量528万次。特别是2020年3月18日,河北医疗队"回家"系列成为引爆点,当天发布22条,点击量超过1800万次。截至2020年5月,"知河北""河北新闻联播"微信公众号共推送文章1770余篇,阅读量353万次,互动留言15万余人次。自传视频853条(不含引用视频),播放量550万次。"知河北""河北新闻联播"官方微博,总计推送6881条,总阅读量2700万次,视频推送近3000条,视频播放总量2亿次。"知河北"今日头条号发稿1712条,阅读量1549万次。

长城新媒体集团适应移动用户需求,不断开拓新媒体产品空间,构建涵盖端、微、号等各种形态的新媒体矩阵。长城网为许多省直部门运营政务媒体,为各地市开设地方频道;"河北发布"——省政府政策性文件宣传解读第一平台在长城新媒体上线运营;"问政河北"为河北省党政机关走网上群众路线总平台;冀云客户端集合省市县三级融媒体新闻资源,客户端融合中央级和河北省省级传统主流媒体资源信息,在客户端可以便捷观看广播电视节目直播和进行报纸阅读。冀云·融媒体平台具备对全省各级媒体单位新媒体端进行统一整合、赋能的能力,支持实现新媒体与报业、IPTV、有线电视、无线广播等传统媒体业务端之间的联合运营,能够帮助用户培育和建立适应互联网时代的媒体运营模式。集团自主研发了国内领先的具备云端采访、直播导播等功能的"冀云采"远程视频采访系统,推出了AI虚拟主播"冀小蓝",开创了直播新样态"云直播",打出一套云端"采、编、发"创新组合拳。2020年4月,全省新闻战线"奋力夺取'双胜利'·记者走基层"启动仪式举办,通过长城新媒体自主研发的冀云全省指挥调度系统,182个分会场采取互联网接入方式召开双向互动视频会议,用可视化的方式"秒发"有关指令到每一个县级融媒体中心。冀云·融媒体平台以云端视频方式承担省市县各类会议、现场观摩交流活动等,已经成为常态化的政务服务项目。为推动习近平新时代中国特色社会主义思想宣传"一网到底",冀云·融媒体平台与各市县融媒体中心联动,在冀云客户端总端和各县级分端首屏，同步开设"头条"等系列频道，习近平总书记的重要活动、重要讲话等，冀云总端第一时间集纳央媒和河北省各大媒体反响报道，并通过"一键上稿"统一配置到各县级分端。在推进服务功能完善方面，平台应用大数据抓取和大数据智能分析等前沿技术，研发并推出周边疫情查询、假日出游荐行、高考志愿AI智能填报、助农信息收集等一系列的平台类、工具类系统，服务公众。其中，"河北疫情实时动态"累计传播量突破5400万次，"五一智慧旅游助手"访问总量超过262.3万人次。与省卫健委联合推出的河北在线心理咨询平台，是河北省首家由新闻媒体建设运营的心理咨询平台，已有810万人次咨询访问；疫情暴发后，与市县相关部门联合开设的"空中课堂"，实现了全省云上教育的资源汇聚和信息共享，累计在线人数达5000万人。截至2020年，冀云·融媒体平台已完成17次迭代升级，开通政务民生服务功能50多项。2020年1月，冀云·融媒体平台获评国家广电总局"全国广播电视媒体融合成长项目"。

（三）加快新闻生产机制的改革创新步伐

面对媒体深度融合发展的需求，河北省省级主流媒体破除束缚发展的思想壁垒和体制障碍，不断深化企业运营机制改革，激发改革发展的内生动力。各主流媒体将优势采编资源、专业人才包括领导力量向互联网聚集，通过对报、网、端、微、号采编力量实行一体调度、一体考核，努力打造适应报纸、广播、电视、网站和新媒体综合需要的新闻工作队伍。通过全面推行采编分离，调整部门设置和分工，建立起采访、编辑、出版（发布）各个环节分工负责、有效协同的新机制。

河北日报报业集团整合各媒体驻设区市记者站，成立分社。设立客户端频道总监，由河北日报各采访部门直接领办客户端专业频道，时政新闻部、经济新闻部、文化新闻部等7个采访部门，分别领办客户端时政、经济、文化等专业频道，采访部门主任同时承担报纸和客户端专业频道的全媒体报道策划、采写、客户端稿件编审任务，日常报道实现"先端后报"。在组建4个融媒体工作室基础上，2020年又成立了"相约冬奥"融媒体工作室，经北京冬奥组委同意，开通运营"相约冬奥"微信公众号。

河北广播电视台成立电视制作公司，实现台内资源效益最大化。加强营收评估，拟关停并转一批前景较差、竞争力不足的企业，持续优化运营格局。完善目标考核机制改革，制定差异化考核方案，引入全媒体传播力、第三方新媒体平台表现等考核指标，对年度目标任务实施全程跟踪督导，推进高质量完成。实施人才发展机制改革，深化"双通道"改革，激励专业人才出精品、强业绩。

长城新媒体集团对各采编部门、综合部门、平台管理和运营部门进行了优化组合，新组建融媒体部，强化了冀云·融媒体平台和"阳光问政"平台、"学习强国"平台的人员力量。依托冀云·融媒体平台构建起资源整合、多元应用、协调联动、数据挖掘、一体运营的省级新闻宣传管理"一张网"，冀云·融媒体平台成为数据总汇和运营枢纽。长城新媒体集团充分发挥"中央厨房"指挥中心融合发展采编工作的"总枢纽"作用，由集团分管采编工作的领导轮流担任值班长，每天调度集团宣传报道工作。强化五级谋划机制，即集团编委会带领各部门谋划重大主题报道，项目牵头副总编带领相关部门谋划阶段重点报道，分管领导带领分管部门谋划本领域重要报道，各部门负责人带领本部门谋划日常重头报道，部门业务骨干带领普通采编人员谋划具体报道，充分发挥策划的灵魂和龙头作用，推动出精品，提升舆论引导水平。

工作体制机制的创新优化了新闻生产环节，有效激发了媒体创业激情，也提升了媒体的营收能力。河北日报报业集团破除经营单位行政级别，突出业绩和效益导向，深化薪酬分配制度改革，激发了经营单位发展活力和创造力，集团经营收入下滑趋缓趋稳，利润大幅度上升，经济运行质量呈现向上向好的态势。河北广播电视台以多种合作模式撬动优质客户，吸引恒大集团、中国盐业集团等知名企业投放广告。无线传媒公司引入11家战略投资单位，融资9亿多元，顺利进入上市辅导期。河北广电MCN投入运营，广电电商板块业务收入突破5000万元。创新发展"活动经济"，组织第十六届深圳文博会河北展区参展工作，承办"中国民歌盛典""汽车文化节""婚恋文化节""乐享音乐节""第二届衡水老白干酒文化节"等一系列大型活动，实现"两个效益"双丰收。长城新媒体集团统筹新闻生产与运营管理，2020年上半年，集团经营收入和利润同比分别逆势增长近30%和近20%。截至2020年6月，长城新媒体集团总资产是筹建初期的5倍多。

二 精心打造品牌栏目和宣传平台，品牌影响力日益彰显

面对新形势新要求，河北省省级主流媒体坚持守正创新，适应网络时代用户需求，积极抢抓新媒体发展的机遇，精心打造媒体融合发展品牌栏目，努力提升品牌影响力和传播力，在互联网主阵地更好地发挥主流媒体的主渠道、主力军作用，推出了一批形式新颖、制作精良、影响广泛的融媒体产品，奏出时代强音。

《河北日报》深耕"阳光理政"网络问政平台，始终坚持以问题为导向、以为民服务解难题为目标，积极回应网民关切，提供互动式、服务式、体验式新闻信息服务。通过"互联网+媒体+政务"模式，"阳光理政"打通网页、微博、微信、客户端、小程序、抖音等多媒体通道，畅通与群众沟通的"最后一公里"。截至2020年，"阳光理政"平台已汇聚省市县乡四级5000多家党政部门和民生热点单位，形成覆盖全省的网络问政体系。2020年1月1日至10月15日，"阳光理政"平台共收到全省各地网民有效留言53032条，成为河北省最有影响力的网络问政平台。2020年1月1日起，策划推出短视频栏目《值班老总读报》，由河北日报值班副总编辑轮流担任主播，聚焦集团优质原创内容推介和热点话题评说，在河北日报"两微一端"、河北新闻网等平台同步推出，适应"终端随人走、信息围人转"的特征，运用"大传播"，努力"广覆盖"。《值班老总读报》着眼于打造党报全媒体传播品牌，适应新媒体传播规律，在"短、新、实"上下功夫，小切口呈现大主题，小故事讲清大道理，从发生在受众身边的具体事入手，注重大主题的生动鲜活、大道理的入脑入心。着力做好融媒体报道，推出《河北融媒头条》专栏，立足文图视融合呈现、全平台立体传播，对重大选题进行融媒体形式呈现。做好观

点新闻,加强评论阵地建设,河北日报报业集团在互联网平台分别开设了"青园锐见"微信公众号、河北日报客户端《锐评》专栏、河北新闻网《慷慨歌》网络评论专栏,重点打造深度报道品牌。

河北广播电视台创新推出的大型全媒体新闻访谈节目《转型之路》,开创"新闻访谈+综艺表达"形式,网络点击及转发量突破7000万次,成为"现象级"电视作品。策划、推出大型全媒体新闻采访活动"行走大运河",实现"广播+电视+移动端+纸媒"同步立体传播。对《中华好诗词》《成语天下》等品牌节目推陈出新,进行短视频"二次创作",打通"大屏小屏",形成立体互动,持续擦亮文化名片。全国首档盲游式文化旅行体验节目《你要去哪儿》,被《人民日报》誉为"具有主流价值观引领作用的节目样板"。河北省首档电商综艺节目《冀有好物》开创"电视+新媒体+电商"互动模式,助力县域经济发展。《今日资讯》《992大家帮》等品牌节目升级改造,贴近性、服务性进一步增强。

长城新媒体集团努力突破传统的报道形态,把适合新媒体传播的形态放在首位谋划和执行。在重大主题报道中,视频专题、短视频、长图、H5、海报等新媒体产品领衔,轻量化"重表达",分众化、碎片化、可视化地诠释重大主题,并形成了"长城视频""冀云海报""长城全直播""政策面对面"等具有鲜明长城特色的新媒体品牌。长城新媒体集团积极探索大数据在各个行业的应用场景,为各级党委、政府、媒体、企业发展提供数据支撑和智力支持,赋能各地各部门各单位社会治理体系和治理能力现代化建设。2020年上半年,围绕疫情防控、复工复产等重点工作开展舆情监测预警及数据分析工作,撰写新冠肺炎疫情日报、大数据分析专报数百期,河北省委、省政府主要领导同志多次批示。截至2020年6月底,已有2300家单位入驻冀云"问政河北"平台,每天收到群众诉求近百条,累计收到各类诉求17000余条,答复率超过90%,帮助网友解决了大量实际问题。截至2020年,"学习强国"河北学习平台已建立供稿链路近30条,有来自省内各级各类媒体和各地各行各业通讯员400多人,每天发稿200多篇。"学习强国"河北学习平台浏览量超12亿次,月浏览量近2亿次。

三 创新产品、优秀作品、爆款产品不断涌现

河北省省级主流媒体紧紧围绕中央和省委、省政府重大决策部署，坚持内容生产这个融合发展的根本，推进内容供给侧结构性改革，在内容生产上做好加减法，依靠内容优势赢得传播优势，对重大焦点事件的舆论引导力大大增强，传播力、影响力、公信力进一步彰显。坚持举旗定向、政治领航，认真学习宣传习近平新时代中国特色社会主义思想，紧跟总书记系列重要讲话精神和指示要求，认真宣传贯彻中央、省委方针政策和重大决策部署，形成全方位、多层次、多声部的宣传大合唱。面对突发的新冠肺炎疫情，各主流媒体通过报、网、端、微同步推出抗疫特刊、特别节目，通过文字、图片、视频将疫情动态即时传送到四面八方。围绕"三件大事"，聚焦三大攻坚战，推出《在习近平新时代中国特色社会主义思想指引下》《走向我们的小康生活》《决战脱贫攻坚》等重点栏目，优秀作品不断涌现，新闻舆论的传播力、引导力、影响力、公信力得到彰显。2020年河北省6件作品获中国新闻奖，其中5件作品属于省级主流媒体：《河北日报》的《让脱贫攻坚的先进晒成绩、后进找差距——一场让人红脸出汗的"擂台赛"》获二等奖、《把调查研究的"桌子"摆到群众中去》《群众呼声放心上 "关键小事"抓到底 全省百万家庭"三点半难题"得解》两件作品获三等奖；河北广播电视台专题节目《不忘初心 牢记使命——红色的追寻》获二等奖，《望长城内外》获三等奖。长城新媒体集团党委书记、董事长马来顺荣获第十六届长江韬奋奖，这是长江韬奋奖设立以来，河北省第四位获此殊荣的优秀新闻工作者，也是河北省近十年来再次获此荣誉。河北广播电视台《太行花开》《最美的青春》等多部作品获中国广播影视大奖、电视文艺星光奖和电视剧飞天奖。面对突如其来的新冠肺炎疫情，主流媒体充分发挥主发布渠道、主舆论阵地、主基调引领作用，第一时间通过网站、公众号、移动端持续发出权威声音，以全景、全媒体报道全面抗疫，凝聚众志成城、共克时艰的强大正能量。河北日报原创短视频栏目《值班老总读报》推出《"战疫"微观察》共56期，浏览量超

过4000万次，每期全网播放量在400万次以上，被新华社客户端、新浪网、凤凰网等多家媒体转载推荐。河北广播电视台灵活运用图文图解、音视频、H5、VR、直播等形式，播发图文视频稿件1.8万余篇、总阅读量超3.55亿次。新闻综合频道《全省新闻联播》和《河北新闻》两档节目推出14个专栏、5组系列报道，卫视频道推出两档特别报道《战"疫"快报》和《战"疫"时刻》，广播新闻综合频道陆续推出《前线日志》《前方连线》《后方有我》等系列专栏，打出新闻宣传组合拳。其中《我在前方一切都好，不必牵挂》《我在疫区过生日》《我不是一个人在战斗》等报道成为融媒体爆款产品。全媒体推出《逆行》等音视频宣传片、图文等形式多样的公益广告与科普知识。长城新媒体集团冀云·融媒体平台汇聚93家市县融媒体中心，开设"战疫"频道，同步推出"冀云时间·一起战疫"专题，精心策划推出大型网络直播节目《冀云·河北战"疫"》，在全省首创融媒联动战"疫"宣传网络直播新模式，单期最高点击量超过6600万次。发布视频海报、新闻海报、H5、抖音、科普图解等融媒体产品12万个，总阅读量超150亿次。长城新媒体集团策划推出"奋力夺取'双胜利'·燕赵在行动"大型融媒采访活动，历时两个月，行程上万里，访谈全省各市的市委书记、市长以及知名企业家等，采访各行各业人士上百人，总拍摄时长80多个小时，制作视频节目20期，发布短视频上百个，网友互动留言3万多条，总浏览量上亿次，全面、生动地展示了河北各地各行各业贯彻落实习近平总书记重要指示精神和党中央决策部署、抓"六稳"促"六保"、决胜全面小康和决战脱贫攻坚的火热实践。

聚焦"三件大事"，唱响主流媒体强音。围绕京津冀协同发展、雄安新区建设、冬奥会筹办、脱贫攻坚等重点和中心工作，形成报道合力。各主流媒体统一开设《在习近平新时代中国特色社会主义思想指引下》《走向我们的小康生活》等重点栏目，多角度立体宣传报道河北人民在习近平新时代中国特色社会主义思想指引下，全面建成小康社会的丰硕成果，讲述普通群众用勤劳双手创造美好生活的小康故事。《河北日报》在头版刊发长篇纪实报道《汇聚磅礴力量　攻克千载难题——河北举全省之力坚决打赢脱贫攻坚战纪实》，全面总结了河北省脱贫攻坚的成效和经验，被新华网、人民网、光明网、新华社客户端、人民日报客户端、"学习强国"客户端、今日头条客户端、抖音视频平台、新浪网等86家国内头部媒体转发，72小时全网浏览量达1392.01万次。河北新闻网特别策划推出H5微专题"凝心聚力奔小康"，其一经推出即在朋友圈"刷屏"。《H5｜16个瞬间，我们的小康印记》串联起河北省脱贫攻坚走过的坚实足印。河北广播电视台推出《雄安这一年》《凝心聚力奔小康》等多部反映新时代全面建设经济强省、美丽河北成就的专题片。河北广播电视台重点新闻栏目和新媒体平台围绕雄安新区和京津冀协同发展展开多层次、多维度宣传报道。长城新媒体集团重磅推出《京津冀协同发展六周年：行稳致远 再筑华章》《河北这一年》《向上吧河北》《在希望的田野上》《太行山上的河北答卷》等重点专栏，全面反映河北人民在习近平新时代中国特色社会主义思想指引下，阔步新时代新征程的生动社会实践。《河北206个深度贫困村影像志：我们的全村福》，以影像形式反映贫困农村发生的巨大变化，展示干部群众凝心聚力奔小康的昂扬精神风貌。

主流媒体在报道形式上不断推陈出新。在2020年全国两会报道中，长城新媒体集团重点打造的"冀云海报"，围绕总书记重要讲话精神、两会重要新闻、河北代表委员重要建议等发布海报作品200多个，成为及时、快速、准确、直观报道两会的"轻骑兵"。冀云客户端总平台和各县级分端首屏同步开设"两会"频道，推出"冀云时间·县级融媒报两会"专题，全景展现省市县三级媒体围绕全国两会共同营造浓厚舆论氛围的生动实践。联手天津津云新媒体集团、北京新媒体集团策划推出的《共话京津冀》特别节目，邀请三地代表委员、专家学者云端连线，反映京津冀协同发展在交通、环保、产业等重点领域取得的成就。

四 河北省省级主流媒体实现进一步提质转型的路径和对策

面对日新月异的科学技术升级和新的形势发展需要，主流媒体生态有待进一步优化和完善,融合的内生动力有待进一步激发,河北省省级主流媒体的提质转型仍在进行时、过程中,需要持续用力、扎实推进,不断开新路、创新局。

(一)进一步强化互联网思维,让人民群众融入主流媒体生态圈

互联网时代的传播特点决定了传统主流媒体必须主动朝以人民为中心双向互动方向转移。互联网的技术结构决定了其内在的精神是去中心化,互联网的便捷性、可参与性大大降低了网民参与传播过程的各种门槛,再加上现代大数据技术的广泛应用,使得互联网平台在理论上拥有无限的客户连接力,客户的厚度和广度已经成为媒体影响力的重要评价因素。用户至上原则是互联网时代主流媒体贯彻以人民为中心原则的具体化,这就要求主流媒体融合进一步突出对不同层次网民需求的服务满足,以客户需求为指向,使主流融媒体发展成为对网民具有强大黏合力的服务平台,形成媒体融合与服务的有效链接。

(二)进一步打造开放性融媒体平台,为内容制作提供广阔空间

现代互联网信息传播最显著的特点是开放性,媒体唱独角戏在互联网时代是一条最艰难的路径。处于顶部位置的那些影响力大、盈利能力强的媒体平台都有一个显著的特征,就是能够快速地整合巨大的社会力量,形成潜力无限的创新之源。在媒体内部,领导层要给予媒体技术人员更加宽松的政策,鼓励大胆创新,建立容错、纠错机制;在媒体外部,应着力探索通过媒体平台的开放创新,吸引大量的媒体传播参与者,打造河北省主流融媒体平台的良性生态圈,从而最大限度地撬动蕴藏于全社会之中的创新力量,推动河北省媒体融合增强内生动力,不断向深度与广度发展,形成良性循环。

(三)进一步完善深度融合的配套体系

通过体制改革与机制创新,有效调动与整合体制内外的一切要素,激活

媒体融合内生动力,推动媒体走向深融;通过创新组织结构,保障媒体深度融合的业务流程再造与高效运转;通过人力资源质量的提升,完善深度融合的人才支撑体系;培育具有政治家意识、企业家意识与互联网思维的"一把手";建立长期激励机制,促进领军人才的全面成长和脱颖而出。

B.9
河北省县级融媒体中心建设现状分析及发展建议

张 芸 李袖旗*

摘 要： 2020年河北省列入省级建设任务的147家县级融媒体中心全部挂牌运行，县级融媒体中心从建设起步期进入全面发展期。各地县级融媒体中心的信息传播、舆论引导、综合服务功能不断完善，有效打通新闻舆论的"最后一公里"，成为区域全媒体传播体系建设的重要阵地。新冠肺炎疫情暴发后，县级融媒体中心利用资源和渠道优势，发挥了组织动员作用，交出了优秀答卷。县级融媒体中心是新时期治国理政的重要平台，强化服务功能、为基层社会治理提供助力是建好、用好县级融媒体中心的目标和方向。

关键词： 县级融媒体中心 社会治理 河北省

一 河北省县级融媒体中心建设现状

根据中宣部关于县级融媒体中心要在2020年底在全国实现全覆盖的要求，2020年河北省县级融媒体中心建设在试点先行的基础上全面铺开。截至2020

---

* 张芸，河北省社会科学院新闻与传播学研究所副所长、副研究员，河北传媒学院硕士生导师，主要研究方向为新闻传播实务、媒体融合；李袖旗，河北传媒学院新闻传播学院硕士研究生。

年9月，列入省级建设任务的147家县级融媒体中心全部挂牌运行，并提前完成验收工作。各地县级融媒体中心在实践中摸索成长，交出了亮眼的成绩单。2020年11月，在中国视协市县电视委员会主办的"第八届全国市县电视台融媒体中心推优展播"活动中，青县融媒体中心、香河县融媒体中心入选"全国媒体融合先导单位20强"。涿州市融媒体中心、沙河市融媒体中心、肃宁县融媒体中心、唐山市丰润区融媒体中心等多家融媒体中心的作品获得电视栏目、专题片、短视频、综艺晚会等分类奖项。在第三十六届河北新闻奖评选中，内丘县融媒体中心、定州市融媒体中心、辛集市融媒体中心、河间市融媒体中心等多家融媒体中心的17件作品分获一、二、三等奖。

（一）以建促融：县级融媒体中心建设步入全面发展期

1. 组织体系日臻完备，融媒体生产流程更加优化

自2018年启动县级融媒体中心建设以来，中央和河北省共安排资金3.3亿元，用于支持147家县级融媒体中心和冀云·融媒体平台的建设。[①] 在资金、政策和技术的全力保障和驱动下，各地县级融媒体中心结合实际情况，整合区域内媒体资源和传播渠道，通过完善组织体系，构建"策、采、编、评、传"一体化生产流程，打造"报、台、网、端、微"和各移动平台多形态、全覆盖的传播矩阵，形成"统筹策划、一次采集、多种生成、多元传播、科学评价、有效应用"的全新业务模式。经过一年来的探索，各地县级融媒体中心大力整合机构，建立起架构清晰、分工合理、运转灵活的组织体系，使生产布局更加合理，进一步释放融合传播效能。

黄骅市融媒体中心适应融合传播需要，调整组织架构，改革采编部门设置，建立采编发联动平台。邢台市任泽区融媒体中心不断调整、优化、整合部门结构，设有综合办公室、采编室、总编室、融媒体新闻中心、新媒体发展部、全媒体运营部、技术播出部等部门，建立起以采编、技术、运营为中

---

① 赵建：《融合发展一朵"云" 服务群众一张"网"——河北省扎实推进县级融媒体中心建设综述》，《河北日报》2020年9月17日，第1版。

心、大版块、扁平化的组织架构,实现一支队伍服务多个平台。

2. 管理机制不断完善,融媒体中心运行更加规范

2020年9月,按照中宣部相关要求,河北省委宣传部对全省挂牌运行的融媒体中心进行了整体验收,从政策、机制、内容、服务等多个方面审核把关,确保融媒体中心规范化运行。相关管理部门不断完善监管职责,有序推进县级融媒体中心资质证照审批发放工作。截至2020年10月,河北省网信办共许可92家县级融媒体中心互联网新闻信息服务资质,总计202个服务项,推动县级融媒体中心依法办网。2020年10月,河北省广播电视局开始向县级融媒体中心核发"信息网络传播视听节目许可证",此举意味着县级融媒体中心播出的网络视听节目将被纳入网络视听监测监管平台和网络视听节目管理系统,严格内容监管。

在加强外部管理的同时,河北省各地县级融媒体中心根据自身情况,从生产机制、人事管理、薪酬分配等方面创新体制机制,提高融媒体中心的管理运行效率。涿州市融媒体中心探索"全媒互动"运行机制,实现了策划为先、"采、编、播、发"一体化流程。黄骅市融媒体中心加强人才队伍建设,邀请专家对全体工作人员进行业务培训,并分批次组织20余名业务骨干到新华社、河北青年报社进行"嵌入式"学习。石家庄市栾城区融媒体中心探索试行"部室项目考核制",根据项目设定的目标任务确定所需岗位人员和项目资金总额,并以"多劳多得、优劳优酬、上不封顶"的原则实施薪酬制度改革,极大地调动了职工的积极性和创造性。

3. 资源高效聚合,省级融媒体云平台助力深度融合

2019年10月,长城新媒体集团主导建设的河北省县级融媒体中心技术平台——冀云·融媒体平台上线运行,为县级融媒体中心建设提供技术、资源和平台支持。冀云·融媒体平台与县级融媒体中心联动,实现省市县主流媒体的互联互通、资源共享,形成渠道丰富、传播有效、可管可控的传播矩阵。

在2020年全国两会、抗击新冠肺炎疫情、奋力夺取"双胜利"、打赢脱贫攻坚战等重大主题报道中,冀云·融媒体平台与各地县级融媒体中心统筹策划、协同联动,以鲜活灵动、丰富多彩的形式深入宣传阐释习近平新时

代中国特色社会主义思想,讲好河北发展故事,推出有思想、有温度、有品质的融媒体精品力作12万多个,总阅读量达150多亿次。①

截至2020年9月,全省147家县级融媒体中心已经全部入驻冀云省级技术平台,着力建好各地冀云客户端分端,通过客户端汇聚报、网、端、微等内容资源,整合县域政务服务资源,构建起县域全覆盖的立体交互式信息网络。为了借助"学习强国"的传播优势,河北省积极推进县级融媒体中心入驻"学习强国"平台。12月14日,武强县融媒体中心作为全国首批"学习强国"县级融媒号,正式在"学习强国"平台开通上线,展示了本地学习贯彻落实习近平新时代中国特色社会主义思想的生动实践和亮点成效。

(二)全线赋能:引导群众与服务群众能力全面跃升

1. 内容建设持续发力,稳步占领基层舆论阵地

(1)权威信息精准落地

各地县级融媒体中心明确了"内容+"的发展理念,抓住内容建设的核心,加大优质内容供给侧结构性改革力度。为了筑牢基层舆论阵地,打通新闻舆论传播的"最后一公里",让权威声音精准触达,县级融媒体中心依托冀云·融媒体平台,在各地冀云客户端首屏同步开设"冀云头条"等系列频道,转发中央媒体和省直主要媒体报道,聚合图文、视频、直播、H5、动漫等形态,实现"一键发布、一次推送、多端直达"。

在抗击新冠肺炎疫情的新闻战役中,河北省县级融媒体中心作为新生力量,及时发布权威信息,做好政策解读,并积极引导社会舆论,发挥了新闻宣传和组织动员作用。各地县级融媒体中心开设专栏专题,通过漫画、短视频和农村大喇叭等形式,将新媒体矩阵与传统社区传播相结合,及时发布官方统计数据、病例活动轨迹、最新防控政策、科学防疫知识等,打通权威信息传播的"最后一公里"。疫情暴发后,武强县融媒体中心以微视频、图

---

① 赵娇莹、张世豪:《河北:加快县级融媒体中心建设,打通引导和服务群众的"最后一公里"》,长城网,2020年9月18日,http://report.hebei.com.cn/system/2020/09/18/100454820.shtml。

文、H5、直播连线、原创MV、动漫、创意海报等多种群众喜闻乐见的形式，推送资讯报道6900余条。涿州市融媒体中心开设《夺取疫情防控和经济社会发展双胜利》《关注！科普防控新型肺炎》《阻击一线英雄榜》《疫情防控善行榜》《文艺鼓劲　助力抗疫》等专栏，发布权威防控部署和防疫知识6790条，网络浏览量超3000万次。承德市双滦区融媒体中心在全区107个村和广场、公园等地架设260套大喇叭，开通新双滦网络电台，实现点对点、全覆盖的新闻节目广播和应急广播。针对一些地区老年群众只能听懂当地方言的特殊情况，为保证疫情信息传播无死角，很多县级融媒体中心制作"方言"版防疫宣传音视频。正定县融媒体中心录制的"村支书大喇叭喊话"用大白话讲大道理，极具亲和力和说服力，音频在微信公众号发布后，点赞量超5万次，并被"人民日报"微信公众号推荐。

（2）融媒精品层出不穷

基层是值得深挖的"新闻富矿"，县级融媒体中心深植基层沃土，优质内容既是立身之本，也是发展之源。河北省各地县级融媒体中心全力做优新闻宣传主业，在内容上持续深耕，创新话语手段和传播方式，生产出一大批有思想、有深度、有情怀，质量精良、传播广泛的精品力作，以内容传播力为核心，带动影响力和引导力的提升。

疫情暴发后，县级融媒体中心记者深入一线，把镜头对准医务工作者、社区志愿者、公安民警、农村党员干部等抗疫群体，采制大量带有生活气息、鲜活感人的新闻报道，原创新闻生产力大幅提升。青县融媒体中心制作的《河北青县：致敬奋斗在疫情防控第一线的逆行者》《风雪中你们坚守的样子最美》《优化金融服务　助力企业复工复产》等50余部短视频在新华社、中央广播电视总台、"学习强国"平台发布。香河县融媒体中心制作的短视频《大十五的吃什么方便面呀》讲述某饭店老板为一线防疫人员送肉饼的感人事迹，在抖音平台创造了2000万次的点击量。内丘县融媒体中心记录了一位从武汉回乡的医学博士在隔离点的生活，制作的视频专题片《隔离中的医学博士为您讲述：爱，温暖和奉献》，视角独特、生动感人。涿州市融媒体中心制作的深度报道《东沙沟：筑牢沟堑防疫情——一个中国普通村庄疫情防控纪实》，深入扫描农村疫情防控的各个环节，表现出记者敏锐而深邃的新闻洞察力。这些有温度、有内涵，带着泥土和露珠的新闻报道，不仅在县级融媒体中心的新媒体矩阵强力传播，还通过省级、中央级新媒体平台向全国全网推送，一大批优秀稿件在"学习强国"、新华社、《经济日报》、《农民日报》等国家级媒体上发布。

（3）优秀节目（栏目）影响日盛

县级融媒体中心接入省级融媒体平台后，实现了内容资源的共享互通、传播渠道的上下畅通。但是，作为百姓身边的贴身媒体、社区媒体，县级融媒体中心必须着力打造立足本地的原创品牌节目（栏目），才能形成稳定持久的内容生产力，真正建成贴心实用、百姓离不开的社区信息枢纽。河北省各地县级融媒体中心投入优质采编力量，充分运用新技术、新平台，精心打磨大小屏联动，叫得响、传得开的优秀节目（栏目）。

青县融媒体中心聚力打造以《德化人生》为代表的自办传媒文化品牌栏目。《德化人生》电视栏目创办于2008年，是全国首个公益性道德类电视栏目，以强大的舆论引导力带动全县涌现出3000多个道德典型，成为全国道德建设的标杆。2020年青县融媒体中心将"主旋律宣传"和"新媒体互动"结合，组织走基层、志愿服务等线下活动，推进《德化人生》多渠道融合传播，提升品牌知名度、美誉度和影响力。2020年1月，《德化人生》栏目荣获首届河北省广播电视"十个名"创建活动"名栏目"称号，成为全省唯一获此殊荣的县级媒体栏目。内丘县融媒体中心将本地独有的新闻、文化资源进行深度挖掘，精心打造原创品牌节目（栏目）。根据河北农业大学李保国教授生前在内丘县岗底村带领村民科技扶贫的事迹，创作《李保国故事》专栏，其在新华社客户端的阅读量已经接近2000万次。香河县融媒体中心拍摄制作的大型系列历史文献纪录片《香河·印记》，对当地历史文化、社会民情进行全面、深入、系统的梳理，成为影像存志的大型系列历史文献工程。

2. 扩大传播场域，集中建设社区信息枢纽

（1）提供快捷的社区资讯服务

河北省各地县级融媒体中心在整合传播渠道、打通传播平台的基础上，

利用先进传播技术优势，以客户端为阵地整合当地信息资源，将信息资讯传播末梢延伸到社区、街道、农村，使多种传播渠道贯通，为百姓提供丰富的信息资讯。内丘县融媒体中心邀请"李保国扶贫志愿者服务队""国医大师团队"入驻客户端，为果农提供科技信息服务，为百姓传授中医保健知识，提供健康咨询指导。邢台市任泽区融媒体中心搭建"直播任城"平台，实现新闻移动直播常态化。

（2）助力开展新时代文明实践活动

各县建立的新时代文明实践中心承载着弘扬传承优秀传统文化、培育社会主义核心价值观的重要任务。在河北省的实践探索中，很多地方将县级融媒体中心和新时代文明实践中心统筹建设，助力文化建设和道德建设落地生根。

2019年10月，邢台市任泽区融媒体中心策划组织了"移风易俗文明行"任泽区首届集体婚礼，通过参与式的社区传播，倡导移风易俗，培树文明新风。盐山县融媒体中心开设《榜样》等专栏，不断挖掘全县各行各业的好人、典型，除在各新媒体平台进行报道之外，还在户外大屏每天早晚播出，营造了崇德向善的浓厚氛围。2020年清明节，为配合新冠肺炎疫情防控工作，黄骅市融媒体中心推出"致敬·2020清明网上祭扫英烈"新时代文明实践主题活动，仅一天时间就收到网友献花55.97万朵，留言评论1874条，通过网络空间达成缅怀先烈、致敬英雄的社会共识。该活动入选2020年河北省广播电视媒体融合典型案例。

（3）搭建社情民意沟通平台

河北省各地县级融媒体中心建成后，利用覆盖广泛的新媒体传播渠道，构建起连接县、乡、村，覆盖各阶层受众，纵向到底、横向到边的信息网络，并为地方政府部门和当地群众搭建起沟通桥梁，成为反映社情民意、倾听百姓呼声的平台。

各地县级融媒体中心开展各种形式的媒体问政、网络问政，走好新时期网上群众路线。内丘县融媒体中心在客户端开设"百姓问政"专区，广泛征集群众意见，在全县选出380名"百姓代言人"参政议政，建立直通政府部门的议事渠道,使群众反映的问题能在第一时间得到解决。内丘县融媒体中心引导、服务群众的这一做法荣获"中国新媒体社会责任十大优秀案例提名奖",成为全国唯一获奖的县级媒体。

3. 拓展延伸服务功能,有效提升综合服务能力

县级融媒体中心是基层党委、政府重要的执政资源和基层社会治理的有力抓手。河北省各地县级融媒体中心以"民生+政务+商务"为服务方向,聚合县域内各类资源,不断拓展延伸服务功能。辛集市融媒体中心利用"百万粉丝矩阵"优势,相继开通市委书记群众直通车、环保举报热线并建立网上便民服务大厅等,在融媒体客户端设置了异地就医、缴纳水电费、医保社保等模块,让群众办事更加方便、快捷。黄骅市融媒体中心将"冀云黄骅"客户端对接"河北政务服务网",开通了个人办事、法人办事、查询办事程序、监督评估办事进程等多项服务。

2020年初,新冠肺炎疫情暴发,这对正在建设中的县级融媒体中心而言是一次大考。河北各地县级融媒体中心利用疫情暴发后形成的用户聚集优势,以及大数据、人工智能等技术优势,破除审批管理、信息共享等行政壁垒,开展适合本地实际的政务、民生垂直服务,并以此建立与用户的有效连接。

在新冠肺炎疫情防控中,邯郸广播电视台第一时间开设了"空中课堂",邯郸市县级融媒体中心充分利用邯郸市"1+20"融媒体平台、"掌上邯郸"App、"冀云邯郸"App、邯郸广电网将"空中课堂"课程落地以供邯郸市、县域内所有中、小学生点播收看。最高时段访问并发高达120万人次,受众群体覆盖了河北省各地市以及其他25个省,有11个国家的访客访问了该平台,用户咨询量巨大,互动良好。该事例作为典型案例被《人民日报》全国党媒信息公共平台集纳刊发。

疫情进入常态化防控阶段后,中央出台了许多推进复工复产的产业扶持政策,县级融媒体中心根据本地经济结构,利用平台和渠道优势,助推政策落地落实,保障社会生产生活秩序。为解决疫情造成的农产品滞销问题,县级融媒体中心对接当地农村合作社、物流与销售平台,积极投入爱心助农工作。疫情暴发后,涿州市融媒体中心开展"疫"线助农直播18场、"疫"

线助企直播39场，还推出免费宣传公益行动，为复工复产企业无偿提供500万元的广告资源。疫情造成青县鸭梨严重滞销，对此，融媒体中心第一时间进行报道，帮助梨农销售鸭梨100万斤。威县融媒体中心发布农产品信息，帮助菜农销售滞销蔬菜近30万斤。遵化市融媒体中心启动主播带货助农公益行动，由主持人组成"直播带货天团"，推销当地特色农产品，有效助农增收。

二 河北省县级融媒体中心建设存在的问题

在扎实的探索实践中，河北省县级融媒体中心建设取得了一系列新进展，形成了基于地方特色的发展模式。随着媒体融合不断向纵深发展，县级融媒体中心建设进程中的一些普遍性问题凸显。

（一）思想观念仍需革新，自我改革动力不足

由于省域内经济基础、文化积淀、发展环境的差异，河北省县级融媒体中心建设质量不一，发展水平参差不齐。有些地区县域经济落后，广播、电视等传统媒体根基薄弱，导致其对县级融媒体中心建设的重要性认识不足，对建设路径把握不准。一些地方领导和县级融媒体从业者思想观念陈旧，主动拥抱互联网、求新求变的意识不强；有的过度依赖政策支持，认为所有包袱都有政府兜底，缺乏闯市场、经风雨的勇气；还有的对融媒体中心职能定位理解不到位，片面追求时政新闻的宣传声量，忽视移动端传播效果，新媒体理念还未深化为自发意识。

此外，一些基层政府部门、机构对新闻舆论工作的重要性、必要性认识不到位，仍有抵触心态，甚至对媒体避而远之，或者只许报喜不许报忧，使融媒体中心开展正常的新闻报道面临障碍。

（二）管理运行仍有障碍，融合机制有待健全

县级融媒体中心建设目标是通过整合区域内各类媒体资源、政务资源，

依托互联网新媒体平台，建设集新闻舆论传播、综合服务、社会治理等功能于一体的新型传播生态体系。但有些县级融媒体中心建设还停留在把各媒体平台简单地整合在一起上，机构之间、部门之间仍存在壁垒。融媒体中心要从"单打独斗"迈向"协同作战"，还需要理顺外部管理和内部运营机制，特别是从顶层设计层面出台强有力的指导措施，加快县域内社会资源的共享互通。同时，政策支撑仍有短板。有些地市未按正科级单位划定融媒体中心的职能属性，人员编制和财政支持政策不明确，在一定程度上影响县级融媒体从业队伍的稳定性和工作积极性。

（三）新闻内容质量仍需提升，缺乏有影响力的精品力作

由于县级融媒体中心普遍缺乏具有新媒体采写技能的专业人才，新闻敏锐性和捕捉新闻意识差，新闻内容质量整体偏低。县级融媒体中心在新闻生产上没有重大新闻首发权，在具体内容上覆盖面窄，主要局限于宣传解读中央、省、市精神和对领导人活动的报道等宏大叙事，真正深入基层、反映基层特别是农村群众生产生活，既有思想内涵又贴近百姓，具有较高新闻价值的优秀新闻作品还相对缺乏。

（四）省级云平台的功能有待开发完善

由长城新媒体集团开发建设的冀云·融媒体平台上线一年多来，打通省市县主流媒体传播渠道，已初步形成了上下贯通、多点联动的融合传播矩阵，省市县三级融媒体中心登录省级平台即可使用云上所有应用功能，冀云·融媒体平台为各级融媒体中心开展服务提供全方位的技术支撑和运营维护。但客户端的功能开发还不完善，比如政务服务、民生服务、智慧服务等功能还有待于进一步健全。另外，便民服务界面中的服务项目覆盖并不完全，还有待打通渠道，整合开发资源，为百姓提供全方位的便捷服务。

（五）人才瓶颈是事业发展的关键障碍

致天下之治者在人才。人才是县级融媒体中心建设的关键因素和核心动

能。当前，河北省县级融媒体中心普遍存在人才问题，主要表现为：人才队伍不能适应当前融媒体发展的需要，新闻队伍"四力"不足，专业技能亟待提升；中心内部人员老龄化严重，冗员多，人员流动性问题突出，具有新闻相关学科背景的专业人才匮乏；经费有限，无法为人员提供常态化的外出学习培训机会；人才管理方面缺乏激励机制，选人用人留人难；招聘形式的弊端导致很难招聘到优秀人才。

（六）产业经营规模小，后续资金保障不足

河北省各地县级融媒体中心虽已经在财政支持下完成起步建设，但融媒体中心设备更新、人才培养与技术开发都需要充足的资金支持。县级融媒体中心的资金来源以财政拨款为主，自身造血能力不足。2020年由于疫情影响，县级融媒体中心的广告业务收入惨淡，基于新媒体业务的新型盈利模式仍在艰难探索中。在产业经营前景不容乐观的现实下，资金不足已经严重影响到县级融媒体中心的可持续发展。某些融媒体中心无力支付客户端等新媒体平台的服务费，甚至不具备完善的新闻发布功能。

三 河北省县级融媒体中心的发展趋势和先进经验

综观全国，随着媒体融合不断向纵深推进，县级融媒体中心作为中央、省、市、县四级媒体格局的基础节点，在构建全媒体传播体系中的连接作用越来越凸显。并持续放大基层主流舆论声量，通过拥抱先进技术、提供多元服务与基层社会深刻互动，为基层社会治理赋能。

（一）内容生产：从丰富产品形态到提升内容品质

不管是传统媒体还是新媒体，精良的内容永远是构筑传播力的核心要素。近两年，全国走在前列的县级融媒体中心深耕内容生产，提高新闻内容品质，不断优化用户体验，增强原创内容的传播力、聚合力，夯实事业发展的根基。各地县级融媒体中心在内容生产中已经形成共识，即做强做优本地

内容,打通新闻传播与舆论引导的传导末梢,满足地方群众信息需求,从而联通上下、凝聚共识。浙江省长兴县融媒体中心每年围绕本地中心工作推出时政类和民生类重大主题报道近 40 个,完成 100 部各类专题片或纪录片,阶段性策划亲民主题的系列视音频内容并通过全媒体发布,如《早餐长兴》系列短片第一季播出后,引发强烈关注。

(二)渠道融合:从游离分散到融入多级传媒格局

县级融媒体中心作为主流舆论阵地建设的一个基础节点和重要环节,随着媒体融合的深入推进,特别是融合平台的建构完善,深度融入中央、省、市、县等多级传媒体系,逐渐从散兵游勇的分散状态向全面协同的集合作战发展。通过与上级媒体的联动,县级融媒体中心既打通了纵向传播渠道,扩大了覆盖面,也突破了传播资源局限。浙江省长兴县融媒体中心利用人民日报提供的传播路径和大数据服务,扩展了自身的数据来源。陕西省蓝田县融媒体中心入驻了新华社县级融媒体专线和新华社现场云、央视移动网和央视频、"经济日报"客户端等中央媒体平台,通过渠道赋能壮大融媒力量。在纵向联通的同时,县级融媒体中心之间的横向联动能力也越来越强。2017年,浙江省安吉新闻集团联合浙江、河北、山西等省份的 64 家市县广播电视台共同搭建了"游视界"网,构建了全国各地集形象宣传、旅游推介、精准扶贫等功能于一体的线上线下体系。全国 20 余省的 200 余家市县广播电视台加盟,覆盖受众 2 亿多人。

(三)资源聚合:深度参与基层社会治理

县级融媒体中心不仅是基层新闻舆论主阵地,也是治国理政的重要平台。近两年来,县级融媒体中心跨界聚合各类社会资源,利用技术优势,实施"媒体+"战略,开发完善政务、民生、商务、智能服务等综合服务功能,并加速向社区、街道、农村等末梢下沉,在基层社会治理中发挥着越来越重要的主体作用。很多县级融媒体中心搭建行风监督、为民办事的高效平台,成为党政部门的得力助手。河南省赤壁市融媒体中心统一运维党政部门网站和微信平台，打造党政部门与网民互动互联的一体化平台。河南省项城市推出"媒体+扶贫"、"媒体+厕所革命"和"媒体+智慧环保"大数据平台以及"疫情防控大数据管理系统"等服务矩阵，形成与商业媒体平台竞争的独有优势。甘肃省靖远县推出的"融媒体+网格化"模式打造了应急广播、现场连线、指令发布等16项数据呈现及节点终端管控发布系统，已在疫情防控、农村环境卫生整治、社会治安治理等工作中得到初步应用，有效提升了社会治理的精细化水平。还有很多县级融媒体中心牵头建设运营智慧城市，积极助推治理能力现代化。例如，浙江省安吉县融媒体中心聚合优质公共服务资源，推出了智慧社区、同城生活、健康医疗等多个便民事项，为群众提供智能化服务。

（四）培育人才：为融合发展提供有力支撑

人才是县级融媒体中心建设的重要引擎，也是事业发展的关键。全国较为领先的县级融媒体中心纷纷下大力气，加强人才队伍建设。江苏省昆山市融媒体中心建立了面向全国招聘优秀高层次媒体人才的常态机制，将媒体融合方面的紧缺高端人才纳入全市紧缺专业人才引进计划。福建省尤溪县融媒体中心积极发挥对外联络和商业运作部门的作用，将业余通讯员和拍手纳入编外人才队伍，有效壮大队伍力量。江苏省邳州市融媒体中心探索全员竞聘制，中层和部分高管岗位全部拿出来竞聘，优秀编外人员可以竞聘副台长，拿出百万元年薪聘请职业经理人。

除大力引进急需人才外，还注重对现有员工的技能培训，提升其专业素质。河南省项城市融媒体中心高度重视复合型人才的培养，实施"全媒体人才培育三年计划"，以"一专多能"为目标，引导采编人员向全媒体记者编辑转型。江苏省邳州市融媒体中心积极拓宽培训交流渠道，对接高校共建实训基地，成立银杏融媒学院，打造人才培养的平台、融合创新的智库。

（五）自我造血：新媒体产业经营走向规模化

县级融媒体中心广泛汇聚县域经济、文化、社会资源，为产业经营提供了发展空间。随着融媒体中心传播力、影响力的强势攀升，县级融媒体中心不断拓展经营渠道，创新盈利模式，增强自身造血能力，强健筋骨。很多地方融媒体中心利用资源链接优势进行市场化运作，实现社会效益和经济效益的双赢。一是依托传媒主业，培育产业优势。一些县级融媒体中心发挥技术、人才等优势，大力发展公共文化服务、文化创意等文化产业。浙江省尤溪县融媒体中心成立文化传媒有限公司，统一经营县域内公共媒体和国有广告资源，还通过合办3D影院、承接大型影视项目、参与文创产品开发和文旅项目管理等扩大文化产业经营范围。2019年，公司实现创收2000多万元，同比增长30%。二是跨界经营，培育新的经济增长点。2020年上半年，直播电商业务实现井喷式增长，到2020年底，市场规模接近9000亿元。众多县级融媒体中心投身直播电商领域，拓宽经营创收渠道。青田县融媒体中心致力于打造电商平台，开展海内外媒体营销合作。项城市融媒体中心创新运营方式，"直播带货""入股分红""活动创收"等多种经营模式已经初见成效。

四 河北省县级融媒体中心的发展建议

（一）创新保障政策，破除制度性障碍

针对县级融媒体中心建设进度不一，有些县（市）存在运营机制不顺畅、政策保障不完善的问题，应从省级层面加强顶层规划，明确县级融媒体中心的职能定位、行政序列、管理机制，协调人社、财政等相关部门，为县级融媒体中心发展提供稳定的政策支持体系。各地县级融媒体中心也应该进一步理顺体制机制，结合自身状况，探索适合自身运营的制度体系，通过深化机构、人事、薪酬制度等改革，引入现代市场化管理理念，破除融媒体中心发展的体制机制障碍。比如，针对人才队伍建设的共性问题，建议各地政府对融媒体中心急需的高层次专业人才制订专项引进计划，实行特殊优惠政策，赋予融媒体中心更加充分的用人自主权，创新人才招聘、业务培训、职

称评聘、职务晋升、薪酬考核等相关管理制度。支持有实力的融媒体中心面向全国招聘优秀高层次专业人才，结合专业岗位需求设置招聘条件。面向社会组建通讯员、特邀记者、专家库等人才外援体系，加强与高校、科研院所的合作，建设实习实训基地。探索实行全员竞聘制和特殊人才年金制、设置首席采编岗位等，加大绩效考核力度，营造有利于优秀人才脱颖而出的制度环境，激发人才队伍组织力、凝聚力和创造力。

（二）强化内容供给，提升全媒体传播力

河北省县级融媒体中心入驻央媒及冀云·融媒体平台后，与现有的"报、台、网、端、微"以及社交媒体平台相结合，形成了纵向贯通、全面覆盖、立体触达的传播网络，这在放大县级融媒体中心传播声量的同时，也对内容供给提出了更高的要求。各地县级融媒体中心应坚持"内容+"的发展理念，增强原创优质内容的生产能力。基层群众特别是农村受众文化素质、媒介素养偏低，应根据受众特点，提供更加通俗、直观，既有思想内涵又新颖生动、富有亲和力的内容产品。针对很多县级融媒体中心的内容生产存在宣传色彩较浓、选题策划性偏弱、大屏小屏同质、深度报道欠缺等问题，需要聚焦本土，精耕细作，做优本地独家内容。县级融媒体中心的主要用户是本地群众，内容生产要围绕贴近性、服务性做文章，尤其要处理好远和近的关系，着眼于反映地方热点、满足群众资讯需求、与百姓利益密切相关及走心暖心、贴地传播的优质内容。要防止两个偏向：一是偏离实际、好高骛远，片面追求在上级媒体的发稿量、曝光度；二是迎合视频类社交平台的夸张炒作等不良取向，盲目跟风蹭热点，被流量绑架，从而丢失专业媒体的价值坚守。同时，创新内容传播形式，运用VR、AR、MR和流媒体、超高清等技术，推出全息化、可视化及沉浸式、交互式新闻产品，带给用户全新的新闻体验。

（三）深化技术赋能，增强云平台支撑能力

以5G为代表的新一代信息技术将是推动媒体融合的重要力量。同处于

领跑队伍的县级融媒体中心相比，正在建设发展中的河北省县级融媒体中心技术基础普遍较弱，更需要站在先进技术的风口，把握发展机遇。多数县级融媒体中心因不具备自主技术研发能力，只能通过入驻商业平台或中央媒体平台"借船出海"。冀云·融媒体平台建成后，其为河北省县级融媒体中心省级技术平台，为全省县级融媒体中心提供技术驱动，创建融媒体传播基础体系。冀云·融媒体平台应充分发挥技术引领作用，紧盯技术前沿，加大5G、大数据、云计算、物联网、区块链、人工智能等先进技术在内容生产、信息分发、运营管理、用户服务、媒资数据库建设中的应用力度，不断完善平台功能，为县级融媒体中心提供一站式的技术服务，从而优化新闻生产流程，提升融合发展质量。此外，省级平台也要发挥资源统筹聚合的优势，汇集调度更多公共服务资源，为县级融媒体中心有效服务群众提供支持。

（四）优化多元服务，助力基层治理现代化

服务群众是县级融媒体中心建设的战略目标。河北省县级融媒体中心通过提供信息资讯、开展智慧党建、规范基本生活缴费等初步搭建了服务网络，但服务功能还不全面，服务效率还有待提高。根据2020年6月中共中央办公厅、国务院办公厅发布的《关于加快推进媒体深度融合发展的意见》，各级党委和政府要加强政策支持，形成促进媒体融合的政策保障体系。县级融媒体中心是基层社会治理的重要平台，应该加强政策承接能力，通过与地方政府职能部门深度合作，积极投入智慧社区、智慧城市建设，延展服务功能，增强信息服务、生活服务、心理服务、生产服务等综合服务能力，促使政策红利尽快变现，推动基层社会治理手段和治理方式创新。

（五）拓宽经营渠道，培育产业发展动能

随着县级融媒体中心区域内资源整合力的增强，媒体作为资源链接节点的功能越发突出，并有望转化为产业发展的动能。河北省虽然县域经济发展水平普遍不高，发展程度各异，但县级融媒体中心在地方文化资源开发、新媒体业态创造、新兴消费场景构建等方面都具有一定优势。县级融媒体中心

必须依托这些优势，在把社会效益放在首位的前提下，开拓经营渠道，通过多元化的产业经营实现自我造血、自我成长，获得长远发展的动力。在传统广告、会展、活动营销的基础上，应该瞄准新媒体产业的新机遇，在直播电商、文化创意、文旅融合、在线教育、智慧服务等领域寻找盈利点，开展跨界合作，不断探索稳定可持续的盈利模式。

参考文献

胡正荣：《打造2.0版的县级融媒体中心》，《新闻界》2020年第1期。

黄楚新、刘美忆：《2020年县级融媒体中心建设现状、问题及趋势》，《新闻与写作》2021年第1期。

王智丽、张涛甫：《超越媒体视域：县级融媒体中心建设的政治传播学考察》，《现代传播》2020年第7期。

周逵、黄典林：《从大喇叭、四级办台到县级融媒体中心——中国基层媒体制度建构的历史分析》，《新闻记者》2020年第6期。

郭全中：《县级融媒体中心完善的关键点与三种路径》，《新闻与写作》2020年第10期。

B.10
2020年河北省政务新媒体发展报告

王秋菊 乔鑫培 陈彦宇 彭 鑫*

摘 要： 随着新媒体的不断发展和网民数量的增加，政务新媒体逐渐承担起政务公开、舆情处理和提升国家治理能力的重要功能并得到了大量关注。政务微信、政务微博、政务抖音作为政务新媒体的主要构成，在政务信息发布、政民沟通中发挥重要作用，也使政务新媒体成为传播政务信息、提供公共服务的重要窗口。本报告在分析河北省政务新媒体运营数据的基础上，揭示了河北省政务微信WCI（TOP100）、河北省政务微博BCI（TOP50）、河北省政务抖音指数（TOP50）的区域、职能部门、行政级别分布，提出了河北省政务新媒体的发展建议。

关键词： 政务新媒体 政务微信 政务微博 政务抖音

一 河北省政务微信WCI[①]（TOP100）区域、职能部门、行政级别分布

自2013年开始，微信公众号呈现爆发式增长，政务微信逐渐将功能从政务宣传向政民互动、政务服务拓展，成为政府部门提供服务、与群众沟通的

---

* 王秋菊，河北大学新闻传播学院教授、博士生导师，主要研究方向为网络传播与新媒体；乔鑫培、陈彦宇、彭鑫，河北大学新闻传播学院硕士研究生。
① WCI，微信传播指数，http://www.gsdata.cn/site/usage/。

线上延伸。如今,政务微信在各个政务机构、不同领域的应用不断扩展,为公众提供更加丰富多元的信息和服务。微信公众号能够更加及时地发布政务信息,同时,通过网民的转发,能够在朋友圈产生信息裂变效应,更加速了政务信息的传播。此外,政务微信具有更强的针对性,各区域政务机构在微信平台的延伸,有助于为公众提供更贴切的政务服务,政务微信成为各级政府发布政务信息的重要载体。河北省政务微信WCI排名前10的微信公众号见表1。

表1 河北省政务微信WCI排名前10的微信公众号

单位:次

排名	微信名	阅读	点赞	平均阅读	平均点赞	最大阅读	最大点赞	WCI
1	"河北共青团"	2076875	18879	90299	821	100001	2583	1550
2	"唐山发布"	1458171	4679	48606	156	100001	872	1410
3	"唐山交通安全微发布"	1058221	2821	39193	104	100001	777	1346
4	"沧州共青团"	307129	927	43876	132	100001	393	1243
5	"河北消防"	154033	1998	22005	285	100001	1766	1227
6	"邯郸教育"	136493	3822	27299	764	100001	3606	1218
7	"河北税务"	525945	783	30938	46	100001	230	1200
8	"唐山青年"	156901	3694	22414	528	52893	680	1153
9	"辛集发布"	358027	1063	27541	82	45722	219	1139
10	"张家口发布"	453263	1165	16188	42	33054	98	1106

资料来源:笔者根据相关统计数据整理所得,余同。

"河北共青团"账号主体为中国共产主义青年团河北省委宣传部,致力于服务广大青年,展示河北青年风采。"唐山发布"隶属于唐山市互联网信息办公室,致力于弘扬主旋律,激发正能量,发布权威信息,提供便民服务。"唐山交通安全微发布"隶属于唐山市公安交通警察支队,致力于为公众提供违法查询、限行查询、实时路况查询等微服务,关注权威交管资讯,分享安全出行技巧。"沧州共青团"隶属于中国共产主义青年团沧州市委员会,致力于凝聚青春正能量,传播爱心文化,推广公益项目,关注青少年发展。"河北消防"隶属于河北省公安消防支队,致力于发布权威信息,普及消防知识。"邯郸教育"隶属于邯郸市教育局,致力于及时提供教育政策资讯,传递最新教育动态,为邯郸教育人士提供有效的沟通平台。"河北税务"隶属于河北省税务局,是河北省信息公开、纳税服务、互动交流的平台窗口。"唐山青年"隶属于中国共产主义青年团唐山市委员会,致力于发布共青团工作及活动信息,提供公益服务。"辛集发布"隶属于中共辛集市委宣传部,致力于发布权威资讯,关注民生话题,传递网络正能量。"张家口发布"隶属于张家口市互联网信息办公室,致力于权威信息发布,传递网络正能量。

根据河北省政务微信相关统计数据,按照WCI排名选取了前100名政务微信作为分析和研究的样本,分别从政务微信的区域、职能部门和行政级别三方面的分布情况进行梳理。

(一)河北省政务微信WCI(TOP100)区域分布

将河北省WCI排名前100的政务微信进行区域分布统计,梳理后发现,微信公众号主体数量的区域排名按降序排列依次是石家庄(33个)、唐山(11个)、邯郸(10个)、保定(9个)、张家口(9个)、衡水(7个)、沧州(5个)、邢台(5个)、廊坊(4个)、秦皇岛(3个)、承德(2个)及其他(2个)(见图1)。

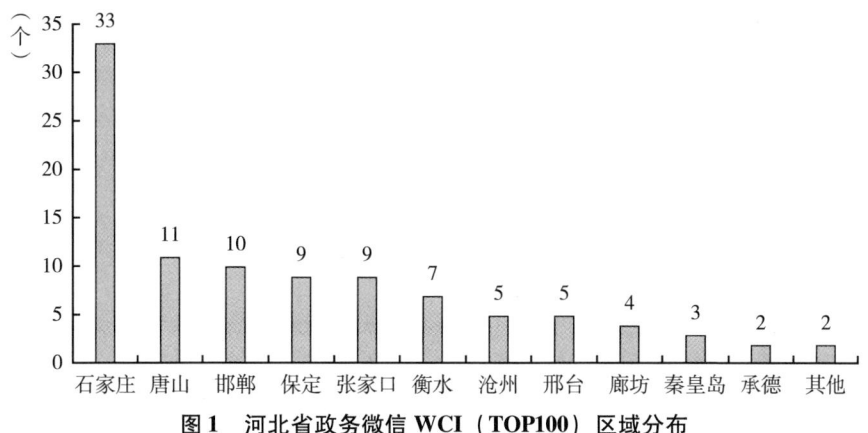

图1 河北省政务微信WCI(TOP100)区域分布

从图1中可以看出,在WCI排名前100的政务微信的区域分布中,作为省会城市的石家庄最为突出,拥有33个;此外,唐山、邯郸、保定、张家口、衡水的分布较多,唐山以11个居第2位,邯郸以10个居第3位;而其他地市分布相对较少。石家庄作为政务微信分布最多的城市，首先缘于其行政地位，一些省级政务机构所属地为省会石家庄，如WCI排名第一的"河北共青团"，以及WCI排名较为靠前的"河北消防""河北税务""河北教育考试院"等，WCI都在1000以上；另外，位于石家庄的各中学、高校所属微信公众号同样拥有良好的运营状态，如"石家庄精英中学""河北经贸大学""石邮青年""河北师范大学"等。其他地市的"唐山发布""唐山交通安全微发布""沧州共青团""邯郸教育"等公众号都位于前10名，具有较强的影响力，WCI都位于1000以上。

（二）河北省政务微信WCI（TOP100）职能部门分布

将河北省WCI排名前100的政务微信按照所属的职能部门进行划分，可以分为15个类别。按照从高到低的次序进行排序，依次是市政（34个）、教育（26个）、公安（15个）、团委（11个）、妇联（2个）、检察院（2个）、交通（2个）、工会（1个）、纪检委（1个）、旅游（1个）、人力资源和社会保障（1个）、税务（1个）、消防（1个）、医疗（1个）、政法委（1个），详情如图2所示。

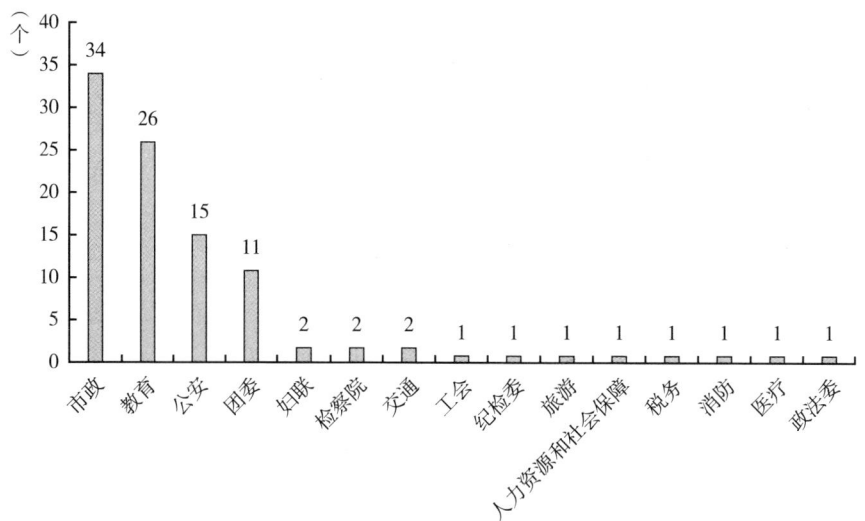

图2 河北省政务微信WCI（TOP100）职能部门分布

如图2所示，样本涉及了较为丰富的职能部门，其中市政、教育、公安、团委这4个职能部门占比较大。作为党政信息发布的窗口以及各类资讯服务的提供平台，市政类公众号在样本中占比最高，达到总体样本的34%。各地的市政类公众号具有较强的影响力，如"唐山发布""辛集发布""雄安发布"等在整体排名中都居于前列。此外，教育部门在河北省政务微信职能部门分布排名中居于第2位，达到26个，其中主要包含了省市教育职能机构和部分中学、高校，说明公众对教育信息同样十分关注。居第3位的是公安职能部门，其中多数属于交警支队，表明公安机构与公众的联系较为密切，微信公众号为公众了解公安要闻、交管政策、路况信息等提供了更加便捷的渠道。

（三）河北省政务微信WCI（TOP100）行政级别分布

在行政级别的分布上，河北省WCI排名前100的政务微信可分为厅局级、县处级、县处级以下以及其他四类。其中，县处级有54个，达到54%；居第2位的是县处级以下，有26个，占比26%；其次分别为厅局级（18个）和其他（2个）（见图3）。

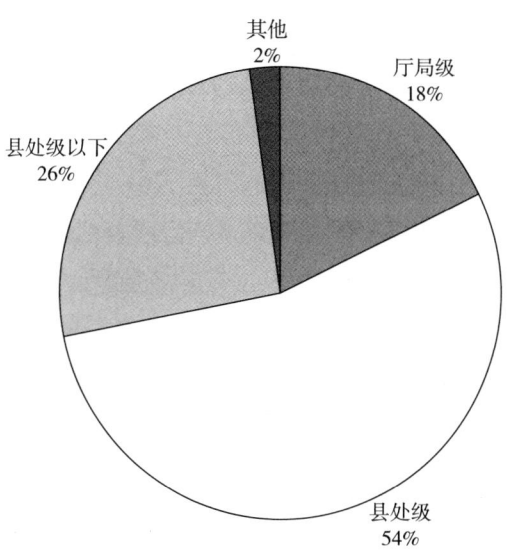

图3 河北省政务微信WCI（TOP100）行政级别分布

如图 3 所示，县处级政务微信占比最高，可以看出县处级政务机构在微信平台上发挥着联系群众、提供信息服务的重要功能，不仅所涉及职能部门较多，且排名都处于前列，影响力较大，如"河北共青团""唐山交通安全微发布""河北消防"等在 WCI 排名中都名列前茅。河北省县处级政务机构微信职能部门分布见图 4。

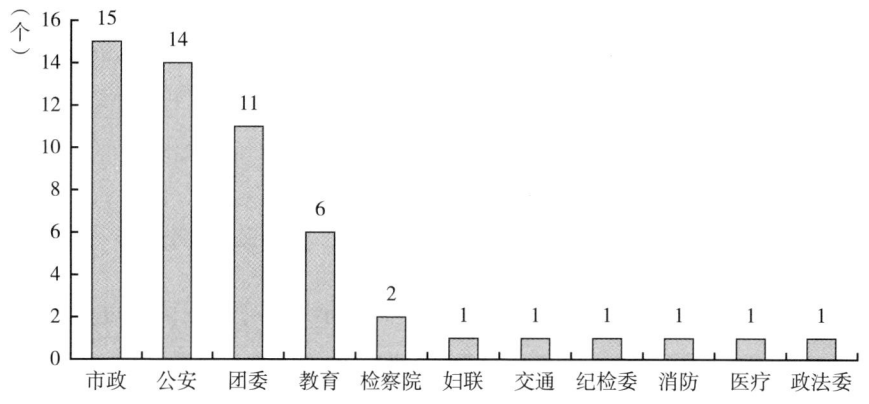

图 4　河北省县处级政务机构微信职能部门分布

在县处级以下的政务微信中，职能部门主要为市政和教育，其中市政占比较大，如"美丽宣化""宁晋发布""葵花朵朵"等。而在厅局级方面，河北高校占比较大。

二　河北省政务微博 BCI[①]（TOP50）区域、职能部门、行政级别分布

政务微博是起步最早、发展最成熟、辐射范围最广的政务新媒体。自2009 年全国首个政务微博开通至今，历经 10 余年，我国政务新媒体在互联网热潮下飞速发展，无论是规模、应用形态、功能服务还是传播效果均取得

[①] BCI（Micro-blog Communication Index，微博传播指数）通过微博的活跃度和传播度来反映账号的传播能力和传播效果，http://www.gsdata.cn/site/usage-2。

了质的飞跃。微博作为分享信息的社交软件,其"短、平、快"的内容呈现、"转、评、赞"的及时反馈以及基于网状传播带来的裂变效应引人注目,政务微博从根本上消除了政务媒体由信息不对称带来的认知偏差。① 尤其是在新冠肺炎疫情的时代背景下,面对突发公共事件和敏感舆情,政务微博的作用进一步凸显。

(一)2020年河北省政务微博BCI排行榜TOP10

根据"2020年河北省政务微博BCI排行榜"数据(截至2020年12月8日),选取评分前10名的政务微博账号进行案例分析(见表2)。

表2 2020年河北省政务微博BCI排行榜TOP10

排名	微博名	发博总数(条)	粉丝数(个)	2020年度发博数(条)	原创数(条)	转发数(次)	评论数(次)	点赞数(次)	BCI
1	"河北消防"	19722	2440861	76	73	2306	25129	26566	1298
2	"唐山公安网络发言人"	14975	585176	126	118	939	3766	3937	1123
3	"唐山检察"	42474	34514	186	186	1650	1420	681	1096
4	"保定市中级人民法院"	23984	239434	268	104	1856	1224	548	1030
5	"河北省文化和旅游厅"	44682	7091522	124	124	548	719	1979	994
6	"中捷司法"	31163	106402	112	112	462	840	1435	986
7	"石家庄网警巡查执法"	22578	44881	152	150	869	309	1127	971
8	"河北博物院"	19966	397667	134	116	445	215	1551	907
9	"黄骅司法"	32097	235918	69	69	245	627	464	903
10	"河北天气"	59187	1594905	149	129	109	781	654	887

"河北消防"是河北省消防救援总队官方微博,BCI为1298,排名第一。"河北消防"的微博内容呈现形式以"文字+图片"或"文字+

---

① 马语欧、杨梅:《在发展中完善:政务新媒体十年考察》,《传媒》2020年第22期。

视频"为主。其微博内容丰富、定位清晰，博文内容均与消防有关，包括消防知识教育、消防知识问答、日常防火提示、全国火灾事件报道等。每条微博基本会附一个相关话题，话语风格在保持内容权威性的同时又融入网络话语形态，创新的内容加上新颖的表达形式，收到了较好的传播效果。

"唐山公安网络发言人"是唐山市公安局官方微博，BCI为1123，排名第二。该微博内容呈现方式多为"文字+短视频"或"文字+图片"，纯文本内容很少。"唐山公安网络发言人"微博内容的一大特点是范围广泛，其日常发布内容既包括唐山本地的新闻信息，也包括国内热点新闻、国际资讯、正能量语录以及生活类短视频。"唐山公安网络发言人"微博内容的另一特点是通过话题发布对内容进行有效分类，如"警民互动"每日及时发布全国的警务信息，"早安，唐山""晚安，唐山"话题每日早晚发布一则与微博热点话题相关的正能量语录。总之，"唐山公安网络发言人"内容丰富，信息质量高，与受众建立了良好的互动关系，并经常与省级、国家级政务微博账号进行互动，如"河北公安网络发言人""人民日报"等，也使其获得了更多用户的关注。

"唐山检察"是唐山市人民检察院官方微博，发博总数42474条，原创数186条，该微博内容呈现方式多为"文字+短视频"或"文字+图片"，BCI为1096，排名第三。

"保定市中级人民法院"是保定市中级人民法院官方微博，2020年度已发微博268条，BCI为1030，排名第四。

"河北省文化和旅游厅"是河北省文化和旅游厅官方微博，2020年度已发微博124条，BCI为944，排名第五，是河北省内粉丝量排名第一的政务微博账号。"河北省文化和旅游厅"的微博大多以"图片+文字"和"图片+视频"的方式呈现，丰富的图片和视频内容直观而具象地展示了河北省内的美好风景，具有较好的视觉吸引力。其微博内容涉及旅游、文化、历史、美食等多个类别，该微博多转载高质量图文内容。

"中捷司法"是河北省沧州渤海新区中捷产业园区司法局官方微博，

2020年度已发微博112条，BCI为986，排名第六。"中捷司法"微博内容不仅聚焦本地法治信息，更将视野放在全国。多个话题类别呈现了多样态的内容格局，"中捷司法"发布"早间微语"的话题和同名超话，每天早晨发布正能量短博；"小司关注""小司聚焦"报道国内热点法制新闻；"小司分享"和"小司推荐"内容更加生活化、大众化，如冬季止咳秘方、王俊凯唱《明日歌》等。多样化的内容吸引用户的阅读与关注，在与民众沟通互动方面表现出色。

"石家庄网警巡查执法"是石家庄市公安局网络安全保卫支队官方微博，2020年度已发微博152条，BCI为971，排名第七。"石家庄网警巡查执法"主要负责网警巡查执法、网络犯罪防范警示提示、网上违法行为告知警示等。其微博内容大多以"图片+文字"和"图片+视频"的方式呈现，多转载主流媒体或其他机构政务微博信息，内容聚焦全国的警务资讯，质量总体较高。其博文标题形象生动，如《网恋吗？倾家荡产那种！#女子陷杀猪盘被骗1500万#》《#杀猪盘诈骗流程#网络情缘一线牵，ta只想要你的钱》等，具有较强的内容吸引力。

"河北博物院"是河北博物院官方微博，2020年度已发微博134条，BCI为907，排名第八。微博内容大多以"图片+文字"和"图片+视频"的方式呈现，内容聚焦历史文物知识与热点新闻报道。"河北博物院"通过微博话题对内容进行有效分类，例如"冀说历史"介绍中国历史文化知识、"相约河博"聚焦河北博物院的最新动态、"与你相遇在不同时空的博物馆"转发其他博物馆官方微博的精品内容，如"甘肃博物馆""天津博物馆""江西省博物馆"等。"河北博物院"专注文博领域相关内容，图文质量较高，内容具有权威性和专业价值，吸引了一批历史文化爱好者的关注，具有较高的粉丝互动指数。

"黄骅司法"是黄骅市司法局官方微博，2020年度已发微博69条，采用"图片+视频"呈现形式的微博在其发布的微博中占据较高比例，BCI为903，排名第九。

"河北天气"是河北省气象局官方微博，2020年度已发微博149条，

BCI 为 887，排名第十。微博内容大多以"图片+文字"和"图片+视频"的方式呈现，"河北天气"的微博内容定位精准，发布内容均与气象信息有关，专业化程度较高。内容涵盖气象信息的实时播报、气象灾害预警、气温变化的温馨提示等方面。

（二）河北省政务微博 BCI（TOP50）区域分布

2019年《河北省人民政府办公厅关于推进政务新媒体健康有序发展的实施意见》提出，到2020年，形成以省级政务新媒体为龙头，省市县三级协同、响应迅速的政务新媒体矩阵体系。目前河北省一体化政务新媒体平台初步建成，"两微"平台的影响力稳步提升，建设已经趋于全面、成熟，进入发展的提升阶段。

根据中国互联网络信息中心《第46次中国互联网络发展状况统计报告》，截至2020年6月，全国经过新浪平台认证的政务微博数量为14.1万个，其中河北省政务微博账号数量不足5000个。在人民网舆情数据中心和新浪微博联合发布的《2020年第三季度政务微博影响力报告》"省份政务微博竞争力排行榜"中河北省居全国第19位。河北省政务微博建设依有较大发展潜力。

将河北省政务微博BCI排名前50的账号按区域进行划分，梳理后发现，微博账号主体数量的区域排名按降序排列依次是石家庄（27个）、沧州（6个）、唐山（4个）、秦皇岛（3个）、邯郸（2个）、邢台（2个）、保定（2个）、张家口（2个）、廊坊（1个）、雄安新区（1个）和衡水（0个）。具体分布情况见图5。

从图5中可以看出，省会城市石家庄在政务微博BCI排名中位列第一，账号数量为27个。沧州和唐山分别以6个和4个的账号数量位列第二、第三。其余8个地市相差不大，总体发展较为均衡。参考河北省各地市政务微博的影响力指标可以发现，由于石家庄是省会城市，省、市两级开设账号，因此石家庄的政务微博综合影响力明显优于省内其他城市。例如"河北共青团""石家庄发布""河北省文化和旅游厅"等在河北省政

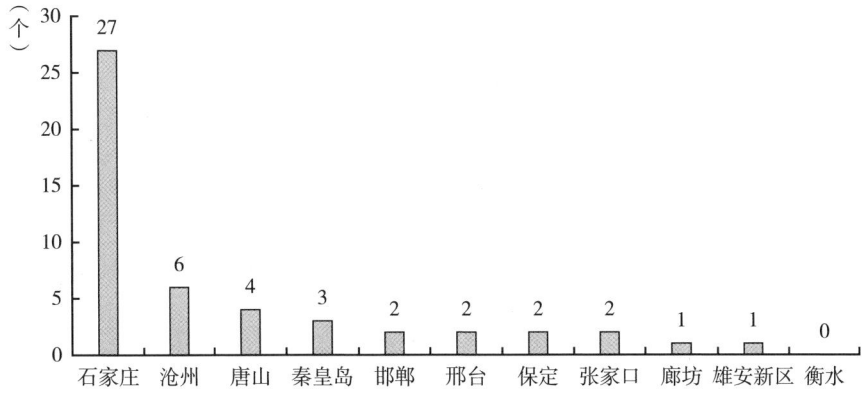

图5 河北省政务微博BCI（TOP50）区域分布

务微博系统中属于头部账号，拥有较多的粉丝数量，在影响力方面处于领先地位。沧州市的司法类政务微博表现突出，在入围的6个账号中5个都是司法类，分别为"法治沧州2019"、"中捷司法"、"青县司法"、"肃宁司法"和"黄骅司法"。衡水市政务微博暂无账号入围，还需进一步加强相关建设。

（三）河北省政务微博BCI（TOP50）职能部门分布

根据对河北省政务微博账号的归类分析，可以将账号按职能部门大致划分为司法、公安、文旅、市政新闻发布、交通、党政新闻发布、消防、气象、高校、生态环境和其他共11个类别。各职能部门微博账号BCI排名按降序排列依次是司法（11个）、公安（9个）、文旅（6个）、市政新闻发布（5个）、交通（5个）、党政新闻发布（3个）、消防（3个）、气象（3个）、高校（2个）、其他（2个）、生态环境（1个）。河北省政务微博BCI（TOP50）职能部门分布的情况见图6。

从图6中可以看出，司法、公安类政务微博账号数量领先于其他职能系统账号数量。例如"石家庄交警""河北高院"等账号的粉丝数量均在百万人以上。司法、公安类政务微博账号内容聚焦社会热点议题与司法实践的案例报道，第一时间发布权威的警情通报、警示教育、生活

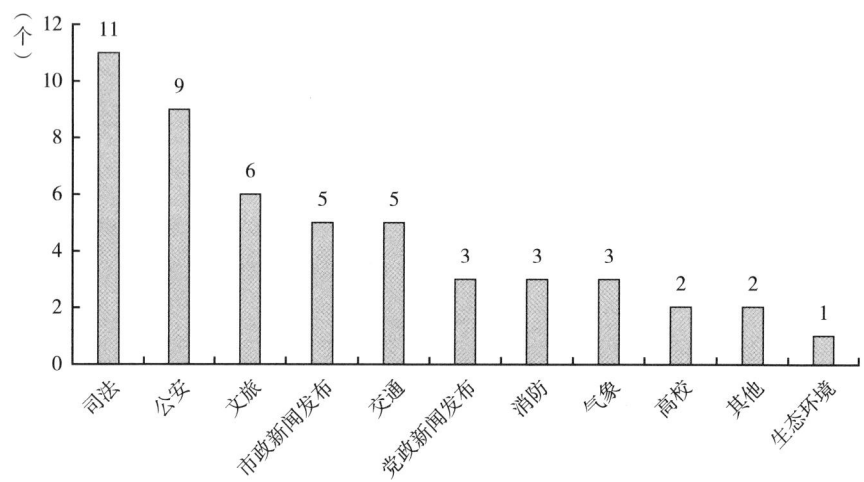

图6 河北省政务微博BCI（TOP50）职能部门分布

提醒等内容，更容易引发公众的阅读兴趣与关注。此类微博账号由于内容题材的显著性加之主体机构的积极运营取得了良好的传播效果。位于第3名的文旅类账号也获得了较多关注。文旅类政务微博由于其和民众的日常生活息息相关，具有很强的内容贴近性，在微博平台上表现出较好的传播效果，用户关注度较高，如"河北省文化和旅游厅""邯郸文旅"等。

（四）河北省政务微博BCI（TOP50）行政级别分布

行政级别分布上，调查统计发现，河北省政务微博BCI（TOP50）中县处级机构微博有19个，占比38%，厅局级机构微博有21个，占比42%，乡镇科级机构微博有7个，占比14%，其他机构微博有3个，占比6%，暂无省部级机构微博，具体情况见图7。

从行政级别分布图中可以看出，厅局级机构微博占比最高，其次为县处级和乡镇科级。其他机构的3个微博分别为"河北反邪教""河北科技大学团委""青春东秦"。

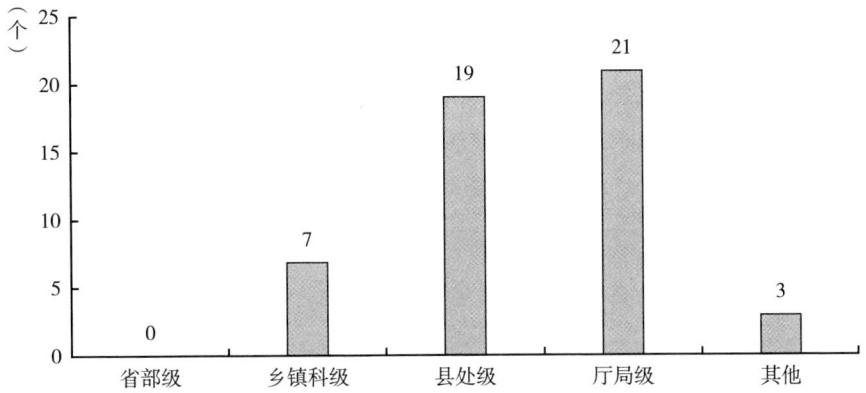

图7 河北省政务微博BCI（TOP50）行政级别分布

三 河北省政务抖音指数（TOP50）区域、职能部门、行政级别分布

2020年1月抖音发布的数据报告显示，抖音的日活跃用户已经达到4亿人，抖音用户每天花在浏览视频上的平均时间为76分钟。政务抖音凭借其互动性、个性化等特性发布政务信息，呈现出多媒体化与趣味性的特点，不仅有助于了解民情、聚合民智、引导舆论，也提高了公众的政务参与意识，有助于推动社会管理创新，推动服务型、创新型政府建设。2020年，河北省政务抖音中抖音指数前10名的抖音账号见表3。

表3 河北省政务抖音中抖音指数前10名的抖音账号

单位：个，次

排名	抖音名	评论数	点赞数	分享量	抖音指数
1	"网信裕华"	16183	536976	1869	1029
2	"微沙河"	14716	496015	1693	1007
3	"网信长安"	5719	484513	1543	996
4	"辛集发布"	12424	107969	3285	979
5	"河北武警"	1456	59879	1142	852
6	"张家口视角"	497	79371	2614	822

续表

排名	抖音名	评论数	点赞数	分享量	抖音指数
7	"青县公安"	294	162433	608	780
8	"青春河北"	453	21846	81	763
9	"唐山发布"	430	10732	1453	763
10	"网信栾城"	305	24823	249	758

注：表中数据单指2020年度数据。

"网信裕华"隶属于河北省石家庄市裕华区互联网信息办公室。截至2020年11月底，共发布抖音作品2068条，粉丝量121.5万人，共获得4205.2万个赞。其抖音作品以"短视频＋文字"方式组合呈现并配有背景音乐。"微沙河"隶属于河北省邢台市沙河市人民政府办公室，是沙河市交警的抖音新媒体账号。自创建以来发布作品668条，累计点赞量达到1560.7万个，粉丝量达到34.4万人。"网信长安"隶属于石家庄市长安区互联网信息办公室，自创建以来发布作品4580条，累计点赞量达到1.0亿个，粉丝量达到182.8万人，并配有8个合集，分别为全会金句、战斗青春、红色记忆、书写英雄、长安"百字评"、长安故事汇等。

（一）河北省政务抖音指数（TOP50）区域分布

抖音指数排名前50的政务抖音，区域排名依次是石家庄（14个），占28%；张家口（6个），占12%；邢台（5个），占10%；唐山（5个），占10%；廊坊（5个），占10%；沧州（4个），占8%；保定（4个），占8%；衡水（3个），占6%；秦皇岛（2个），占4%；承德（2个），占4%。河北省政务抖音指数（TOP50）区域分布见图8。

在TOP50中，石家庄以14个政务抖音号排名第一，张家口以拥有6个政务抖音号排名第二，邢台、唐山、廊坊抖音号数量相同，都为5个，并列第三，沧州和保定分别拥有4个政务抖音号。排名靠前的"网信裕华""微沙河"等均位于石家庄，并且其抖音指数居前两位。"辛集发布""河北武警""青春河北""自在正定""平山别样红"等政务抖音号均在前20名以

2020年河北省政务新媒体发展报告

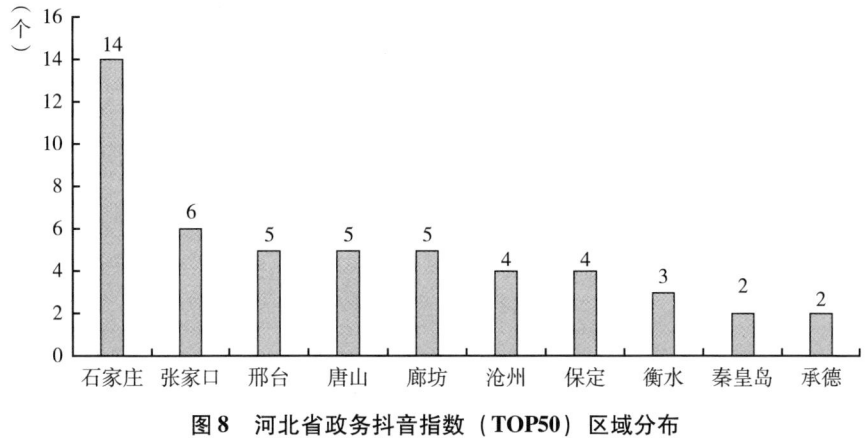

图8 河北省政务抖音指数（TOP50）区域分布

内，抖音指数均在620以上。其次是张家口，其政务抖音号总数为6个，"张家口视角""怀来发布""张家口公安交警"均在前20名以内，可见张家口政务抖音号发展势头迅猛，未来值得期待。保定涿州市公安交通管理大队的官方政务抖音号排名较为靠前，位于第17名，其粉丝量达到1.1万人，获得2.7万个赞。

（二）河北省政务抖音指数（TOP50）职能部门分布

将所选的研究样本按照行政属性划分，主要包括网信、市政、外宣、军队、公安、交通、文旅、政法、媒体、消防和其他等11个类别（见图9）。

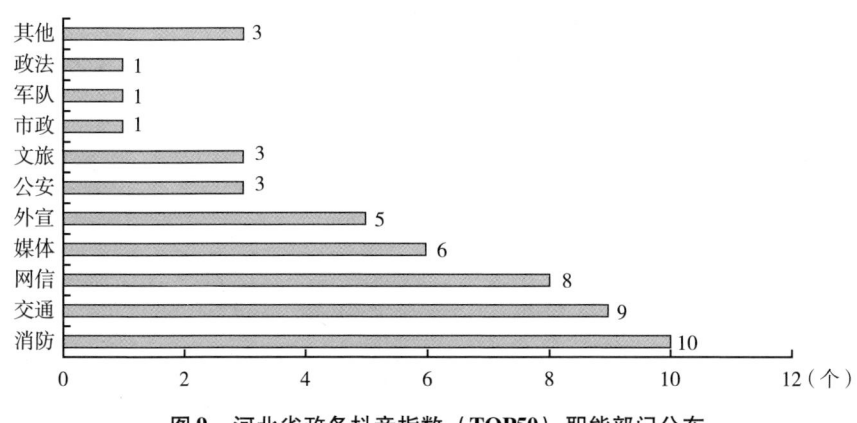

图9 河北省政务抖音指数（TOP50）职能部门分布

171

从图9可以看出，职能部门排名依次是消防抖音号10个，交通抖音号9个，网信抖音号8个，媒体抖音号6个，外宣抖音号5个，公安抖音号3个，文旅抖音号3个，其他抖音号3个，市政抖音号、军队抖音号、政法抖音号分别为1个。

消防部门政务抖音号数量排名第一，占比20%。消防部门抖音号第一时间发布消息并及时与网民互动。公安部门抖音号为9个，排名第二，占比18%。公众对公安部门也较为关注，社会治安问题一直是公众普遍关注的问题，其与公众联系极为密切，社会治安良好是公众获得安全感的重要保证。公安部门的抖音号已成为公众了解本地治安情况、公共生活的重要渠道，抖音庞大的用户群体也为公安部门及时听政问政提供了渠道。

（三）河北省政务抖音指数（TOP50）行政级别分布

对行政级别分布进行统计发现，在河北省政务抖音指数（TOP50）中，省部级机构抖音号有3个，占比6%，厅局级机构抖音号有32个，占比64%，县处级机构抖音号有13个，占比26%，其他占比4%，具体情况见图10。

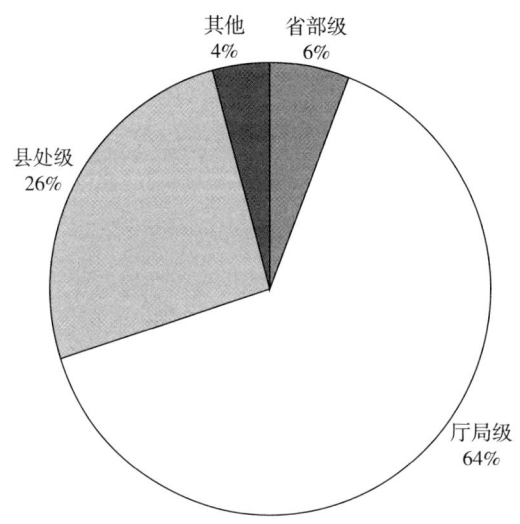

图10 河北省政务抖音指数（TOP50）行政级别分布

从图10中可以看出，厅局级政务机构抖音号数量占比最高，其次为县处级，省部级政务机构的官方抖音号数量占比较低。在厅局级的政务抖音号中，"网信裕华""微沙河""网信长安"排名靠前，占据抖音指数排行榜前3名。在前10名中，厅局级政务抖音号就有8个，可见政务抖音号厅局级单位较多，应用广泛，涉及政务部门最多，运营情况良好，并且关注度最高。在县处级机构中，"辛集发布""青县公安""怀来发布"等排名比较靠前。河北省厅局级政务机构抖音号职能部门分布情况见图11。

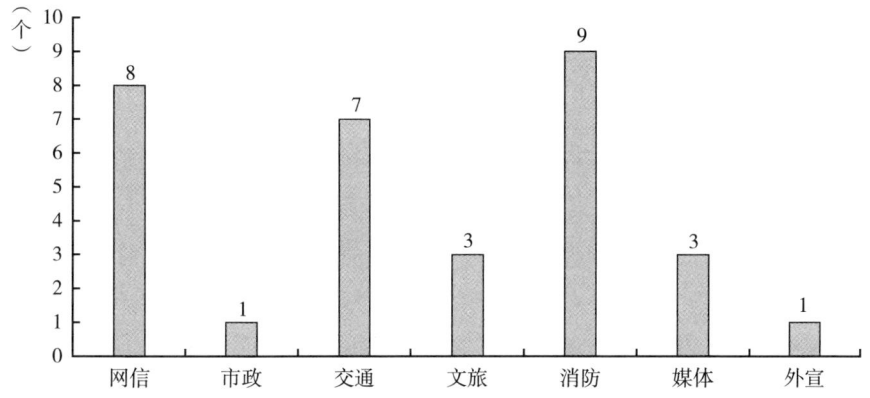

图11 河北省厅局级政务机构抖音号职能部门分布情况

综合来看，县处级和厅局级机构的政务抖音号信息发布、网络问政听政等能力不断加强，与公众之间的联系也越来越密切。我们从图11中可以看出，在厅局级政务机构抖音号职能部门分布中，消防部门抖音号为9个，占比约为28%，反映出消防部门在新的传播环境和舆论生态下，得到了网民的广泛关注。政务新媒体一方面有利于大众更好地了解消防生活和学习消防知识；另一方面也有利于消防部门更好地服务民众，了解网民的需求。政务新媒体如何提升政务信息传播力，如何利用政务新媒体更好地关注民情、听取民意并做出积极反馈，均是未来需要探索解决的问题。

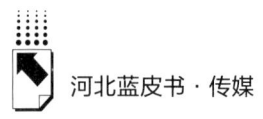

四 河北省政务新媒体的发展建议

2020年河北省政务新媒体发展迅速,"僵尸号"减少,内容优化升级,管理趋于制度化和专业化。与此同时,河北省部分政务新媒体账号还存在互动反馈效果有待提升等问题,需进一步提高传播力、引导力和影响力。

(一)加强政务新媒体内容建设,提高政务信息传播力

政务微信、政务微博、政务抖音等政务新媒体具有传播范围广、操作便捷、时效性强等优势。政务机构应注重政务新媒体平台的开发和利用,进一步明确政务新媒体的内容定位和目标受众,并在此基础上做出精准化的内容运营方案,避免没有重点、没有目标的"广内容"。政务新媒体的用户数是构成传播力的重要前提。在微博中粉丝越多并不意味着影响力越大,需注重考察政务机构微博的"活跃粉丝""可信粉丝"。政务机构发布的信息能被多少"可信粉丝"阅读,能体现政务信息的实际传播力。政务机构依托自身的权威优势,重视内容多样化建设,在一定程度上能增强用户黏性。如一些政务微信通过组织活动来增强受众黏性和增加关注量,"河北消防"推出河北省消防安全网络有奖答题活动、"唐山发布"举办第七届唐山市道德模范候选人投票活动等,都在一定程度上起到了活跃受众的作用,以多样化的内容吸引用户。加强政务新媒体内容建设,有助于提升政务信息传播力。

(二)完善政务新媒体的服务职能,提升政府机构服务力

河北省政务新媒体在信息发布上的优化,以及对图文、短视频等内容形式的运用取得了较好的成果。WCI排名前100的河北省政务微信涉及市政、教育、公安等15类职能部门,不同部门的政务微信针对各自的职能定位,呈现出不同的内容和风格。如"唐山交通安全微发布"所发布内容主要为限行通告、道路施工信息、实时路况及安全出行技巧等;"河北消防"开设"消防体验场馆预约""看直播学消防"等专题,进行

消防知识学习和科普。如果能进一步完善政务新媒体的服务职能，将有助于提升政府机构服务力。大部分政府机构已经开通"微博问答"等相关互动功能，借助政务新媒体平台及时解答民众疑问，拓宽了线上政务服务渠道。各政府机构应利用政务新媒体平台，增强回应公众关切、为民排忧解难办实事的能力。鼓励更多的政府机构创新政务新媒体平台并进一步完善政务服务功能，积极推动民生事项"掌上办"，让"数据多跑路、让群众少跑腿"。①

（三）完善互动反馈机制，提高网络政务互动效果

作为政府和公众沟通的桥梁，政务新媒体要在发布权威信息的同时增强与公众情感的交流，如"心灵语录""早安问候"等相关内容受到用户的广泛欢迎，且普遍具有较多的"转、赞、评"数量。为汇聚民智、了解民意，政务新媒体应由单向发布信息转向与公众积极沟通并有效引导舆论。面对多元力量交织的网络舆论场域，政务新媒体必须把握住议程设置的主动权，利用网络社交元素与网民进行多元沟通，创造交互式的对话平台。同时，应完善互动反馈的路径和功能，提升网络政务互动效果。

（四）建设政务新媒体矩阵，提升政务新媒体的影响力

在河北省政务新媒体中，微信、微博、抖音等政务新媒体已成为社会治理和提供社会服务的重要窗口。国务院办公厅在《关于推进政务新媒体健康有序发展的意见》中明确指出："突出民生事项，优化掌上服务。强化政务新媒体办事服务功能，围绕利企便民，聚合办事入口，优化用户体验，推动更多事项'掌上办'。立足工作职责，重点推动与群众日常生产生活密切相关的民生事项向政务新媒体延伸。"通过政务新媒体提供便民服务能够在对接群众需求的同时，使得政务办公更为高效。应建设政务新媒体矩阵，准确把握用户的需求，立足不同部门职能和不同平台的定位，进行分众化、差

---

① 人民网舆情数据中心、新浪微博：《2020年第三季度政务微博影响力报告》，2020。

异化运营,为用户提供更精准的服务,并通过多渠道推广,做大朋友圈,提高政务新媒体的传播力和影响力。各职能部门合理布局新媒体矩阵,实现特色运营、互联互通,有助于提升政务新媒体整体水平和社会治理水平。

参考文献

中国互联网络信息中心:《第 46 次中国互联网络发展状况统计报告》,2020。

人民网舆情数据中心、新浪微博:《2020 年第三季度政务微博影响力报告》,2020。

人民网舆情数据中心、新浪微博:《2020 年上半年度政务微博影响力报告》,2020。

中国互联网络信息中心:《第 45 次中国互联网络发展状况统计报告》,2020。

河北省通信管理局、中国互联网协会、河北省互联网协会:《2018 年度河北省互联网发展报告》,2019。

刘杰、温宇涵、张元婧:《浅析政务微博在网络舆情引导中的作用》,《新闻世界》2020 年第 12 期。

何海翔:《短视频趋势下政务新媒体的困境与进路》,《中国出版》2020 年第 23 期。

杨亚君:《全媒体时代政务新媒体能力提升问题探究》,《新闻研究导刊》2020 年第 20 期。

周干茜:《政务媒体抖音号的机遇与挑战》,《新闻论坛》2020 年第 5 期。

吴雨恋:《政务新媒体在河北省地方政府治理中的应用研究》,硕士学位论文,河北师范大学,2020。

B.11
2020年河北省主流媒体移动视频发展报告

窦玉英 张 璠*

摘 要： 2020年移动视频进入快速发展期。河北省主流媒体移动视频发展水平参差不齐，有的建立起了视频部门和视频人才队伍，持续推出优质原创视频作品，拥有了可观的粉丝数量与流量；有的在探索试水中，取得了些许经验；有的还在观望，没有真正触网。作为内容生产的新领域，主流媒体移动视频发展面临的主要问题是人才短缺、机制不健全和商业模式不明晰。解决以上问题的关键在于借鉴省内外媒体的成功经验，建立视频制作团队，创新视听语言表达样态，探索新型商业模式，提高资源变现能力。

关键词： 主流媒体 移动视频 内容生产

中国移动短视频经历了2012~2015年的萌芽期，度过了2016~2018年的探索期，迎来了2019年至今的成长期。中国互联网络信息中心《第45次中国互联网络发展状况统计报告》的数据显示，截至2020年3月，我国网民中短视频用户占比高达85.6%，用户规模达到7.73亿人，网络直播用户达到5.6亿人。极光数据也显示，截至2020年6月，中国移动网民人均

---

* 窦玉英，河北传媒学院新闻传播学院主任编辑，主要研究方向为媒体融合；张璠，河北传媒学院新闻传播学院编辑，主要研究方向为电视新闻和媒体融合。

App 每日使用时长占比中，短视频以 23.8% 的占比位居第一。抖音数据显示，2019 年抖音用户全年发布打卡视频 6.6 亿次。快手数据显示，2019 年 7 月至 2020 年 6 月，快手每天生产 1500 万条以上的原创短视频，视频库存高达 200 亿条。正如中国传媒大学教授黄升民所言："移动视频时代已经来临。"① 在 2020 年的移动视频浪潮中，河北省主流媒体也顺势而为，有的在继续深耕用户，垂直化更加明显；有的在短时间内后来者居上，借助主流媒体的公信力，迅速获得可观的粉丝数量和流量；但也有一些媒体还在观望之中，在市场的冲击下处于比较被动的地位。

一 河北省主流媒体移动视频发展现状

（一）初涉新领域，发展有差异

河北省很多主流媒体入驻视频平台的时间在 2019 年 1 月到 12 月之间，入驻平台有抖音、快手、西瓜视频、微信视频号、好看视频、今日头条等。而且，各主流媒体也以自有客户端为阵地，大力发展移动视频业务。"河北日报"客户端上线短视频专栏；河北广播电视台的冀时客户端在 2019 年升级 3.0 版后，在原有直播、广播、电视基础上引入了"冀时号"板块，更加注重视听体验；长城新媒体集团的冀云·融媒体平台于 2019 年 10 月正式上线后，在视频业务上给予了高度重视，基本每条新闻都或多或少含有视频内容。一年多来，各媒体视频部门主要开展了视频作品编辑制作和直播两项业务，制作视频内容的员工虽然业务背景不同，对视频技术的掌握熟练程度有别，但都面临着较难适应新媒体生态的焦虑。从调研情况看，纸媒视频部门的多数员工是由已有的记者、编辑转岗而来，这部分员工年龄偏大、采编经验丰富，有很好的新闻策划和文案写作能力，但以前没有接触过视频拍摄、剪辑技术，转岗后面临的第一大难题就是技术短板和设备配置无法满足

---

① 黄升民：《融媒体视频化进阶》，《当代电视》2020 年第 12 期，第 4 页。

2020年河北省主流媒体移动视频发展报告

工作需要。经过短时间的技术培训和设备的更新，大部分记者很快上手，具备了视频剪辑能力，能够持续编辑制作视频作品。长城新媒体集团的采编人员由具有纸媒业务背景和电视业务背景的人员共同构成，经过一年多的业务磨合与交流，基本已全员具备视频采制技能，新闻作品的视频化表达已成常态。河北广播电视台凭借其深厚的视频业务功底，全力打造全媒体，除入驻各平台外，冀时客户端也正成为广播、电视节目的另一重要传播平台，用户一个手机在手，河北广播电视台的频道节目基本尽收眼底。

从媒体运营状况和推送内容来看，不乏可圈可点之处。"河北日报"抖音号于2020年1月2日开设了《值班老总读报》栏目，由报社副总编辑通过视频方式推介最新一期报纸重点内容，发挥导读功能，形式新颖，别具一格；2020年"河北日报"抖音平台进行20余场直播，创下2018年该抖音号有直播以来的新高，从年初的河北省两会，到年末的双十一和周末音乐会，点滴记录着媒体人对移动视频的探索进程，显示了对新传播手段的驾驭正日益熟练。河北新闻网新媒体工作室的抖音号"冀看点"开通于2019年底，截至2020年底推送了6000多条视频，粉丝量已突破1000万人。作为河北广播电视台（集团）全媒体的一部分、由河北广播电视报社运营的融媒体"国+社区"集报纸、微信客户端、抖音、快手等于一身，其中抖音粉丝量在2020年底达到了1400多万人。长城新媒体集团实行"无视频不新闻"的新媒体内容生产策略，依托"学习强国"河北学习平台和河北省县级融媒体中心总平台冀云·融媒体平台，建立起报、网、端、微全媒体传播矩阵，截至2020年底，新媒体矩阵总点击量达到了30亿次。

纸媒的移动视频内容生产也有不俗表现。燕赵都市报社的视频部门运营尽管只有一年，但基本每个月都有爆款产品，抖音粉丝量由最初的1万人左右迅速增长至400多万人，快手粉丝量也从无到有，1年时间吸粉124万人，形成了较好的新媒体矩阵。

河北青年报社是省内最早拥抱互联网经济的主流媒体之一，已形成了比较成熟的新媒体矩阵，在用户引流、电商等方面均有可称道之处，多个新媒体账号在省内外各项评比中经常名列前茅。河北青年报社特别是在培育新人方面进行了积极的探索，其目光不仅仅着眼于报社内部人员的知识更新，还尝试建立报社外部写手队伍，如通过与高校合作育人，发现和扶植有潜力、有能力的青年学子运营新媒体账号；为高校和社会上的新闻爱好者免费举办业务培训班等，希望以此在人才队伍组建上形成优势，以获取更多独家稿源和提升来稿质量。

同时，有一部分媒体未在视频制作上有效开展业务，平台粉丝还处于三位数以下。在营收方面，有的主流媒体凭借已有的公信力，在短时间内使包括移动视频在内的多媒体运营收入呈现出较好的上涨势头，靠着一些平台的扶持资金、流量分成、商家广告等，扼制了营收下滑势头；但也有的媒体在新媒体方面的收入还未见明显起色。

2020年河北省县级融媒体中心的移动视频发展也呈现较大的区域差异。以抖音平台为例，发展较早的"涿州融媒"的粉丝量为42万人，"魏县融媒"的粉丝量是26.4万人，2020年刚起步的"深泽融媒体中心"粉丝量是1.8万人，在石家庄地区的县级融媒体中心抖音平台中属于起步晚但发展快的代表，其制作的小视频首次被中央电视台录用播出，实现了零的突破，另有9个小视频登上了"学习强国"的平台。无论粉丝量多少，各地县级融媒体中心基本都开始要求中心所有业务人员会制作小视频，并把2021年的工作重点放在增加原创视频比重和培训更多通讯员掌握拍摄和视频制作技术上。

总体而言，河北大部分主流媒体正从相加走向相融，从"+互联网"走向"互联网+"，正在构筑基于互联网运行逻辑的新型媒体，移动视频业务基本度过了初期的"吸粉"阶段，正朝提高粉丝价值、粉丝导流和通过打造优质内容吸引新粉丝、增强粉丝黏性方向发展。

（二）不同媒体视频来源有别

网络视频来源主要有媒体剪辑网民所拍视频、直接转发机构媒体作品和媒体原创。河北省主流媒体中，纸媒以剪辑网民所拍视频为主，电视台则以原创视频居多，另有一些县级融媒体中心更多地直接转发其他机构媒体的作品。其原因主要是制作视频作品的员工还是以媒体已有员工为主，纸媒员工的拍摄技能、画面思维和视频制作技术相对不足，还处于学习提升阶段；电视台的媒体人更熟悉视频制作。在视频内容上，河北日报客户端、河北电视台冀时客户端、长城新媒体集团冀云·融媒体客户端的时政内容多，具有严肃性、庄重性特征，政治导向鲜明。而都市类媒体、行业媒体和县级融媒体中心的移动视频内容以交通、卫生、社会和教育类泛资讯为主，另有少量国内时政、经济、萌宠和国外新闻；新闻主题以传播正能量、突出新闻趣味性为主，新闻内容多是凡人小事，在追求真实、准确和时效的基础上，具有较强的"抖音风"，即不注重具体的时间、地点和人物姓名，更强调内容的新鲜、有趣和感人，强调在最短的时间内传递最核心的事实和情感，重视新闻爆点的把握。如抖音号"国+社区"在2020年10月28日推送《石家庄上空同时出现2个太阳，当空遥遥相望，市民：啥情况》，该条信息获得了400多万个赞和33万条评论。这本是一个普通的"日月同辉"现象，但悬疑的标题加上个性化的配音和具身传播、视频传播所带来的真实、直观感受，让一条普通的新闻增加了趣味性，带来较多流量。

2020年7月3日，抖音号"河北日报"推送的热点视频《母亲跪地上扶着儿子的脚一步一步挪着做康复锻炼》，同时配文："有一种爱，无人能替，无人能及！为我们的父母点个赞吧，愿他们永远安康！"此视频获得了658万个赞和23.2万条评论，很大程度上是以情取胜，它引发人们强烈的情感共鸣，加之平台把达到一定流量的作品放到更大的流量池中，使其浏览量呈几何倍数上升。

（三）注重新闻把关，承担社会责任

从河北各主流媒体推送的内容看，媒体非常注重新闻的核实把关。一是对上传到移动客户端的新闻作品严格执行三审三校流程；二是在选稿上对本地新闻的推送较多；三是在追求热点、流量的同时，更注重社会效益，强调新闻尽可能全面、完整、客观，而不是单纯"吸睛"或制造噱头，尽量避免后真相的事件发生。在新闻专业主义上仍有较多自律，体现了主流媒体的社会担当及其在经济效益和社会效益之间的协调与平衡，也是对主流媒体公信力的一种自觉维护。以河北广播电视台为例，2020年前3个月，该台开设了《坚决打赢疫情防控阻击战》《夺取疫情防控和经济社会发展双胜利》《燕赵抗疫群英谱》等专栏，大体量、全版面报道河北疫情防控最新进展，在广播、电视和新媒体上共发布相关新闻38157条，对上报道621条，新媒体发稿总阅读量达6.39亿次，原创短视频2331条，有效做好舆论引导，有力配合了新冠肺炎疫情防控宣传。另外，全媒体新闻专栏《我们一起走过》以"视频日志"形式，用故事化的叙事手法、半真人秀记录镜头呈现河北省脱贫攻坚战。记者深入山野村庄、农家院落，在与贫困户、村干部、帮扶干部等倾心交流中，挖掘一个个带着泥土芬芳的鲜活脱贫故事，为河北打赢脱贫攻坚战、全面建成小康社会营造良好的舆论氛围。

抖音平台的"长城新媒体"开设了《扶贫》栏目，推出系列扶贫人物报道、典型事例报道，显示了媒体报道选题与国家大政方针的同频共振。

拥有147万名粉丝的《河北青年报》旗下快手平台"青豆新闻"，根据自身媒体的用户特征，在选稿标准上除了注重趣味性、接近性和新鲜性外，还有一部分舆论监督类小视频，如达到201万次播放量的视频《河北邯郸一7岁男孩学游泳时在教练面前抽搐至身亡，家长：教练任由孩子挣扎》，这类视频的推送也是构建和谐社会的应有之义。

二 主流媒体移动视频发展面临的主要问题及其原因

（一）互联网思维需要进一步强化

从河北几个主流媒体在抖音、快手、西瓜视频及今日头条等平台上发布的视频看，其真正的原创爆款新闻还不多，大部分作品是对已有素材的编辑，有的媒体是电视新闻的多平台投放，而未进行重新包装或编辑。这一方面是由于大部分媒体对网络视频还处于探索阶段，需要有一个熟悉的过程；另一方面也显示出部分媒体在探索网络视频特征、电视视频网络化等方面还处于"等观众"的传统媒体思维模式中，而不是积极寻找用户，通过制作具有网络特征的标题、适合网络传播的内容等技巧主动吸引粉丝，这与媒体内部未建立起相应激励机制、媒体转型步伐过慢等有一定关系。也有部分媒体至今未在相关平台上开通账号，无形中离真正触网越来越远，在市场中的竞争力越发令人忧虑。

（二）视频人才队伍结构亟待优化

调查发现，河北主流媒体对融媒体人才需求强烈，上至省级大报大台，下至县级融媒体中心，都在急切招募融媒体人才，特别是对于能够拍摄会视频剪辑的人才需求尤其强烈。有的县级融媒体中心为了吸引新闻专业人才到当地工作，借助国家大力发展县级融媒体中心的良好契机，在人才引进上给予政策、经济待遇等方面的各种倾斜，也充分利用寒暑假招收实习生到当地实习，对实习生进行视频拍摄等专业技能的培训，希望能尽快培养出合格人才，满足业务需要，同时留住人才，助力当地新闻工作的长远发展。对一些省级主流媒体而言，体制限制相对较多，虽然它们也急需年轻的摄影、视频制作人才，但要真正引进人才依然面临一些难题，因此退而求其次，借助招募实习生来缓解人手紧张的压力。一些省级媒体在招募假期和毕业实习生中，普遍增加了一条要求：最好能拍摄、制作视频。

一方面是年轻摄影、视频制作人才的紧缺，另一方面则是媒体内部现有员工的冗余。为解决这一矛盾，一些媒体加强对员工的培训，使其尽快掌握新技能，适应新岗位，一些员工经过短期的拍摄、视频剪辑培训后上岗工作。这虽在一定程度上解决了人才供应不足问题，但仍无法满足正常的业务需要，特别是对于一些年龄较大的媒体人来说，视频拍摄、剪辑技能是可以在短时间内掌握的，可是基于互联网思维的拍摄与剪辑却不是技术层面所能做到的。因此在一些媒体单位，一年之间视频部门人员在七八人到十五人之间剧烈波动，人员流动非常频繁。当然，人员的不稳定既是一个新业务开展初期所必经的，也能体现酝酿希望、积聚能量的过程。同时要注意到，视频业务的开展不是仅靠增加摄影师、摄像师就能解决的，直播、视频制作所需

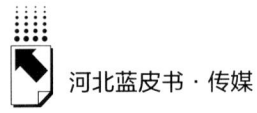

要的记者、播音员、化妆师以及机器设备等也是河北主流媒体在度过视频业务探索期后要提上日程的。

（三）视频业务的变现能力有待提升

与传统媒体依靠广告、发行来获取利润的商业模式不同，互联网的商业模式往往是"羊毛出在猪身上"，这对于习惯了传统媒体商业思维的河北主流媒体来说，也是一个不小的挑战。在传统媒体时代，采编、广告、发行分工相对明确，各自独立，各司其职即可很好地完成任务。而基于互联网传播平台的新闻内容生产却需要融合经营思维，媒体的获利可以来自平台奖励，来自精心布局的场景，或者来自在用户服务中嵌套的商家引流等。河北省主流媒体的移动视频业务变现能力主要来自商家的主动上门和平台奖励，媒体人在针对特有的热点视频或直播节目，寻找目标商家、为商家提供全流程策划服务等方面略显不足，还需要深入思考和研究。

（四）伦理法规风险升高

视频业务中直播的最大风险不是无人围观和冷场，而是安全问题，主要有两个方面的伦理法规风险：一是政治安全；二是商业违规。如在直播中发表了不当言论，引发舆情风险，或是安排了实习生做主播，违反相关规定，以及在直播节目中有意或无意插入广告宣传，违背了平台约定，就会面临暂时停播风险。出现这些问题的主要原因是直播本身具有即时性、同步性、快速性的特征，这些特征是把双刃剑，既让直播自带流量，吸引粉丝观看，也必然面临一些突发情况无法及时处理和不可预知因素的干扰。这些新媒体发展过程中带来的全新问题也必然要在发展中解决。

三 主流媒体移动视频发展建议

移动视频时代的到来，已成为不可阻挡的趋势，视频化表达将是未来媒体传播信息的最常用样态，河北主流媒体宜顺势而为，从战略布局、制度建设、组织架构、人才培养和业务培训等各方面多措并举，变挑战为机遇，应对移动视频的新变化，尽快成长为新型主流媒体。

（一）优化移动优先战略，布局移动视频领域

互联网作为传媒行业的底层逻辑，打破了报纸、广播、电视之间的界限，使用单一的媒介渠道和单一的信息呈现方式已无法满足用户的信息需求。全平台、多手段、多样态的新闻表达和信息传递时代已然到来。互联网下的传媒样态不同于以往任何一种媒介的单一样态，是对信息传播的解构与重塑。已过风口期、步入发展期的移动视频，要求媒体对已有的移动优先战略进一步优化，全面布局移动视频领域。对于传媒人而言，互联网思维、融媒体技能已成为必备素质。有想法，还要有实现想法的技术手段，对转型中正处于新旧交替阶段的媒体人来说，是一个急迫而现实的问题，无从回避，唯有自我赋能，培养视频画面意识，学习视听语言。对内加强培训学习，对外引进专业人才，是实现转型的第一步，也是顺利触网、融入当下媒介生态的重要一关。

河北主流纸媒的很多移动视频，以视频编辑为主，利润点有限，要获得长足发展，还需要开辟新的平台，提高原创作品比重，创新表达方式，承接新的业务，如制作宣传片、精品视频节目等。主流媒体的移动视频不同于自媒体，要在新闻专业性、主流媒体的社会责任与吸引粉丝、追求流量之间寻求一种平衡，着眼长远，做到经济效益与社会效益的双赢甚至多赢。在表达语态上，弱化"播音腔"，去除"官腔"，按照互联网平台的规则和用户需求改进话语体系，让视听语言更符合用户心理，更接地气，使用户想看、爱看，增加粉丝黏性。如燕赵都市报于2020年底在今日头条、抖音等平台推送的《请回答2020》，选取了几位普通百姓作为街采对象，表达对2020年工作、生活的感慨和自己的心声，那些朴素的话语传递了草根群体的真情实感，带来了较多流量。

（二）制定科学用人机制，激发组织活力

处于剧烈转型期的媒体，自2019年底开始在被动应对中趋于冷静、理

性,逐渐尝试把握主动权。对比2020年营收情况不同的河北主流媒体可以发现,实现扭亏的媒体首先是媒体内部出台了科学的用人机制,实现员工思维和意识的转型,制度支持、人员改变是媒体转型的根本保障;其次是重塑新闻生产流程,调整采编机制,以用户思维创新表达方式,努力适应分众化、差异化传播趋势;再次是媒体内部普遍建立起了绩效考核制度、激励机制,降本增效,鼓励每个媒体人发挥积极性、主动性,对员工探索创新予以尽可能多的支持和保护,激发组织内部活力,建立良性运转机制;最后是支持媒体内部各部门之间、媒体与外部之间的资源整合,有些主流媒体对新媒体的发展处于单位鼓励、员工自愿的阶段,这对于新媒体发展初期是适合的,但也要看到一个新媒体要真正发展起来需要投入大量的人力、物力和财力,"撒胡椒面式"分配人财物恐怕不利于新媒体做大做强,从顶层设计和发展战略上,要明确目标、集中力量、制定策略,才有可能把包括移动视频在内的新媒体更好、更快地向前推进。

对于移动视频人才紧缺问题,河北省主流媒体可借鉴其他省份媒体经验,结合自身情况走出自己的道路。综合考察转型已见成效的媒体,其早期也面临采编业务人员出走,"存量"员工有本领恐慌、思维固化的问题,以及全媒型、专家型人才短缺等问题。这种人才空心化的实质是员工"能力空心化",即员工缺乏生产适销对路的内容产品的能力,具体表现在传统媒体人还未掌握好制作新媒体内容的本领,产品无法满足新媒体环境下的用户需求。近年来,媒体探索出了以下四种增强员工能力的转型模式。

一是以新带旧型。深圳的晶报以"视频优先"战略,在媒体转型中获得初步成功。2018年5月12日国际护士节期间,该报微信公众号推出的《戏精女护士》短视频,成为创造了5000万次点击量的超级爆款。而制作该产品的是报社融媒体中心视频制作部的一群年轻人,他们大多是刚毕业不久的大学生,还有在读实习生,这些年轻人中有的掌握视频制作技术、导演艺术、动作设计原理,有的擅长方案策划、剧本创作、新媒体运营,有的懂潮流、懂时尚、懂舆情,多种知识和才能的叠加融合,让这个团队屡出精品,不断刷新点击纪录。其实,该视频制作部也是2017年初晶报转型的试验田，其采取项目制，员工不需要坐班，也没有具体的生产任务，但松散的管理并未降低生产效率，这群年轻人不定期地拿出一个个爆款产品。在年轻人的带动下，该报社其他部门的员工受到感染和激励，在经过培训后，也开始"试水"短视频内容生产，在报社内部展开良性竞争。

二是能人带动型。嘉兴日报2005年即开启了以视觉改革为先导的纸媒改革之路，成立了视觉中心，以年薪制的形式高薪聘请了三位视觉总监。在能人带动下，2018年，视觉中心对采编流程和组织架构进行再造，增设了影像采集部，采购了一批融媒体硬件设备，充分发挥视觉中心短视频拍摄功能，推进视觉表达从平面走向立体，从纸媒拓展到多媒。视觉中心连续三年精心打造的《抗战原色》《匠心》《双城记》三部影像报告，均通过报纸、网站、两微一端、微视频、H5等实现全媒体、立体化传播，从而夺得浙江省重大主题报道策划创新奖"三连冠"，为浙江省内新闻界绝无仅有。

三是全员转岗型。脱胎于《东方早报》的澎湃新闻，于2014年7月上线时即开始了《东方早报》300多名采编人员的全员转岗，其中大部分为记者，少量为编辑。转岗后的记者既为《东方早报》供稿，也给澎湃新闻供稿；编辑则各自独立。2014年底，澎湃新闻正式上线后，又招聘了100多人专职做澎湃新闻。为让纸媒员工尽快适应新媒体内容生产和运营，单位对员工进行培训，同时员工开展自我学习，自主转型。比如此前从事平面设计的美术、图片编辑，通过自学，已经能够制作网络动画、视频，并服务于澎湃新闻《全景现场》等多个子栏目。无独有偶，2009年就提出"办互联网时代的报纸"的新京报，较早组建了将报纸编辑和网络新媒体编辑融合的全媒体编辑部，制定了移动优先、先网后报战略。报社鼓励以部门为单位运营公众号等新媒体，记者刊发在微信公众号上的稿件和见报稿件一样被同等纳入报社采编业务评价体系。在新旧媒体双平台运作下，传统新闻报道逐渐走向移动、走向社交、走向融合，实现了全员转岗。

四是完全新人型。创刊于2009年的《快乐老人报》，发行量已超过百万份，已跻身中国百强报刊。该报由中南传媒集团主管、潇湘晨报独资创办,虽然是办给老年人看的,但所有编辑、记者都只有30多岁,这一报纸完全是靠一群年轻的新人办起来的。该报完全起用新人的原因有三方面。一是老年人更愿意和年轻人交流,感受他们的活力,也便于学习新知识、了解新情况和新技术;二是该报充分运营新媒体,如建立了枫网、开通了"新老人""退休圈"等多个微信公众号,而年轻人对新技术普遍接受得更快、掌握得更好;三是"80后""90后"的思维里自带互联网基因,不像传统媒体人那样需要思维转换的过程,因此在做新媒体内容生产、运营或电商时更加得心应手。①

(三)增强安全意识,探索多样化盈利模式

移动视频作品和直播节目易于传播,一旦发生违背新闻伦理法规的事件,影响力也大。增强法律法规意识、自觉维护互联网空间的清明和谐既是主流媒体的社会责任担当,也是主流媒体长远发展的必要条件。

在维护网络安全的前提下,熟悉网络环境,告别传统媒体的单一化盈利思维,探索多样化盈利模式需要河北省主流媒体予以重点关注。如有的媒体开展的电商、直播带货、代运营微信公众号、与相关部门合作举办系列讲座等活动,开辟了多种盈利渠道,既获取利润,也增加粉丝量,对粉丝进行分流,深耕用户,打造深度垂直社群,提供更具针对性和精细化、个性化的服务,满足用户独特需求。

互联网时代既强调一专多能、融合发展,又注重分工精细化、专业化。河北省主流媒体在内容生产上转型相对容易,但在经营思路、盈利模式上还处于探索阶段,为了发挥各自优势,合作共赢,不妨与MCN(Multi-Channel Network)合作,增强变现能力。MCN是一种多渠道网络服务,即通过多渠道网络整合众多专业生成内容(PGC),从而打造规模化、组织化的竞争优势。其优势在于:一方面帮助内容生产者专注于内容创作,另一方面对接平台、对粉丝进行包装、强化推广以及推动变现。

---

① 窦玉英、张孟军:《报纸采编人员转型的四种模式》,《采写编》2018年第4期。

（四）跨界融合发展，丰富视频表达样态

移动视频领域不单单包括视频作品和直播，还包含着更丰富的表达样态，如动画新闻、新闻游戏，把 VR、AI 等智能技术应用于新闻生产等，将日益常态化。

以动画新闻为例，其体现了产业、组织之间的跨越与融合。动画新闻是把动画运用到新闻当中的新闻，是在 3D 和二维虚拟技术驱动下，以三维图片、动画等方式，辅以现场照片、卡通形象动画、旁白、音效和数据等元素，再现新闻发生的关键场景、模拟新闻事件的全过程的全新操作理念和信息产品。动画新闻使一些平面、抽象的新闻"动"了起来，丰富了新闻表现形式，为用户理解新闻提供了一个新视角，带来新的体验，自 2015 年以来被国内越来越多的媒体采用。除了短讯类新闻，动画新闻几乎适用于所有新闻选题，其常用选题按照报道内容的性质划分，主要有以下几种类型。一是数据类。动画新闻与数据新闻有着千丝万缕的联系，西北大学李玮教授等研究后认为"动画短视频可看作是数据新闻发展进步的一个新阶段"。[①] 的确，把静态、抽象的数据制作成动画的形式，能达到多种效果。一方面，它可以化静为动，通过动态化呈现数据变化，既发挥了数据客观、真实的优势，又弥补了数字难以理解的不足，便于用户解读数据内容及其背后所蕴含的意义；另一方面，抽象的数据借助具体的动画形象，具有了可视性，更直观易懂。二是科普类。新闻中涉及的医学、法学、物理、化学、生活小常识等科普性信息专业性强，有的理解起来比较困难，适合制作成动画新闻。2020 年 5 月 5 日，广东虎门大桥发生异常抖动，引发人们对大桥安全性的关注，为此多家媒体抓住这一选题快速推出动画新闻。其中包括 5 月 7 日腾讯网在《深 E 度动新闻》栏目中推出的《虎门大桥"抖动"20 小时后平息：3D 解析悬索桥"涡振"原理》，该作品用动态直观的画面、通俗易懂

---

① 李玮、戴梦岚：《动画短视频：数据新闻的成熟可视化形式？——基于 2016 年"两会"报道中的动画短视频来谈》，《新闻界》2017 年第 1 期，第 69 页。

的语言向人们揭示了何谓"涡振"现象及其科学原理，不仅普及了科学知识，还及时地为人们解疑释惑，缓解了社会焦虑。三是案件类。一些突发性新闻非常重视对现场要素的抓取，但受新闻不可预知等客观因素影响，记者往往无法获取现场画面。比如打架斗殴、车祸等案件，当记者未能获得全面的现场素材时，可通过动画方式对现场进行还原。

2020年3月，由浙江日报报业集团所属的"浙江新闻"客户端制作和推出的动画新闻《第43届世界遗产大会正在举行，有个"新生"来报到》获得第41届世界新闻设计大赛最佳数字设计银奖。国际新闻设计协会发起的这一奖项被誉为新闻设计界的"奥斯卡"，与普利策新闻奖、国际摄影奖"荷赛"齐名。在获奖作品中，创作团队把良渚玉器上最具重大意义的神人兽面像——良渚神徽作为良渚文化的代表形象，制作成卡通人物，通过拟人化方式，赋予它世界文化遗产大班级中一名"新生"的身份，创建了一个"新生"到班级报到的场景，在与同班的其他古老文明形象对话中介绍和展示自我。与其同班的有来自古埃及的狮身人面像、来自两河流域的乌鲁克女神像、来自印度河流域的祭司等。该作品充分发挥了动画新闻在新闻报道上的化抽象为具体、化繁为简、化难为易的优势，把严肃新闻做得生动有趣、轻松活泼。

除了增加视频表达样态外，河北主流媒体在移动视频化道路上，还要充分发挥新闻专业优势，制作受网民喜爱的精品化视频新闻，打造属于自己的独特竞争力。如探索深度报道视频化，以及向二更、B站学习短视频创作技术，深入研究短视频特征，利用重要时间节点，广泛收集好创意，做好策划，创作出用户喜闻乐见的优秀视频作品，探索精品化之路。

B.12
2020年河北省新闻媒体重大主题报道研究

杨晓娟 李子琦 宿 爽*

摘 要： 重大主题报道是新闻报道的一种重要形式，做好重大主题报道可以有效引导舆论。2020年河北省新闻媒体重大主题报道在弘扬正能量的同时，体现和凸显了地方特色，媒体融合传播初显成效，在一定程度上做到了多个传播平台的联动并取得了较好的传播效果。但在全国性重大主题报道中，仍然存在内容缺少创新、内容同质化等不足。本报告通过对河北省新闻媒体2020年度重大主题报道案例进行分析，总结其传播策略并发现存在的不足，为相关领域未来的发展提出创新报道内容、建立现代传播体系、重视技术型人才引进等建议。

关键词： 主题报道 新媒体 融合传播

一 2020年河北省新闻媒体重大主题报道概况

重大主题报道是新闻报道的一种重要形式，做好重大主题报道可以有效

---

* 杨晓娟，河北经贸大学文化与传播学院副教授、硕士研究生导师，主要研究方向为新闻与传播新媒体研究、新闻传播史研究；李子琦，河北经贸大学文化与传播学院硕士研究生；宿爽，河北经贸大学文化与传播学院硕士研究生。

引导舆论。2020年河北省新闻媒体重大主题报道在弘扬正能量的同时，体现和凸显了地方特色，媒体融合传播初显成效，在一定程度上做到了多个传播平台的联动并取得了较好的传播效果。

据不完全统计，在河北广播电视台关于新冠肺炎疫情的报道中，河北广播电视台广播、电视和新媒体共发布相关新闻38157条，其中对上报道621条，新媒体发稿总浏览量达到6.39亿次。新媒体平台（含向其他新媒体推送内容）播发图文视频等稿件总计36211篇。在冀时客户端发稿共计11739篇，网络直播265场（含原创直播17场），发布原创短视频2331条，发布原创稿件3750篇，累计浏览量2159.2万次（见图1）。

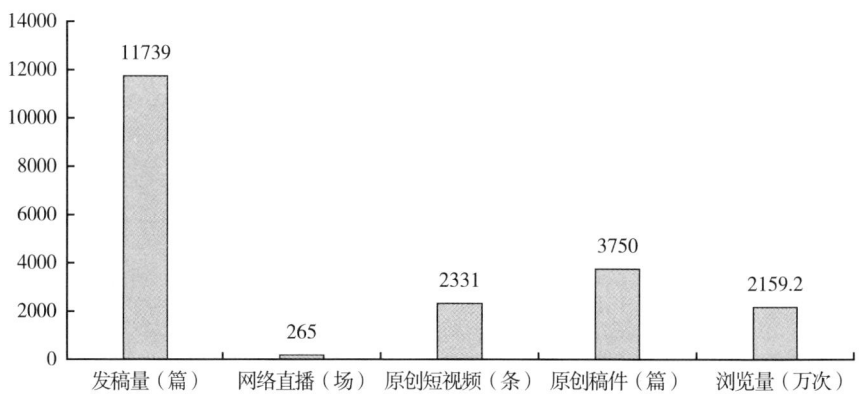

图1 河北广播电视台在冀时客户端发布的关于新冠肺炎疫情不同种类报道的数量及浏览量

资料来源：河北广播电视台为河北省社会科学院提供的宣传总结。

截至2020年5月13日，《河北日报》刊登疫情方面的重点报道2945篇，其中自采稿件2197篇，转发央媒稿件748篇；河北新闻网、河北日报客户端、河北日报官方微博、微信公众号等，累计发布相关报道77831余篇（条），浏览量达113.7亿次。河北新闻网各平台发布疫情防控短视频7500余条。河北新闻网微信公众号、微博等新媒体平台共发布相关稿件799条，浏览量累计达到169万次。

截至2020年5月27日，河北广播电视台广播、电视、新媒体关于全国两会的报道共计发稿1187条,其中对上报道88条。河北广播电视台官方微博、微信公众号共发稿288篇,累计浏览量达154.8万次;《河北新闻联播》《知河北》微博共计发稿1350件,浏览量达200万次;《河北新闻联播》《知河北》微信共发稿160篇,其中视频152条,浏览量达22万次;《知河北》抖音号发布短视频150条,浏览量达523万次;《知河北》今日头条发布185条,其中视频129条,浏览量达160万次(见图2)。

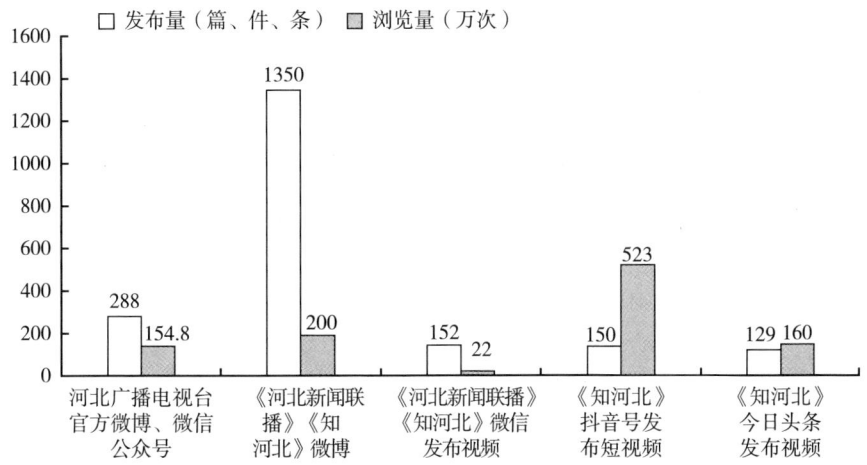

图2 河北广播电视台关于全国两会不同平台报道数量及浏览量

资料来源:河北广播电视台为河北省社会科学院提供的宣传总结。

2020年,长城新媒体集团在长城网推出《燕赵抗疫故事》等系列报道,利用新媒体特色与优势,发布高清组图与微视频系列报道,共发布长城原创抗疫主题报道1400篇。

截至2020年5月28日,河北日报报业集团报网端微号全媒体平台累计发布全国两会重点文图视报道共计8487篇(条),总阅读量达到17350.1万次。《河北日报》开设两个评论专栏,针对报纸和新媒体定位,开设评论专栏"两会走笔",在客户端开设"两会快评",根据受众特点撰写不同类型的评论,相继推出稿件共14篇。在《河北日报》二版推出特刊报道《全国两会特别关注》系列报道6篇。

2020年是全面建成小康社会决胜之年。河北广播电视台融媒体新闻中心新闻频率高度重视、提前策划采访方案。7月初开始在《河北新闻联播》《河北新闻》《全省新闻联播》播发重点报道80多条。截至2020年9月底，河北日报报业集团报网端微号全媒体矩阵共刊发相关全媒体产品7210余个，其中报纸刊发70余个，新媒体平台刊发7140余个，全网总阅读量超3.5亿次，并获大量转发、点赞，形成了强大的宣传合力，获得了良好的社会反响。2020年全年，长城新媒体集团在长城网推出《美丽庭院·小康生活》《走向我们的小康生活》主题采访等系列报道，共发布原创相关报道720篇。

2020年也是脱贫攻坚的收官之年。2020年4月22日，《河北日报》在头版刊发长篇纪实报道《汇聚磅礴力量　攻克千载难题——河北举全省之力坚决打赢脱贫攻坚战纪实》。刊发后的17天内，该报道被新华网、人民网、光明网等96家国内头部媒体转发，全网浏览量达1538.1万次。2020年10月17~19日，在全国扶贫日期间，河北日报报业集团报网端微号各平台共发布各类报道230余篇（条），总阅读量达3189.3万次。2020年全年，长城新媒体集团在长城网推出《我们的全村福》《脱贫"冀"忆》《冀忆2020》等系列报道，共发布原创报道403篇。

二　2020年河北省新闻媒体重大主题报道的特点

（一）深度策划，连续报道，凸显重大主题

重大主题报道是媒体进行新闻报道的重要类别，做好重大主题报道是进行舆论引导的重要手段。开展重大主题报道是有力传达党的声音、有力凝聚舆论强势、推动达成社会共识、促进社会实际工作健康进行的重要途径，也是提高媒体的公信力、影响力和思想性的有效途径。重大主题报道是新闻媒体结合党和政府的重大战略思想、重大战略任务和重要工作部署所进行的集中、连续的大规模新闻报道活动。重大主题报道

的数量较多，所需要的时间也较长，因此往往需要提前策划，进行深度报道、连续报道。

重大主题报道应有一定的时间跨度。2020年初，新冠肺炎疫情突然暴发。1月25日，河北广播电视台启动台一级应急响应机制，迅速组建应对疫情工作领导小组，在疫情宣传报道工作中发挥了核心指挥作用，确保台各项工作措施到位、有序开展。据不完全统计，河北广播电视台广播、电视和新媒体共发布相关新闻38157条，对上报道621条，新媒体发稿总阅读量达6.39亿次，有效做好舆论引导，有力配合了新冠肺炎疫情防控宣传。

2020年是全面建成小康社会的决胜之年。7月2日起，《河北日报》开设"走向我们的小康生活"专栏，河北新闻网、河北日报客户端同步发布"走向我们的小康生活"大型融媒体专题，以文字、图片、视频、H5等全媒体形式，呈现出一系列新闻产品。7月11日至8月17日，《河北日报》在头版中国新闻名专栏《燕赵论坛》连续推出"走向我们的小康生活"系列评论10篇，通过来自基层一线的故事展示普通人奔向"小康生活"道路上的不同侧面，阐释了全面小康的内涵，引导人们理解全面建成小康社会的深刻意义。

新媒体平台的重大主题报道也在一定的时间跨度内呈现了一系列的报道，取得了良好的传播效果。长城新媒体集团策划并推出了大型融媒体系列报道——《奋力夺取双胜利·燕赵在行动》。十多位记者历时两个月奔赴南北各地，对河北省各市市长和市委书记以及知名企业家等进行访谈，总拍摄时长达80多个小时，制作视频节目共计20期，展示了河北省疫情防控、推进经济社会发展的实践，总浏览量达上亿次。

河北日报报业集团策划并发布了《凝心聚力奔小康》系列报道。2020年8月1日，报纸刊发首篇报道当天，河北日报客户端同步上线专题，利用网络端口的优势，大量使用图片或配以视频丰富报道内容，提升了报道的传播力和影响力。至9月15日，共发布文章23篇，总点击量达1403935次。在进行《奋进"十三五"河北答卷》原创报道时，河北日报报业集团在河北新闻网推出《河北以新发展理念落实"三六八九"工作思路纪实》系列报道，从2020年9月28日发布第一篇报道开始，至10月15日该系列最后一篇报道发布，18天内该系列共发布10篇专题报道，真实展现了河北省落实"三六八九"任务的工作思路和相关工作成果，引发广泛社会反响。

重大主题报道应有一定的范围和广度。重大报道主题内容丰富且内涵深刻，多角度和多层次的报道有利于形成有力的主流舆论。因此媒体在进行重大主题报道的时候，必须要重视报道的广度和深度，报道间应有系统性和连续性。河北日报报业集团经过深度策划，在其旗下的河北新闻网上推出了"聚焦2020两会"特别策划并细分出《两会头条》《权威发布》《全媒两会》《两会镜头》等栏目。《读报告》栏目对2020年河北省政府工作报告进行了摘登和解读，《两会镜头》栏目则是通过图文直播直击河北省两会现场，带给受众更直观更具时效性的报道。《两会好声音》栏目中会集了多名省人大代表及省政协委员的建议的详细报道，直接呈现了他们对河北省未来发展的建议和期待。同时，《全媒两会》栏目下的分栏目《两会访谈》发布了对省人大代表和省政协委员的深度访谈，对他们的建议做了更深入的解读，使视频报道在文字报道的基础上更进一个层次。在《全媒两会》栏目的"图解数说"专栏，《速看！河北2019年度账单来啦》《我是河北人，晒晒我的2019KPI》等报道，运用脱贫、环境、运动、政务服务、出行等8个方面的权威数据，保障了报道的系统性，同时使报道更具权威性和说服力。

（二）于细小处展现重大主题

习近平在关于新闻舆论工作的重要论述中，要求新闻舆论工作者要以人民为中心，心系人民、讴歌人民。[1]

1. 平民视角

当前媒体市场中，想吸引更多受众，就需要媒体以受众为导向，在策划

---

[1] 张学霞、鲍海波：《习近平关于新闻舆论工作重要论述的发展性与创新性研究》，《西安交通大学学报》（社会科学版）2019年第6期，第17页。

新闻产品时具有用户思维。在全媒体向融媒体发展的今天,媒体应重视互联网平台,把握用户群的多样性,以取得良好的传播效果。

2020年2月2日,《春暖花开,我在站台接你凯旋——河北援鄂抗疫医疗队队员赵紫薇的"非常爱情"》在《河北日报》头版刊发,稿件从照片切入,用细腻的笔触记述了援鄂护士赵紫薇和男友在非常时期的真实故事。疫情暴发后N95口罩紧缺,河北日报记者在采访中得知河北省晋州一家小微企业开足马力生产N95口罩并发往湖北,采写出独家报道《从河北晋州到湖北武汉——一只N95口罩的"温暖狂奔"》。这些报道都以平民视角记录了普通群众的真实生活,引起受众的共鸣。

河北广播电视台推出视频新闻《【两会vlog】跟着代表上两会!》,以视频新闻的形式全程记录了张家口省人大代表董玉昕在两会期间一天的工作内容。报道中不仅有对民生问题的相关政策解答,还如实反映了张家口团的小组讨论过程,增强了受众的代入感和参与感。

2020年6月30日,长城新媒体集团在长城网公开发布了《带上你的"宝贝"和故事,走进〈脱贫"冀"忆丨民间实物档案〉》一文,与河北省扶贫办、河北博物院、河北省档案馆合作,对脱贫攻坚网上体验式展览的展品进行公开征集,并于9月21日发布系列报道的第一篇《【脱贫"冀"忆】民间实物故事丨"小药瓶"装满大责任》。该系列发布报道共计39篇,分别以39个老旧器物为切入口,以基层群众为第一视角,讲述与器物有关的真实经历,呈现了39个脱贫攻坚路上发生的真实故事,引发受众的强烈反响,为脱贫攻坚营造了良好的舆论环境。

2. 小切口大主题

在生产和传播重大主题报道时考虑到"用户想看什么",将宏大叙事通过通俗易懂的语言展现,于细小处体现重大主题,会使报道更加细致、具有质感,也能拉近重大主题报道与受众的距离。

在新冠肺炎疫情期间,河北广播电视台《河北新闻联播》栏目记者直击抗击疫情最前线,记录下发生在河北支援湖北医疗队、雷神山医院施工现场、各地各定点收治医院中的感人故事,讲好来自抗击疫情最前线的河北故事。在关于疫情中复产复工的相关报道中，2020年3月2日长城网发布的《战疫情 迎复工 河北文旅在行动——邯郸、衡水部分旅游景区恢复对外开放》报道中，报道邯郸涉县娲皇宫景区、一二九师纪念馆景区部分景点，衡水园博园景区恢复开放经营，从文旅的小切口切入，展现河北省各市在严控疫情的前提下开展有序复产复工的工作情况。

在对全国两会进行报道时，冀时客户端发布了报道《【冀时跑两会】小智慧解决大问题》，报道中提到，交通拥堵是每个城市面临的难点，邯郸通过合理规划和科学计算，划定道路左转变道从而解决了交通拥堵问题，在2020年的全国两会上，全国政协委员提出"解决交通拥堵的邯郸实践"提案，希望能把这份经验推向全国。该报道选取河北省的一个具体提案为切入口，具有地方标志，易引起本地受众的共鸣。同时由于提案内容是受众在日常生活中每天都直接接触的现实生活，更能提高受众的卷入度，使受众产生代入感、参与感和自豪感。

3.话语策略的转变

随着互联网的快速发展与新媒体技术的快速进步，网络语言对人们的日常交流乃至社会生活都产生了重要影响。在新闻媒体传播过程中，网络化语言的出现对各种新闻传播的内容和表达产生了巨大影响。因此，媒体工作者应以新闻传播的规律为依据，积极探索应对语言网络化的措施，借助语言网络化所带来的积极影响。

使用网络化语言可以迎合包括在线用户和非网络用户等大多数用户的喜好。在"使用和满足"理论的驱动下，新闻媒体使用网络化语言报道，可以吸引更多的受众，实现影响力和竞争力的提升。[①] 互联网是当今新闻传播工作的重要领域，越来越多的受众将注意力转移到了网络媒体中。由于传统媒体在新闻语言方面比较单一、比较固定，受众的阅读兴趣有不同程度的消减，传统媒体对网络语言的接受和使用，能有效消减重大主题报道的厚重感，拉近新闻报道与受众生活的距离。创新是提高

---

① 寸汝花：《新闻报道语言的网络化问题》，《新闻战线》2016年第8期，第79页。

媒体影响力与竞争力的一条关键途径，运用网络化语言是创新报道中语言策略的一种重要手段。在重大主题报道中使用网络化语言则要注意平衡重大主题的严肃性。

河北新闻网在省两会的报道中创意发布微视频《Rap 说唱民生实事暖人心》，"民生工程二十项推行实施今年您看好，民之所望政之所向百姓生活会更好，用心用力为民排忧解难还得看今朝"，该视频将两会期间的提案和重要议题写成歌词，通过说唱形式展示出来，吸引了年轻受众的关注。

冀云客户端于 2020 年 2 月 3 日发布了视频新闻《为武汉加油！为中国加油！秦皇岛与唐山警察创作歌曲〈武汉力量〉新鲜出炉》。该报道主要展示了乔杰飞和陈明辉两位民警共同为奋战在抗击疫情一线的工作人员所创作的歌曲《武汉力量》，将加油鼓励写进歌词中，致敬疫情中坚守岗位的每一位基层群众，引发受众的强烈反响。

（三）创新报道形式，强化新闻传播效果

重大主题报道有着深远的意义，能够产生重大影响，但需要注意从受众角度出发对报道内容和形式进行创新，避免报道成为内容空洞乏味的"官样文章"，媒体应致力于消除受众对重大主题报道的距离感，使其对报道产生共鸣。

当今处于新媒体技术快速发展的时代，信息"碎片化"、受众群体分化和舆论的日趋多元化是其主要特征。随之而来的是受众日趋习惯"浅阅读"的接收方式。"浅阅读"是指读者从书面语言和符号中获取含义的社会行为、实践活动和心理过程中，大脑参与度不高，对语言和符号的理解和掌握程度也不高，通常只处于略知一二的水平。[①] 为迎合受众这一需求以获取更多受众，媒体有必要对多种形态的传播资源进行整合，使优势内容和先进技术互相融合，做到互相支撑。同时，媒体应以移动端口为先，做到重大主题报道中新闻叙事的多维呈现，做到"文本"形态的创新，以取得更有效的

---

① 周亚：《"浅阅读"概念界定及相关辨析》，《图书馆杂志》2013 年第 8 期，第 20 页。

传播效果，获得合理的舆论规模和声势，进而引导主流舆论，帮助凝聚社会共识，服务社会发展。

1. 新闻数据"可视化"

重大主题报道在一般情况下包含许多数据。但是如果报道中的数字太多，容易造成数据的"堆砌"，使受众产生距离感，减弱受众对新闻作品的阅读兴趣。要使重大主题报道距离受众更近，就要力求做到新闻报道中数据的"可视化"。随着新闻中数据的广泛使用，可视化新闻应运而生。作为一种跨媒体新闻报道形式，它以数据为核心、信息为支撑、可视化为基本载体。可视化新闻的价值不仅体现在其表达形式上，还表现为它对隐藏在宏观和抽象数据背后的新闻进行的故事性呈现。① 可视化新闻使新闻中的数据成为最直观的表示形式，可帮助读者理解报道中使用的数字背后的深刻含义。

在新冠肺炎疫情发生后，2020年2月16日河北广播电视台在其网站头条转载了澎湃新闻《面对新冠肺炎，这张疫情轨迹图你一定要看》的报道，报道中使用北大可视化与可视分析实验室发布的疫情轨迹图，使新冠肺炎疫情与其他历史疫情的对比可视化。河北广播电视台还在其网站推出"图说"系列原创报道。其中，《图说｜坚持疫情防控"常态化"不获全胜绝不放松》报道于4月10日发布。报道采用图片形式，以"400多万名社区工作者""4000家景区"等相关数据为主要内容，对"坚持在疫情防控工作常态化中加速推动生产生活秩序全面恢复"进行解读。

河北省新闻媒体展开数据新闻实践创新，河北广播电视台于1月6日发表《【两会+】一图尽览 2020河北两会·早知道》，通过图片展示了河北省两会召开时间等相关信息，为省两会进行预热；1月7日发表《【两会+】报告速览 划重点！2020年河北这样干》，同样使用图片形式以数据为主要内容详细展示了凝练概括的经济、创新、改革、"三农"等九个方面的工作

---

① 喻国明、刘界儒、李阳：《数据新闻现存的问题与解决之道——兼论人工智能的应用价值》，《新闻爱好者》2017年第6期，第6页。

内容。此外，河北广播电视台还于1月10日在河北卫视和河北网络广播电视台同步推出了《【两会畅谈】最是民生暖民心》，选取"民生"问题为切入口，报道内容以视频形式呈现，展示了2019年河北省35.4万贫困人口稳定脱贫，20项民心工程全部完成，城镇新增就业85.6万人，58万平方米新校舍正式投入使用，2779个老旧小区全部改造完成等脱贫工作相关成果。随后对在河北省两会中提出民生建议的省政协委员和省人大代表进行采访并发布报道，对受众关心的民生问题做了进一步介绍，贴近人民，讲群众想听的新闻。

在重大主题的采编策划与报道中，长城新媒体集团利用自身优势与特色，突破传统的报道形态，优先进行适合新媒体传播形态的采编策划与报道。生产多种新媒体产品，如短视频、H5、海报等。寻求重大主题报道的可视化、碎片化、分众化，并形成了"长城视频""冀云海报""长城全直播"等具有鲜明特色的新媒体品牌。其中，在2020年全国两会的系列报道中，"冀云海报"以习近平总书记重要讲话精神、两会重要新闻、河北代表委员的重要建议等为主题发布海报作品共计200多个，在微博、微信朋友圈等平台广泛迅速传播，取得了良好的宣传效果。

2. 逐步实现媒体融合传播

当今世界媒体发展的一种主流趋势是媒体间的相互融合，这也是传统媒体在数字革命的冲击下求生存谋发展的重要途径之一。新媒体技术的迅速发展带来的是媒体新闻生产方式的改变，河北省重大主题报道借助媒体融合发展带来的优势，在一定程度上实现了全媒体互动、资源整合，发挥出更大影响力，取得了较好的传播效果。

近年来，河北日报报业集团注重推进新老媒体间的整合和融合，建设"中央厨房"，逐步实现全流程与全媒体的一体化运作，逐步推进"两微一端"和报、网的深度融合，力求在内容、平台等方面相互借力，打造合力，力求取得"1+1>2"的报道效果和影响力。

在新冠肺炎疫情发生期间，长城新媒体集团通过冀云融媒体平台实时转发权威媒体发布的世界及全国疫情数字和有关疫情的最近进展报道，同时依托"中央厨房"的全媒体平台,以市级节点为抓手,实时更新本地疫情的最新发展报道,积极宣传和引导本地受众做好有效防护。

河北广播电视台在新闻综合频道《全省新闻联播》和《河北新闻》两档节目共推出14个专栏、5组系列报道,形成新闻宣传的合力,取得了良好宣传效果。"夺取疫情防控和经济社会发展双胜利""复产复工一线行"等专栏在充分报道抗击疫情的同时,融合报道河北省复工复产、脱贫攻坚和春耕春灌等工作进展成效。系列融媒报道《前线日志》记录了一线基层医务人员的工作和日常,分享抗疫最前线的感人事迹。

此外,河北广播电视台新媒体中心在河北网络广播电视台、冀时客户端开设"决战决胜脱贫攻坚"专栏,下设"决战决胜脱贫攻坚:我们一起走过""再访太行燕山 见证脱贫攻坚"等7个专栏专题,通过冀时客户端于2020年8月推出了"脱贫攻坚特别节目《希望的田野》"专题。同时,河北卫视脱贫攻坚特别节目《希望的田野》,综合运用情感谈话与纪实性短片,记录贫困地区和贫困群众脱贫迈向小康的真实事迹。在冀时客户端推出《脱贫防贫,这里有妙招!——直击河北魏县扶贫产业复工防疫战》等网络直播,帮助贫困地区推广助农产业,助农脱贫。在2020年的"新春走基层"活动中,河北广播电视台新媒体中心结合自身优势,聚焦脱贫攻坚专题,制作了原创H5作品《【新春走基层H5】脱贫》,该作品在冀时客户端、河北网络广播电视台、河北广播电视台官方微博等多个端口齐发,呈现出立体式的宣传效果,全媒体发力,形成传播合力,截止到2020年10月,该篇H5作品点击量已超10万次。

融媒体时代,新闻生产方式已经逐渐走向融合,媒体以"中央厨房"为依托进行统一的报道策划,实现"共采共写共发"。

在抗击新冠肺炎疫情的系列报道中,河北新闻网、河北日报客户端统一策划,并综合运用微视频、H5等多种媒体形式和AR等新媒体技术回顾河北抗疫历程,弘扬河北抗疫精神,多篇稿件在河北日报进行多平台全面推送。河北新闻网、河北日报客户端同步开设专题——"河北省抗击新冠肺炎疫情表彰大会"。通过人物报道、事件回顾、图集展示等形式,立体呈现河北人民的抗疫精神。河北广播电视台推出原创H5作品《河北确诊病例行程轨迹实时查询》，可对河北省各地市确诊病例行程轨迹进行查询，并直观了解河北各地及全国疫情发展趋势。在大会召开后，河北新闻网及河北日报客户端迅速推送快评《去追光，成为那束光》，通过对前线医护人员的表彰和赞美，致敬英雄，号召大家学习先进个人和先进集体"忠诚、勇毅、奉献乃至牺牲"的英雄品格。河北新闻网推送微视频报道《今天，依然被他们感动》，回顾河北抗疫历程。河北日报客户端推出H5作品《同舟共风雨，遍地是英雄——抗疫"冀事本"》，以时间为线索，对河北省疫情防控的全程进行了回顾。两个平台在"采写发"的各环节做到同步并实现联动，扩大了报道的影响力。

在关于2020年全国两会的报道中，长城新媒体集团以冀云客户端总平台为依托，利用各县级分端首屏，对"两会"频道进行同步开设。推出专题"冀云时间·县级融媒报两会"，对各县级融媒体中心的两会相关报道进行精选，发挥冀云平台优势，依靠省市县三级媒体，共同在河北省内为全国两会营造舆论声势。长城新媒体集团还与天津津云新媒体集团、北京新媒体集团联手，共同策划并推出了特别节目《共话京津冀》。节目邀请三地的代表委员和专家学者云端连线，共同展示和讨论京津冀协同发展在一些重点领域取得的成就。

三 河北省新闻媒体重大主题报道的不足与对策

（一）重大主题报道中存在的问题

1. 内容缺少创新，存在同质化倾向

互联网是当今新闻传播工作的重要领域，越来越多的受众将注意力转移到了网络媒体中，河北省新闻媒体也逐渐将发展重点转向了以互联网为依托的新媒体传播领域。新媒体时代，随着技术的发展，新闻的组织架构、生产流程也都随之改变，但无论怎么变化，新闻的内容却一直占据着最重要的地位。"内容为王"虽是老生常谈，但仍是目前媒体发展形势下首先应当考虑的发展原则。互联网思维下，"内容"的形式和内涵等都已经被新媒体和新技术重新定义，融合了图片、音视频、VR、H5和可视化的动态数据等内容。①

如前文所述，河北省新闻媒体在2020年关于重大主题事件的报道中多次运用H5、视频、音频、图片等新媒体和新技术，也策划了一些具有本地特色的系列报道或专栏，这显然是遵循了"内容为王"发展策略的成果。但不得说，一些国家级的重大主题报道，特别是一些对时效性要求较高的报道，如新冠肺炎疫情的相关报道，大部分转载自新华社或人民日报等中央级官方媒体。这导致地方性新闻报道和原创性新闻报道在数量上的不足和报道内容上的重复，报道内容同质化现象严重，缺乏地方特色。又如在河北省两会的系列报道中，河北广播电视台虽然多次台网同步进行了原创报道，但其内容却是完全一致的，没有根据电视和互联网两种不同传播渠道的特点做出调整和修改，而仅仅是做到了同步，这就导致不同传播渠道间的内容同质化也十分严重。

2.媒体资源尚未真正实现深度融合

纵观整个2020年度河北省新闻媒体的重大主题报道，河北日报报业集团、长城新媒体集团、河北广播电视台等继续大力推进全媒体甚至融媒体建设，河北省新闻媒体融合发展取得了新的进展。但我们仍应清醒地认识到，河北省的媒体融合建设尚未实现真正意义上的媒体融合，仍未实现全媒体互动并形成合力。虽然河北省新闻媒体在持续大力建设和发展"中央厨房"，但不同媒体间未能完全实现资源共享，各主流媒体仍然各自为战，媒体聚合效应也仍然未显现。长城新媒体集团建设的冀云客户端，虽然秉持着"全省一张网、共享一片云"的理念，但冀云客户端所提供的资讯和服务仍然只停留在长城新媒体集团内的媒体之间，尚未辐射到河北省内其他媒体，做

---

① 张光、史瑞红、王同录：《融媒体时代内容为王的建构与创新》，《新闻爱好者》2017年第8期，第56页。

到真正的共享。

河北省新闻媒体之所以未能真正实现媒介的深度融合，首先是因为对媒介融合的理解不够深入，只停留在工具和技术层面，存在一定的片面性。其次是缺乏"全省一盘棋"的思维和意识，没有建立或健全适应媒体融合发展和适应受众需求、适应市场的现代化媒介经营管理制度。媒体本身和各媒体之间的机构设置和资本运营尚未实现系统化。缺乏能掌握不同媒介传播的操作技能、适应全媒体新闻业务的人才。最后是河北省新闻媒体对全媒体和融媒体的生态环境研究不够系统和深入，对于更新传播技术和升级传播渠道，应对不够及时有效。

3. 专业技术力量和人才欠缺

不论是河北广播电视台的"台网互动"还是长城新媒体集团的冀云客户端，大多依赖的新媒体技术仍然停留在图片、视频和音频层面，虽然也在两会和新冠肺炎疫情期间的报道中使用了 H5 技术进行报道，但对 AI、VR 等最新技术的运用显然十分欠缺。

在新媒体时代，特别是全媒体和媒体融合趋势凸显的当下，媒体除了需要遵循"内容为王"的发展规律之外，技术与渠道无疑是另外两个极为重要的议题。新媒体依托的是互联网的双向互动传播技术，是对传统传播技术的革命性突破。① 相较于新媒体发展速度和融媒体建设的推进速度，河北省新闻媒体在技术硬实力上仍然存在明显的不足。

（二）应对重大主题报道中存在问题的策略

1. 创新报道内容与形式，摆脱同质化倾向

河北省新闻媒体强化受众意识，为受众服务，以让受众省力为原则，生产对受众有用的新闻，加强传播的针对性和目的性。对此，河北省新闻媒体应建立起自己的新闻生产链和通信网络，尽可能多地深入一线进行采写报

---

① 王勇：《媒介融合背景下我国广电全媒体发展研究》，博士学位论文，武汉大学，2013，第110页。

道。在进行重大事件报道时,注重本地素材的收集,聚焦事件给本地生活带来的影响,增进受众对报道内容的亲近感,消除距离感。

力求突破程序化、仪式化的报道方式,将更多新鲜有益的信息呈现给受众。河北省新闻媒体的记者应努力尝试突破常见的叙事框架,不局限于个人的视角去观察和分析问题,要开阔视野,转换立场,使新闻产品能够在建构、基调和内容上独树一帜,摆脱同质化倾向。河北省新闻媒体要在强化"内容为王"原则的同时,明确受众细分,根据不同报道渠道受众的不同特点变换报道方式和内容。要与时俱进,跟随时代发展进行准确的自我定位,与受众需求共同发展。河北新闻媒体尤其要在传播形式和表现方式上努力进行个性化探索,向受众提供个性化、多样化的新闻产品。

2. 建立现代传播体系,实现媒体深度融合

2019年1月25日,习近平在主持中共中央政治局第十二次集体学习时发表讲话说:全媒体不断发展,新闻舆论工作面临新的挑战。我们要加快推动媒体融合发展,使主流媒体具有强大的传播力、引导力、影响力、公信力,形成网上网下同心圆。①

媒体融合的过程中要注意现代传播体系的形成。此体系不仅包括新闻媒介的体系和传播的形态体系,也包括传播理论和传播业务的体系。河北省新闻媒体应坚持技术主导,以市场和受众为导向,尽可能多地占有信息源并获取信息,进一步发展大数据"算法",将人工智能技术运用于新闻生产的全流程中。媒体的融合应以先进技术为支撑,遵循"内容为王"的原则。先进技术之所以占据着重要地位,是因为它在一定程度上能够为提高内容生产、制作手段和精准推送的水平提供帮助;但不可忽视的是,再先进的技术手段也是为内容建设服务的,因此在媒体融合中必须将内容生产放在首位。

3. 加大技术力量培育,重视技术型人才引进

新媒体与融媒体的发展,都不仅需要传统的知识型、技术型记者,还对

---

① 《习近平在中共中央政治局第十二次集体学习时强调 推动媒体融合向纵深发展巩固全党全国人民共同思想基础》,《人民日报》2019年1月26日,第1版。

技术型人才提出了新的、数量上的需求。目前河北省新闻媒体的新媒体从业人员大都是从传统媒体直接转化而来，对新媒体的核心技术和新媒体运营不够熟悉和熟练。另外，新型管理人才的缺乏也使融媒体的组织管理架构和工作机制难以得到有效运行，各部门小组分工和合作难以有序进行。

对此，河北省新闻媒体应加大力度培养和引进新型的复合型人才，除了新闻工作者必须具备的实践能力外，还应提升对大数据、区块链等专业技能的要求，寻找一专多能型人才。此外，在管理人员层面上，应重点考虑适应新媒体生产流程和组织框架的人才，建立新的管理机制和考核机制，分工明确，使各部门小组的工作和合作有序进行。

四　结语

河北省新闻媒体在2020年对重大主题事件的报道于细微处体现宏大主题，弘扬正能量。媒体融合初显成效，在一定程度上做到了多个传播平台的联动并取得了较好的传播效果。但在对全国性重大主题事件进行报道的时候，仍然存在内容缺少创新、内容同质化的缺陷，同时，河北省新闻媒体资源尚未真正实现深度融合，专业技术力量和人才欠缺等不足明显，仍然需要时间和精力继续发展改进。

B.13
河北省媒体融合发展的人才支撑体系研究报告

王全领[*]

摘　要： 媒体人才队伍建设是媒体融合发展的重要保障。河北省媒体人才队伍存在高端人才短缺、人才结构不合理、人才流失严重等普遍问题，要把存量人才资源开发作为重要的立足点，通过构筑人才队伍动态平衡体系、完善适应媒体融合发展需要的人才管理与激励机制、建立常态化技能培训与技能提升体系、加强社会合作延伸"外脑"等一系列制度创新，锻造一支高素质的融媒体专业人才队伍，为媒体融合发展提供强有力的人才支撑。

关键词： 媒体融合　人才队伍　制度创新

2020年是河北省媒体融合发展快速推进的一年。河北省委、省政府深入贯彻习近平总书记关于推动媒体融合发展、做大做强主流舆论重要指示精神和党中央决策部署，适应现代舆论阵地从传统媒体向互联网扩展的大趋势，通过资金与政策支持和分类指导，进一步完善新媒体传播体系，补足短板；通过建章立制，规范新媒体健康发展，不断提升河北省主流媒体传播力、引导力、影响力、公信力。而媒体人才队伍的建设与转型升级形成了河北省媒体融合发展的坚实支撑。

---

[*] 王全领，河北省社会科学院新闻与传播研究所副研究员，主要研究方向为新闻传播理论。

一 河北媒体人才队伍建设成为媒体融合发展的重要保障

河北省各级新闻媒体的融合发展经历了一个快速成长的过程，总体上已初具规模，在传播格局上实现了广泛覆盖并向基层下沉。作为传统主流媒体的省、市级报纸、广播电视台已基本完成向互联网领域的布局和采、编、制作、播发流程的初步整合。列入省级建设任务的147家县级融媒体中心也在2020年9月全部挂牌运行。在全省媒体融合发展的过程中，适应媒体业态与生态的改变，河北媒体人才队伍从思维理念到专业技能都得到了锻炼与提升。

1. 初步形成比较高效的决策、管理队伍

河北各媒体管理层通过学习与实践推进媒体内容、渠道、方式、手段、机制等全面创新，加快融合发展步伐，改进创新理念内容、体制机制、方法手段，逐渐探索出媒体融合发展的本地化模式。以事业发展为依托初步形成比较高效的决策、管理、运营队伍。

从相对单纯的采、写、编、播到以省级和重点城市各主流媒体为引导的"中央厨房"建设，是媒体融合发展的关键环节，也是媒体决策、管理层面近年来的重要课题。通过加快传统媒体业务和新媒体业务结合、整合、融合步伐，推动多元传播格局下报业、广播电视等运营模式的转型，推进报业、广播电视、网站、微信、微博在内容、渠道、平台等方面深度融合。坚定不移发力移动端，把内容优势转化为传播优势，构建全媒体传播矩阵，实现党务、政务信息等的及时有效传播，形成包含网端微和覆盖人民号、今日头条号、抖音号、大鱼号、腾讯企鹅号等全平台的新媒体矩阵。适应移动化、社交化、可视化的发展趋势，积极组建各种融媒体工作室，增强新媒体产品生产能力。

优秀的领头人队伍在媒体融合发展中展示出比较强的实力。各级媒体决策层在坚守传统主流舆论阵地的同时，对全省传播格局进行精心谋划。网站及客户端用户量稳步增长,多个微信、微博和其他大型传播平台优质账号资源,粉丝量快速增加,做到了对全省用户的深度覆盖。新媒体龙头依托"中央厨房"全媒体平台,着重打造时效更快、分众更细、覆盖更广、互动更强、风格更接地气的新媒体传播新业态,推进省市县三级新媒体宣传网络建设,为全面建成省市县三级新媒体宣传网络奠定了坚实基础。

2. 传统新闻专业技术人才向全媒体人才转型

适应媒体融合的需要,通过人才转型推进传统主流媒体转型。河北传统新闻采编技术队伍升级转型为全媒体人才队伍,从单一技能的专业人才升级为一专多能的复合型人才。如河北日报报业集团把报网端微号各平台统一纳入工作量考核范围,实行纸媒与互联网平台一体考核、优稿优酬、多劳多得,通过考核指挥棒引导采编人员把工作重心向互联网平台转移。媒体融合的深入促进了新闻信息采集、加工、传播的多种环节与形式的整合,传统单一媒体、单一形式的新闻采集、编辑、出版播出流程发生巨大的改变。传统记者中,文字记者、录音记者、摄影摄像记者的工作往往泾渭分明,现在将单一采集形式转变为文字、图片、视频、音频等形式的全面采集。记者采集回来的文字、图片、视频、音频等新闻素材在"中央厨房"通过编辑分时、分级处理、加工制作将素材加工成不同形式的新闻分发到报纸、广播、网站、移动端等各种形式的平台。河北新闻采编技术队伍的转型与升级,有力地支撑了编采播等生产领域整合的同时,推动了内容的生产,优秀作品与优秀项目不断涌现。

3. 融媒体技术人才支撑与拓展事业成长空间

媒体融合以现代数字信息技术为基础,媒体融合的每一步都建立在技术的应用与创新之上,人工智能被日益深入应用在新闻采集、生产、分发、接收、反馈中,让新闻信息传播自动化、精准化、高效化,这都有赖于融媒体技术人才的维护与创造。

融媒体技术人才是河北省媒体行业的新生力量。短短数年之间融媒体技术队伍从零开始发展到初具规模,内容生产技术人才、平台管理技术人才成为全省媒体融合发展和运转的技术依赖。融媒体技术人才支撑着打造跨终端、跨网络、跨媒体传播的网络平台建设进程。新闻互联网站建设和移动客户端作为媒体融合发展的重点项目是融媒体技术应用与创新的重要领域，全省融媒体技术人员通过加大技术研发力度，视频直播、在线点播、AR/VR（虚拟增强现实）、MR（混合现实）、H5等互联网新技术广泛应用，把那些传统上分属于纸质、音频、视频、数字媒体的各种新闻元素融合到一起，形成新的新闻产品，并进一步根据市场和用户的需要，全面整合新闻信息，根据不同的媒体渠道特征和用户特征，进行媒体生产制作方式和流程的重构，以满足用户个性化的需要。

融媒体技术人才有力地保证了融媒体的大脑——"中央厨房"的稳定高效运作。作为运用微服务、大数据、移动互联网等全新技术的集合体，融媒体技术人才对从新闻信息采集汇聚、全媒融合加工、多形态资源管理、多渠道内容发布、全文检索业务到平台运营管理的媒体融合环节发挥着至关重要的作用。通过移动审稿确保内容准确及时发布，大大提升新闻创作及传播效率，促进媒体资源的创新深化和一体化运用，拓展了传统媒体与新兴媒体融合发展的空间。

二 河北省融媒体人才队伍建设存在的问题和原因

媒体融合深刻改变了传统的新闻生产与传播方式，重塑采编流程，加之传媒技术更迭迅速，新产品、新业态不断涌现。面对这些变化，建立在传统媒体班底上的媒体人才队伍不可避免地存在思想禁锢和技能短板。媒体发展大环境遇冷、薪酬待遇和事业发展空间的制约也使河北省主流媒体在吸引优秀人才方面存在一定的困难。

（一）媒体融合进程中人才队伍建设面临的突出问题

1. 高端专业人才特别是领军人才短缺，基层媒体尤为突出

虽然"中央厨房"建起来了，但对其技术流程和全产业链的研究和运用还处于初始阶段，创新驱动力量不足，缺乏掌握核心技术、熟谙新媒体运营的领军人才和专业技术队伍。省级媒体和重点城市媒体高端人才欠缺，尤其缺乏既懂新闻传播规律又懂新媒体发展规律的全媒体人才和擅长大数据分析、计算机应用、5G技术、媒体管理与经营方面的复合型人才。

采编人才和数字技术人才短缺制约了媒体融合发展的进程。地市和县级基层媒体的专业技术队伍存在青黄不接的现象，不少媒体连续十几年没有正式招聘人员进入，普遍存在队伍老化和技术断层现象。有些媒体甚至长期没有专门的网络技术、视频编辑人员，极不适应当前媒体融合的大趋势。从业人员业务素养不能适应媒体融合步伐，导致媒体融合过程中在技术层面缺乏有效衔接。

2. 人才结构不合理，难以形成人员力量的科学匹配

从总体来看，河北省媒体从业人员群体主要由新闻业务人员、技术保障人员、经营管理人员构成，是一支具有优良传统并在新闻实践中逐步发展壮大的队伍。但同时存在机构臃肿和中低层次人才冗余，高素质专业人才和复合型人才紧缺现象。传统主流媒体人才能力短板和结构性缺失，导致现有专业技术人员熟悉传统新闻业务的人多，熟悉新媒体的人少，人满为患和人才不足形成整个媒体人才队伍的结构性矛盾。

年龄结构上不少媒体存在人员老化现象，从学历状况来看，县级媒体专科和专科以下人员占主体，职称方面初级专业技术人员占多数，高学历高职称的属于凤毛麟角，难以形成人才梯队在知识技能和专业水平方面的科学化配置。

3. 普遍存在技能恐慌，不能充分适应融媒体新闻传播需求

面对媒体深度融合带来的诸多挑战，以传统媒体从业者为主体的人才队伍存在技能荒的现象。传统媒体的部门划分界限清晰，人员分工具体明确，但随着内容、渠道、平台、管理、经营等方面的融合，一些媒体从业者跨部门、跨领域的协同工作能力不强，难以适应"融为一体、合而为一"的融合发展工作要求。文字、图片、音频、视频内容与渠道在传统媒体中仅被要求各守地盘，所以传统媒体人才只要在采、写、编、评、摄、录、播等技能

中掌握一两项就可以独当一面。当媒体融合将原来泾渭分明的不同形式媒体集成在一起的时候，需要媒体人才做到一专多能——专业更精深、能力更多样，原来独当一面的技能就捉襟见肘了。

4. 优秀人才流失严重，引进人才难以及时补充

媒体人才流失是一个长期存在的问题，在媒体融合过程中表现得更为突出。甚至有时从个人离职发展到团队跳槽，人才流失和难以及时引进补充成为媒体融合发展面临的严峻挑战。当前，河北省各级媒体通常有事业编制、聘用人员、劳务派遣等几种用工方式。正式编制人员往往有更多机会转到其他机关事业单位、更高一级的媒体或者走上领导岗位。而聘用和劳务派遣人员经过媒体工作的学习和实践，素质和能力会得到一个整体的提升，具有独当一面的能力后就又有跳槽的冲动和专业条件，一旦有合适的机会和目标就会离开。在人才引进和补充方面，因为存在更优选择，河北省多数媒体对高端人才又缺乏应有的吸引力与黏合力，往往受编制限制，招收新人只能通过劳务派遣渠道实现，新人归属感差，难以做到全身心投入，导致优秀人才断档。

（二）河北媒体人才队伍建设中的制约因素

1. 媒体市场大环境因素发生巨大改变

与以前传统的报纸、广播、电视三分天下瓜分本地地盘不同，数字信息技术的进步催生了大量的新型商业媒体。带有强烈市场基因的商业新媒体如雨后春笋般出现并占据着越来越大的市场份额，突破了各种地域限制。主要发轫于传统媒体的省内新媒体在用户占有率方面虽然近几年有了显著提升，但从绝对数量来看，与头部社交类媒体和强势的新媒体平台相比还处于相对弱势。社交媒体的强关系互动加强了这些平台的资讯扩散与传播，使得社交媒体成为重要的资讯通道。越来越多的新媒体用户流向头部社交媒体平台和国家级、先进省市新媒体平台。客户市场占有率的不足导致省内媒体营收方面面临巨大的挑战，尤其是基层媒体造血能力严重不足，难以为员工提供相应的事业平台和薪酬待遇。普通员工对提升专业技

能缺乏动力，而优秀人才则容易另选高枝。与之相对的是商业新媒体不仅能为优秀人才提供更高的薪酬，而且能为其提供实现自身职业理想与抱负的事业平台。近年来，很多优秀传媒人才离职后选择投身商业新媒体，还有些选择自主创业。

2. 媒体管理体制和激励机制还存在较大的改革空间

媒体管理体制的每一步改革都受到很多历史因素以及宏观管理体制的制约。媒体从业人员身份从最早期的事业编制加临时工，经过长期的渐进式改革发展到现在的多种形式，但占据主体的是事业编制、聘任制和近几年更常见的劳务派遣方式。媒体作为事业单位本身的行政约束问题较为突出，包括用人制度上的灵活性与事业单位干部岗位的固定设置存在一定的冲突，而且不同用工性质的员工，身份不同导致其在薪酬福利、晋升上的不同待遇。在薪酬制度上，受制于财政资金使用的制度制约，难以实现定岗定酬，体现多劳多得的原则要求。从业人员的薪酬与个人业绩、工作数量与质量、经济社会效益关联度不够，分配上正式编制员工和其他员工存在差距以及倾向于平均主义的观念还没有被完全打破。在重要岗位的竞争、领导干部的任用、专业技术职称的晋升等方面存在体制方面的制约。内部缺乏完善有效的长期激励机制来激发员工的积极性、创造性，并同时增强员工的成就感与归属感。媒体管理体制和激励机制的改革尚不到位，这是制约河北省媒体人才队伍建设的重要因素。

3. 学习、培训机制不够完善，制约人才队伍的整体提升

随着媒体融合发展的不断深化，移动化、社交化、视频化和智能化成为媒体发展的重要特征，推动低维形态的媒介向高维形态的媒介快速演进。不同于传统的多种新技术的运用，这些巨大的变革对于河北媒体而言，无论是从决策管理层还是到一线员工都是一系列崭新的课题。将人工智能再造信息传播的全流程，实现各种媒介资源、生产要素有效整合，实现信息内容、技术应用、平台终端、管理手段共融互通，加强传播手段建设和创新，实现新闻传播的全方位覆盖、全天候延伸、全领域拓展。这种传播格局强烈地依赖于媒体人才对互联网思维的理解和对新技术、新技能的掌握。由于缺乏完善

系统的学习与培训机制，对员工培训基本停留在去先进地区考察调研和请专家讲座的基本模式，教育培训的内容、形式缺乏系统的规划，对全体员工尤其是作为主体的传统媒体员工向新媒体转型时期的专业技能提升缺乏整体的推进力，实际效果滞后于媒体融合的发展进程。

三 强化河北省媒体融合人才支撑体系的对策与建议

媒体融合发展的关键是人才，核心是人才。媒体融合发展不仅受到区域经济社会环境的影响、思维理念的束缚、科学技术水平的限制，还受到人才队伍支撑力的限制。推动河北省各级媒体融合发展，必须善于和能够珍惜人才、发现人才、培养人才、引进人才、凝聚人才，做到人才能留得住、引得进、用得好。锻造一支高素质的专业人才队伍，形成强有力的人才支撑体系。

（一）构建人才队伍总体稳定和必要补充相结合的动态平衡体系

1. 把存量人才资源开发作为重要的立足点

河北现有媒体人才队伍支撑了全省媒体融合的发展和正常运转，在可预见的将来他们仍然是河北媒体事业发展的中坚支撑力量。随着媒体融合的深入，这支队伍从业人员从传统媒体中采、拍、摄、写、编、播等单一专业技术拥有者变为拥有各种相关技术的多面人才。因此必须进一步加大力度整合开发现有人才资源，进一步完善人才资源的优化配置，加强项目体系建设，以事业发展为导向为人才提供成长空间与平台。

2. 引进人才和分流冗员相结合，形成人才队伍的良性循环

在开发现有人力资源的同时，积极引进新媒体人才，完善人才流动的主动性规划。择优引进媒体发展需要人才，最大限度地分流一批不能适应媒体融合发展需要的人员。努力使技术专业队伍在结构、数量、素质方面更趋合理，实现良性的供需平衡，缓解用人矛盾。努力实现人才队伍最优

化、效益最大化，建设一支具有互联网思维、适应新的传播业态、综合素质强的新媒体团队。引进人才的目标要重点瞄准紧缺人才、高端人才、领军人才。根据融媒体中心内容生产、技术研发、资本运作和经营管理等各方面对人才的需求，对关键岗位、特殊岗位的人才，加大引进力度，及时补充有生力量。

3. 依靠提高薪酬待遇和关心员工个人生活来增强凝聚力

在做大做强媒体融合事业的过程中锻造队伍，同时要深刻清醒地认识到留住人才的核心是待遇这一基本规律，靠创造较好的经济效益为优秀人才提供更好的生活条件，激发员工的工作热情和树立奋发向上的精神风貌，提升团队的工作效率。坚持以人才为中心的人性化管理，打造优良的传媒内部文化，积极开展形式多样、内容丰富的主题活动，在生活上为专业人才排忧解难，时刻把增强单位凝聚力和职工归属感作为团队建设的重要课题。

（二）构建适应媒体融合发展需要的人才管理与激励体系

1. 完善人员管理机制，创造公平、公正的人才成长环境

根据事业发展和实际工作需要，通过完善制度解决现存的人事编制问题。解决好现有的编制短缺和人员管理混乱问题，协调不同身份的员工在工作中形成最大合力，避免出现人浮于事、不安心工作、在岗不出力等问题。对媒体人力资源进行充分的整合、重组和精编，在干部任命上唯才是举，打破身份界限，允许优秀聘用人员担任中层以上领导职务。将所有具有事业编制的人员进行精细化梳理，保留个人档案身份，在媒体拥有的事权和财权限度之内，统筹使用财政资金，根据工作业绩实行灵活的绩效工资制度。

2. 建立科学的人才激励机制和考核评价体系

建议建立科学合理、适应融媒体特点的考核激励机制，必须按照媒体内容、技术支持和媒体经营三大主体岗位分别制订方案。对团队激励和员工整体薪酬体系进行公正科学的制度设计，在以项目为支撑的前提下，对员工在

定岗、定员、定责和岗位评价的基础上,制定出台薪酬分配制度改革实施方案,建立以岗位责任与工作业绩为依据的薪酬分配制度,做到同岗同责、同工同酬、多劳多得、奖优罚劣。建立健全人才多元评价机制,让优秀人才有成就、有地位、有待遇、有归属感,增强团队的凝聚力,发挥人才的内生动力。

3. 完善人才晋升机制,拓展人才成长空间

改革职务职称的晋升机制,将编制与名额控制转变为以项目、业绩为导向,坚持公平公正,对不同用工身份的专业人才做到一视同仁。同时在现行宏观人事人才管理制度之外,创设更多的适合媒体融合发展的职务职称序列,使专业技术人才的业绩得到更多元的社会评价,获得更加充分的事业发展空间。建立全省性的媒体人才数据库,提供衡量人才专业技术水平、工作实际业绩、团队协作水平等多方面的指标数据,为专业技术人才在媒体内部的换岗、媒体之间的流动以及向社会的有序流动提供选择依据。通过拓展人才上升空间来增强人才的创新动力。

(三)建立常态化技能培训与技能提升体系

1. 制定适应长期发展与短期急需相结合的人才培训规划

根据媒体融合发展的需要,梳理媒体运行各个节点、岗位的专业技能需要,区分轻重缓急制定合理的内部人才学习、培训、技能提升的总体规划。建立人才学习、培训与技能提升的制度化、常态化机制,让媒体从业人员对自己的职业目标和专业技术水平的提升有明确的思路,把积极学习、勇于学习、善于学习贯穿于工作实践的始终。

2. 坚持以实践为主的多样化培训

把媒体融合业务实践作为技能提升的重要途径,通过岗位练兵和传帮带等形式在实践中提升员工个人和团队的专业技术水平,建立内部学习交流机制,引导培育现有人员向全媒记者、全媒编辑、全媒经营人才转型,建立学习型团队。加强与专业院校、上级媒体的交流合作,通过专家授课、脱产学习、到上级媒体顶岗交流等形式,加强从业人员对媒体融合系统性知识和前

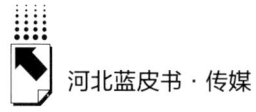

沿技术的学习。建立省内媒体之间的业务交流机制，以大型采风、技能大赛、优秀作品展演等方式加强媒体间的交流学习，让好经验、好做法在交流互鉴中放大价值，发挥示范带动作用。

3. 建立以重点主流媒体为引领的人才顶岗交流制度

省内重点主流媒体无论是在媒体规模、人员素质，还是在前沿实践方面都是基层媒体难以望其项背的。主流重点媒体在做好内部人才培训与技能提升工作的同时，应该发挥对基层媒体的引领与带动作用，为基层媒体新闻宣传、网络技术、广告经营、媒体管理等方面的业务骨干提供常态化的顶岗交流机会，把上级媒体的先进理念、管理经验、知识技能等向下级媒体渗透输送，带动基层媒体从业者快速成长。

（四）通过加强社会合作延伸"外脑"

1. 加强与媒体外部领军人才的合作，借力提升整体实力

在人才短缺的情况下，河北省新闻媒体应瞄准媒体融合发展过程中的重要项目、有发展前景的技术应用，建立与外界高端领军人才的合作机制。通过依法、有序地借用外脑，延揽天下英才，共同攻克媒体融合发展的难关险滩，同时带动提升媒体人才队伍的整体实力。

2. 加强基层通讯员队伍建设，向下延伸人才体系

通讯员制度是传统主流媒体长期坚持的一个优良传统，在媒体融合时代又被赋予了更丰富的内涵。建设一支技术过关、思想过硬、人群广泛的基层通讯员队伍，在获取新闻线索、新闻信息采集、网络舆情引导方面发挥着独特的作用。尤其在融媒体时代追求新闻信息的及时性、互动性的情况下，通讯员队伍还能够增强媒体的在场感，形成稳定的用户群，扩大二次传播声量，具有更加多重的积极作用。

3. 建立开放的通道与平台，用好社会自媒体人才资源

自媒体在整个媒体传播格局中已经成为重要的创新力量和原创内容来源，现在的微博号、微信公众号、今日头条号等自媒体中很多优秀的自媒体账号，其传播力和影响力已经不可小觑。自媒体参与者在绝对数量、职业广

泛性、社会生活渗透性、地域普及性等方面有明显优势。他们相比于传统媒体专业人员有着非常独特的资源和传播力量，因此自媒体人才资源成为现代媒体融合发展过程中非常值得发掘的人才富矿。必须建立开放的、富有吸引力的通道与平台，最大限度地吸收优秀自媒体人才融入媒体融合事业，增加人才支撑的深度和厚度。

B.14 2020年河北"三农"视频自媒体发展报告
——聚焦自媒体与乡土公共性

韩春秒 韩幸婵*

摘　要： 伴随短视频的迅速崛起，"三农"视频自媒体成为乡村话语权与影响力的切实拥有者与重建乡土公共性的可能性力量。新冠肺炎疫情催生了"三农"视频自媒体的乡土公共性实践。他们通过公益行动维系乡土团结，通过朴素的举动滋养乡土团结，通过社交电商助推乡土团结，通过自媒体矩阵巩固乡土团结。然而，个体的、市场化属性，决定了"三农"视频自媒体在乡土公共性实践中的不确定性，表现为持续力堪忧、影响力偏弱和整合力不足。本报告认为，应重点从廓清观念、组织赋权和品牌战略等方面，进一步助力"三农"视频自媒体的乡土公共性实践。

关键词： 乡土公共性　"三农"视频自媒体　社交电商　品牌战略

---

* 韩春秒，河北省社会科学院新闻与传播学研究所副研究员，主要研究方向为乡村传播、文化产业；韩幸婵，河北省衡水中学高级语文教师，主要研究方向为中学语文、传统文化、乡土文学。

一 引言

"鹏鹏在农村"是河北省邢台市内丘县柳林镇下王家庄村村民王利鹏在西瓜视频注册的"三农"视频自媒体账号。2020年1月26日，该账号发布了一条原创视频《舅舅带领众人去封村，为了这场没有硝烟的战争，我们必须赢》。截至2020年12月11日，该视频播放量达796.7万次。

为何这样一条不足5分钟的短视频能够取得如此夺目的传播数据？除去特殊时期社会关注点高度一致外，还因为该视频较以往的"三农"短视频实现了三个超越。一是视频主体空前团结。"三农"短视频不再是个人、一家一户的"各自为战"，而是全村较有影响力的自媒体的一次"亲密合作"，并邀请村支书参与其中，乡土公共性得以迅速凝聚。二是视频主题空前公共。"三农"短视频不再是囿于私生活场域的原生态柴米油盐，而是将视野拉向乡村公共生活，这些自媒体人作为村庄的一员，积极呼吁并踊跃行动，用公益言行彰显了公共形象，张扬了乡土团结。三是视频效果空前积极。2020年初，无论村民还是市民，对突然袭来的疫情，都有些措手不及。这条视频发布于农历的正月初二（2020年1月26日），一个普通小村庄能够第一时间行动起来团结抗疫，为村民与网民鼓舞了士气，增强了必胜信心。这条视频让观众看到了"三农"视频自媒体与乡土公共性重建的巨大可能性。

"三农"视频自媒体与乡土公共性重建，通俗讲，即"三农"视频自媒体与乡土团结的再造。本报告将尝试从学理层面对该问题进行爬梳，并从实践层面去具体观照和细致把握。本报告以全国为背景，以河北省为重点，以求对2020年度河北省"三农"视频自媒体的发展进行科学、全面的观照，并对"三农"视频自媒体如何助力乡土公共性进行积极展望。

二 河北省"三农"视频自媒体的乡土公共性实践

燕赵大地自古多慷慨悲歌之士,红色河北更是弘德扬善、爱心涌动的正能量热土。面对新冠肺炎疫情的突然来袭,河北省一大批"三农"视频自媒体人纷纷行动起来,他们通过公益行动维系乡土团结,通过朴素的举动滋养乡土团结,通过社交电商助推乡土团结,通过自媒体矩阵巩固乡土团结,在乡土公共性实践中留下了浓墨重彩的一笔。

(一)以公益行为维系乡土团结

河北省"三农"视频自媒体人为乡村抗疫纷纷出工出力、慷慨解囊,有的还为武汉捐款捐物,这些通过"三农"短视频得到了及时的记录与传播。河北省馆陶县寿山寺乡南新头村村民李爽(1992年生)是今日头条"三农"短视频签约作者,自2018年3月22日通过账号"农村小爽"进行自媒体创业。截至2020年12月12日,"农村小爽"在今日头条拥有87万名粉丝。疫情期间,李爽夫妇为村口志愿者送去物资①,还为邻村受疫情影响滞销的葡萄积极寻找销路②,并自掏腰包为福利院老人送去400斤葡萄③,向武汉捐款5000元④。河北省大名县"三农"视频自媒体人姚三马⑤,作为一名中共党员,坚持在防控疫情的最前线⑥,并为村口站岗的村民捐献慰问

---

① 见今日头条账号"农村小爽"2020年2月15日视频《乡村防疫:小爽给志愿者送物资,一不小心看到这场面,鼻子一阵酸》。
② 见今日头条账号"农村小爽"2020年8月26日视频《果农葡萄卖不出去,急的(得)要把树砍掉,小爽心疼哪怕赔钱也想卖出去》。
③ 见今日头条账号"农村小爽"2020年8月27日视频《果农葡萄卖不出去,小爽自己掏钱买400斤,满满一车,老公同意吗》。
④ 见今日头条账号"农村小爽"2020年1月27日视频《农村小爽在最关键时刻,向武汉捐款5000元,一起对抗病毒!》。
⑤ 姚三马,今日头条签约作者,头条号"姚三马"持有人,河北省邯郸市大名县金滩镇农民。截至2020年12月12日,该账号在今日头条拥有粉丝174万。
⑥ 见今日头条账号"姚三马"2020年2月13日发布的原创图文。

品（水、面包、牛奶、方便面）与慰问金①，为村子里出行不便的孤寡老人送去生活必需品。

"农村阿凯"账号持有人刘志凯（1991年生），是河北省邯郸市涉县井店镇刘家村人，该账号自2017年4月30日开始发布"三农"短视频，目前是西瓜视频"三农"领域签约创作者，在西瓜视频、今日头条和抖音平台拥有粉丝逾180万名，原创视频累计播放9.8亿次。② 2020年疫情期间，刘志凯发动全家自编自演"三句半"，宣传抗疫知识。③ 用无人机进行村庄巡逻，通过无人机喇叭喊话村民，提醒大家居家不外出、不串门、不聚会④；自导自演"拒吃野味"短视频，传播卫生保健知识⑤；为本村执勤人员送去慰问品⑥；以个人名义为武汉捐款5000元⑦。

（二）以朴素的举动滋养乡土团结

疫情期间，"三农"视频自媒体的公益行为具有特殊时期的特殊性，但可持续性却几乎没有保障。从这个角度看，疫情期间"三农"视频自媒体的公益行为就像是维系乡土团结的一场时长有限的"暴风雨"，是特殊情境下对乡土团结的集中声张与密集行动。当疫情防控趋于常态化，"三农"视频自媒体回归日常拍摄主题，重回家庭、团队、创业与发展，"三农"短视频在乡土团结中的建设性又会被稀释。正如乡土团结是一个陈旧的话题一

---

① 见今日头条账号"姚三马"2020年2月10日视频《农村小伙为村里执勤人员捐赠物资，满满一大车，看看都有啥？》。
② 韩春秒：《2018年河北省新媒体产业发展的新动态与新思路——以乡村原创视频为例》，载《河北文化产业发展报告（2018~2019）》，社会科学文献出版社，2019。
③ 见西瓜视频账号"农村阿凯"2020年1月30日视频《阿凯一家表演三句半，老妈手拿俩锅盖，这效果如何？》。
④ 见西瓜视频账号"农村阿凯"2020年2月3日视频《阿凯用无人机硬核喊话，这效果真霸气！》。
⑤ 见西瓜视频账号"农村阿凯"2020年3月6日视频《阿凯和老爸山顶对决，演绎大片，谁技高一筹？》。
⑥ 见西瓜视频账号"农村阿凯"2020年2月26日视频《阿凯在村口执勤，又冷又饿，幸好媳妇及时来了！》。
⑦ 见西瓜视频账号"农村阿凯"2020年1月27日发布的原创图文。

样,乡土团结的形成往往需要漫长的过程。因此,"三农"视频自媒体在乡土团结中的建设性只有通过长期关注和投入,方能取得理想的效果,这种长期投入的效果是浸润式的。因为,短时间的狂风暴雨过后,只会"水过地皮干",而对村民心理秩序的深层次改良,依赖的是"长时段细雨"的滋润,这种"长时段细雨"的滋润体现在平常生活中即自然朴素的行动。河北省"三农"视频自媒体人中助益乡土团结的朴素行动者不乏其人。

2020年10月和12月,"农村阿凯"账号持有人刘志凯分两次为本村60岁以上老人免费拍照共计50余张①,并将照片冲洗出来塑封后送到老人们的手中。刘志凯为老人拍照的想法很朴素,他说:"我要做一件自己认为非常有意义的事情,我要把我们村所有的老人都录下来,他们的子女以后可以看一下,回忆一下。"刘志凯用视频记录下了第一次走街串巷为村内老人拍照的经历②,由于很多老人白天下地劳动不在家,第一次总共拍下二十五六张照片。截至2020年12月12日,这条视频在西瓜视频播放达22万次,获赞1.2万次,留言2500多条。12月10日,刘志凯第二次为村内老人拍照,以弥补第一次的遗漏。这次通过村支书用大喇叭广播,"请全村所有60岁以上的老人上午到楼房角免费照相",这次响应的老人较多,一共照了30多张。③ 刘志凯还用视频将给老人们送照片的过程进行了记录,视频里一张张质朴的笑脸,一句"我给你个钱吧",表达出朴素的太行山深山区劳动人民发自内心的感激之情。④

"三农"视频自媒体人刘志凯为给村子里的老人照相,专门买来照片打印机和1000张相纸,用自己从事自媒体养成的摄像技能为该村老人进行公

---

① 来自笔者2020年12月10日对刘志凯的采访记录。
② 见西瓜视频账号"农村阿凯"2020年10月11日视频《阿凯给全村老人拍照,用镜头记录下来,结尾看哭了!》。
③ 见西瓜视频账号"农村阿凯"2020年12月11日视频《阿凯再次给老人照相,乡亲们太淳朴了,怕我花钱呢》。
④ 见西瓜视频账号"农村阿凯"2020年10月31日视频《阿凯把照片洗出来,送给全村老人,笑着笑着就哭了》。截至2020年12月12日,该视频播放达26万次,获赞1.5万次,得到3100多条留言。

益服务，并表示那些对自己的照片不是很满意的老人，随时可以找他再补照。刘志凯说："老人们收到照片，表面上说自己照得不好，不上相，其实内心都特别喜欢。还有一些老人，希望能够拍个竖照，为的是百年后能够用作遗像。"① 一张张普通的照片，温暖了一位位村庄老人的心，也温暖了一个个家庭和整个村庄。

（三）以社交电商助推乡土团结

直播带货是社交电商的典型形式，在2020年甚是火爆。部分河北省"三农"视频自媒体纷纷入场掘金，并加入"助农"带货的队伍，比如3月25日，邢台内丘"三农"视频自媒体"农村傻大妮儿"和"犟媳妇儿"参加今日头条"八方助农 县长来了"活动，连线香格里拉市副市长，助力当地特产野生羊肚菌销售。4月15日和16日，邢台内丘"三农"视频自媒体"蛋蛋走乡村"和"鹏鹏在农村"参加"湖北重启 西瓜助力"直播带货活动，等等。

近两年，社交电商或内容电商成为"三农"视频自媒体重要的变现渠道，也是诸多"三农"视频自媒体以经济手段助推乡土团结的可能路径，主要通过组建合作社、办加工厂或做供应链等来带动村民增收。2018年笔者曾对河北省"三农"视频自媒体社交电商发展情况进行过梳理②，涉及涉县"农村阿凯"、卢龙"农村小鹏"、新乐"农民小天天"、馆陶"农村小爽"等。经过两年的发展，2020年"三农"视频社交电商在扎根乡土方面有了新进展。

"农村小爽"利用当地棉花种植面积大的优势，从2018年开始在头条店铺出售加工的棉被和棉衣。在2019年"双11"活动中，取得了一小时销售800床棉被的好业绩。截至2020年3月，该"三农"视频自媒体账号共

---

① 来自2020年12月10日笔者对刘志凯的采访记录。
② 韩春秒：《2018年河北省新媒体产业发展的新动态与新思路——以乡村原创视频为例》，载《河北文化产业发展报告（2018~2019）》，社会科学文献出版社，2019。

销售棉被1万多床，棉衣、棉裤3000多件。① "农村小爽"通过社交电商拓展了村民就业渠道，带动了村民增收。截至2020年3月，"农村小爽"拥有固定员工近20人，以本村中老年妇女为主，包括6户贫困户。"农村小爽"团队高于市场价收购村民种植的棉花，增加农民收入。② 村民加工一床棉被，有15~20元的收入，平均每天有100多元的工资，每月能拿到3000多元的工资。③ 遇到集中供货时，"农村小爽"团队还会增加临时工人，为村民们提供了在家门口就能挣到钱的机会。在"农村小爽"的带动下，村子里打麻将、唠闲嗑的留守妇女越来越少了，她们开始忙碌起来，大家一起劳动，一起享受劳动带来的喜悦。④

（四）以自媒体矩阵巩固乡土团结

2020年，河北省"三农"视频自媒体在矩阵化发展方面有了新突破。比如，今日头条"三农"视频自媒体"农民小天天"，账号持有人为新乐市承安镇西五楼村村民杜超。2020年，杜超家族的多名成员加入了自媒体创业队伍：杜超的大嫂在今日头条注册账号"大嫂的快乐生活"，截至2020年12月18日，拥有粉丝3.8万人，获赞21万次；杜超的堂妹在今日头条注册账号"杜家小文"，截至2020年12月18日，拥有粉丝2.1万人，获赞13万次；杜超的堂弟在今日头条注册账号"小龙努力Vlog"，截至2020年12月18日，拥有粉丝1万人，获赞6.6万次。这些矩阵账号之间通过互动、转发、相互出场等行为，彼此增加流量和热度，助力新账号的快速成长。另外，从视频主题看，自媒体也在增进家族成员之间的感情，之前"农民小天天"经常与二哥、岳父合作收废品，近来也开始与

---

① 《90后网红"棉被夫妻"带富众乡亲》，《河北日报》2020年3月18日。
② 今日头条账号"农村小爽"2020年10月5日视频《小爽助村民收棉花，两车又多卖200块，高兴的（得）大爷直喊好闺女》。
③ 今日头条账号"农村小爽"2020年9月20日视频《小爽给村里妇女发工资，做棉被一个月挣3350元，数钱都手软了》。
④ 今日头条账号"农村小爽"2020年1月22日视频《小爽买15条大红围脖，每人一份真喜庆，全体员工给大家拜年啦！》。

大哥大嫂合作了。

在"三农"视频自媒体矩阵化方面，河北省最具代表性的是邢台市内丘县柳林镇的下王家庄村。"乡野农哥"是该村一位"三农"视频自媒体达人，是家族自媒体事业的带头人，也是村庄自媒体事业的领路人。在"乡野农哥"的带动下，实现了家族账号全网粉丝超1000万人。① 截至2020年12月，该家族视频自媒体"农村傻大妮儿""大妮儿家的王常输""霞姐的北漂生活""犟媳妇儿""倔媳妇""姑嫂一家亲""二丫生活""北漂修车哥"等都已成为引流大号，这些账号生产的视频点击率普遍较高，总体导向积极，无数网友为这个团结友爱、正能量的大家庭竞相点赞。同时，本村账号"鹏鹏在农村""蛋蛋走乡村"等都拥有了几十万人的粉丝规模和很稳定的视频播放量。另外，"远嫁平平在农村""北漂小婷婷""小楠的北漂生活""村姑小红""阳光男孩儿王宁""小辉走乡村"等一批新号正在迅速崛起。

邢台市内丘县柳林镇下王家庄村的"三农"视频自媒体矩阵，将生动的村庄故事呈现在网民面前。无论是从文章开头提到的疫情之初该村的空前团结，还是从结婚生子、夏播秋收、冬天漏粉条等农家大事，都可以看到一个互爱互助、团结的村庄形象。"三农"视频自媒体人"农村傻大妮儿"夫妇是养猪能手，在他们的带动下，村民纷纷养猪，当遇到养殖难题、饲料紧缺或销售困难等难题时，他们夫妇会热情帮忙。社交电商的运营过程，正是乡土团结的巩固过程。在通过视频培养粉丝、吸引流量的基础上，村内各个账号联合利用社交电商出售手工老粗布床单、黄小米、手工红薯粉条、薄皮核桃、太行山富士苹果和花生油等当地农产品。账号"霞姐的北漂生活"记录了老父亲为了支持村子里的手工粗布事业，不辞辛劳为邻居们义务做织布梭子的全过程。② 账号"犟媳妇儿"则记录了老人为不耽误邻居织布，冒

---

① 今日头条账号"乡野农哥"2020年5月10日视频《农哥第一次接受电视台采访，全程紧张腿发抖，大家看表现的（得）怎么样》。
② 见今日头条账号"霞姐的北漂生活"2020年4月30日视频《霞姐回家，听到幽默爸妈对话，真是少来夫妻老来伴，满满的幸福》。

雨为邻居送去梭子的事情。① 入冬后，村里各家各户又在互帮互助忙着加工粉条②，以早日在平台销售。这些具体而微的点滴小事，成为密切村民关系的纽带，也成为助力村庄发展的巨大动力。

三 河北省"三农"视频自媒体助力乡土团结的主要障碍分析

"三农"视频自媒体的从业主体以中青年农民、返乡农民工或回乡创业大学生为主，他们从事自媒体行业最根本、最主要的动机是收益。因此，在短视频选题、视角选择、社交电商运营等方面，更多是一种个体或小团体自发的市场行为，而不是一种基于组织约束的集体行动。这就决定了"三农"视频自媒体在助力乡土团结方面，存在诸多不确定性。

（一）持续力堪忧

在 2020 年，"三农"视频自媒体在助力乡土团结中的公共行动，是特殊背景使然，也是自媒体发展过程中的阶段性必然。疫情的突然来袭，使拥有一定话语权和影响力的"三农"视频自媒体人，踊跃站在了乡村抗疫的最前线，他们为乡村抗疫鼓与呼、捐钱捐物，并积极助力农产品外销，是乡村抗疫中不可小觑、具有广泛影响力和动员力的内生性力量。然而，这些充满公共性的主题在"三农"视频自媒体中却难以持续。一方面，一般性的公共主题并不像乡村抗疫那样吸引人。比如"三农"视频自媒体关于乡村教育、农民养老、种粮成本等方面的视频，平台的大数据推送相对有限。为

---

① 见今日头条账号"犟媳妇儿"2020 年 5 月 9 日视频《儿媳院里接了个电话，回家跟公公说了啥？公公听了冒雨往外走》。
② 见今日头条账号"二丫生活"2020 年 12 月 20 日视频《家里做红薯粉条，亲朋好友各司其职忙的（得）热火朝天，浓浓的乡村情》；见今日头条账号"倔媳妇"2020 年 12 月 21 日视频《大姐家晒粉条，倔媳妇一早买好油条，和乡亲们一起热热闹闹把活干》。

了流量收益，自媒体人往往不轻易触碰这类选题，转而聚焦的是乡村日常生活。另一方面，拍摄公共主题成本高。比如慰问孤寡老人、向孤儿院献爱心等，离不开物质支撑，因此，绝大多数"三农"视频自媒体人还缺乏持续做公益的资本与能力。再一方面，扎根乡土是"三农"视频自媒体的一个重要发展方向，但并非唯一方向。比如他们有的选择加入MCN①机构，接受商业机构的包装和运作，而不是带动当地农产品外销或悉心发展乡民加入自媒体创业队伍。

（二）影响力偏弱

"三农"视频自媒体在助力乡土团结方面，仍有很大的上升空间。近年来，河北省"三农"视频自媒体在社交电商方面取得了长足发展，这些自媒体账号通过短视频对地方农产品进行推介与外销，带领村民勤劳致富，并在一定程度上团结了乡村、拉动了地方经济的发展，但其影响力或带动力并未充分释放。以邢台内丘县柳林镇下王家庄村"乡野农哥"带队的村庄自媒体矩阵为例，村内绝大多数中青年都开启了自媒体创业之路，但各个账号之间的合作程度却不尽相同，更多是在乡土传统的差序格局即血缘亲缘地缘基础上的发展，而在打破传统差序格局的资源合作型或人才互补型探索方面，还非常有限。比如，该村作为养殖大村，"乡野农哥"的大姐"农村傻大妮儿"家有大型养猪场，家族自媒体账号会在冬天进行线上猪肉销售，十分火爆。该村自媒体账号"阳光男孩儿王宁"家养了几百只羊，但因缺少经验，未曾尝试过在线上销售原生态羊肉。网民纷纷给王宁支招，建议他向"农村傻大妮儿"取经，并在冷链运输方面进行合作。遗憾的是，截至2020年12月，并未看到他们之间的合作。

---

① MCN，即 Multi-Channel Network，源于国外成熟的网红经济运行模式，是一种多频道网络的产品形态。它将不同类型和内容的 PGC（专业生产内容）联合起来，在资本的有力支持下，保障内容的持续输出与多频道分发，最终实现商业的稳定变现。

（三）整合力不足

当村民们看到本村"三农"视频自媒体发展起来之后，纷纷希望他们代销自家的农产品或加工品，但经过几番实践之后，很多合作以失败告终。以新乐"三农"视频自媒体"农民小天天"为例，其2018年开始在自媒体账号销售当地的花生油、面粉、玉米面、香油等，但由于供货速度慢、销量上不去，他最终决定放弃电商。近日，又有本村油坊希望他"带货"，但遭到了婉拒。① 类似的例子还有涉县的"农村阿凯"。凭借良好的口碑与粉丝基础，刘志凯在账号上架的花椒、小米等当地农产品，经常出现被粉丝"秒抢"的情况。但由于产品供应链方面的制约，粉丝经常买不到货。据刘志凯介绍，他主要以出售自家、本村或周边村农产品为主，因为村民之间彼此信赖，相互支持，能够保证质量。其中面临的最大问题是整合力不足：一是种植养殖规模或产品生产供应无保障；二是这些知名"三农"视频自媒体没有与当地品牌厂家合作；三是地方政府未将知名"三农"视频自媒体人纳入地方经济社会发展体系中进行统筹考虑，对知名"三农"视频自媒体的潜在价值缺少积极认知与合理开发。

四 对河北省"三农"视频自媒体助力乡土公共性的思考与建议

"三农"视频自媒体以具体而微的叙事，将生动鲜活的乡村生产生活画卷徐徐拉开，将越来越多的乡民"卷入"其中，并与越来越多的乡民共同携手，书写乡村记忆，不断开启具有创新性的社交电商事业。这是"三农"视频自媒体助力乡土公共性的理想化状态，也正是广西钦州"巧妇9妹"团队、江苏连云港"乡村小乔"团队、四川泸州"农村四哥"团队、

---

① 见今日头条账号"农民小天天"2020年12月22日视频《堂爷让农民小天天带货卖花生油，为啥他坚决不卖？说出实话你信吗》。

山东菏泽"布衣小童"团队等"三农"视频自媒体的优秀代表们正在进行着的火热实践。如何助力"三农"视频自媒体扎根乡土、服务乡土公共性？我们认为，应重点从以下方面着力。

（一）廓清观念：扎根乡土、助力乡土公共性，是"三农"视频自媒体服务乡村振兴的重要根基

2020年3月，习近平总书记在浙江考察时指出，"要在推动乡村全面振兴上下更大功夫"。2020年6月9日，习近平总书记在宁夏考察时，又进一步强调，"发展现代特色农业和文化旅游业，必须贯彻以人民为中心的发展思想，突出农民主体地位，把保障农民利益放在第一位"①。乡村振兴的主体是农民，掌握现代化信息技术、搭建村庄与外界广泛联系桥梁的农民自媒体人，是其中不可忽视的新兴建设性力量，各级政府应重视好、开发好、运用好。再从自媒体发展趋势来看，"三农"视频自媒体加入 MCN 机构等"脱域"行为，助长自媒体的快速商业化，会培育出快速致富的"农民"个体或小团体，但对周边农民的带动作用、对村庄的团结作用却是不明朗的。相对而言，唯有扎根乡土，积极助力乡土团结，方为"三农"视频自媒体壮大自身实力、盘活地域资源、服务家乡、贡献家乡的有效途径，也是克服"三农"视频自媒体"脱域化"和娱乐化的不二选择。"三农"视频自媒体只有扎根乡土，才能不至于被资本所完全裹挟与牵制，才能最大限度地助力乡村振兴。

（二）组织赋权：整合资源、培育村镇级媒体，为"三农"视频自媒体助力乡土团结提供平台

"三农"视频自媒体作为大时代中"微"表达的典型个体，他们聚焦

---

① 《习近平：要在推动乡村全面振兴上下更大功夫》，党建网，2020年4月7日，http://www.wenming.cn/djw/djw2016sy/djw2016syyw/202004/t20200407_5514041.shtml；《以人民为中心发展文化旅游业——习近平总书记宁夏考察重要讲话在当地文旅业界引发热烈反响》，中国政府网，2020年6月15日，https://www.mct.gov.cn/whzx/whyw/202006/t20200615_854425.htm。

乡村具体而微的"小事",展现原生态的村庄样貌,记录农民追求美好生活的奋斗实践与真切向往。乡村社会在短视频空间中是生动鲜活的,生动鲜活形成气象,形成逻辑,形成结构,形成机遇。如何将"三农"视频自媒体的影响力转化为乡村团结的具体动力?组织为其赋权不可缺少。将优秀的"三农"视频自媒体积极纳入村庄与乡镇发展规划,将其培树为村级或乡镇级媒体,通过"三农"视频自媒体的影响力带动村庄、乡镇乃至县域社会经济的整体发展。此举,从短期看,不仅为"三农"视频自媒体提供能够发挥所长的发展平台,为整合村庄、乡镇等地方资源提供抓手,充分释放自媒体在促进经济、文化、社会、治理等多方面的巨大潜力,更有利于"三农"视频自媒体实现健康有序发展。从长远看,优秀的"三农"视频自媒体将成为近距离记录与传播乡土记忆、地域文化、地方发展等的重要平台之一,并为地方史、民俗史、文化变迁史等的研究提供重要史料。

(三)品牌战略:培育新品牌、联手现有品牌,为"三农"视频自媒体助力乡土团结提供动力

现阶段,以"三农"视频自媒体社交电商带动乡土团结,是最易于实行与推广的途径。当前,河北省"三农"视频自媒体在社交电商方面的最大瓶颈是品牌缺失。各级各地政府部门应重点在打造"三农"视频自媒体社交电商品牌上整合资源,再下功夫。一要积极塑造品牌。以涉县"农村阿凯"为例,他销售的涉县特产二红袍花椒、梯田小米等原生态优质农产品,仅在商品外包装上印有"农村阿凯"字样,但具体到品牌开发、完善、维护、延伸等方面,几乎从未涉足。网民仅凭借对刘志凯人品的信赖而采购涉县农产品,而非基于对商品品牌的忠诚。二要与现有品牌合作。河北省作为农业大省,拥有深州蜜桃、兴隆山楂、隆化牛肉、巨鹿金银花等一批国字号特色农产品优势区,更拥有无数国家级地理标志保护农产品品牌。再以涉县为例,涉县黑枣、涉县花椒、涉县柴胡、涉县核桃、涉县连翘等5个国家级地理标志保护农产品品牌和"山之娇""会聪

聪""白露珍"等26个地理标志产品品牌名声在外。"农村阿凯"所在的涉县井店镇刘家村农产品加工厂2020年开业了，可根据地理、设备、资源等综合因素，吸纳其积极加入地理标志产品的品牌化加工生产体系，将刘家村发展成集农产品种植、收购、加工、销售、仓储、物流、休闲游等于一体的乡村振兴新样板。

参考文献

〔英〕安东尼·吉登斯：《民族-国家与暴力》，胡宗泽、赵力涛译，生活·读书·新知三联书店，1998。

〔美〕罗伯特·D.帕特南：《使民主运转起来——现代意大利的公民传统》，王列、赖海榕译，江西人民出版社，2001。

〔美〕杜赞奇：《文化、权力与国家——1900—1942年的华北农村》，王福明译，江苏人民出版社，2004。

师曾志、胡泳等：《新媒介赋权及意义互联网的兴起》，社会科学文献出版社，2014。

张培奇、胡惠林：《论乡村振兴战略背景下乡村公共文化服务建设的空间转向》，《福建论坛》（人文社会科学版）2018年第10期。

师曾志等：《"重新部落化"——新媒介赋权下的数字乡村建设》，《新闻与写作》2019年第9期。

牛耀红：《社区再造：微信群与乡村秩序建构——基于公共传播分析框架》，《新闻大学》2018年第5期。

卢璐、许远旺：《建构认同：新型农村社区建设与社区意识的生长》，《学习与实践》2012年第4期。

柯泽：《帕克社会学理论中的传播思想及其反思》，《武汉大学学报》（人文科学版）2013年第3期。

B.15 河北省主流媒体2022年冬奥会新闻报道回顾、分析与展望*

孙荣欣**

摘　要： 河北省对2022年冬奥会的申办、筹办工作高度重视。2015年7月申冬奥成功后，河北省将2022年冬奥会的筹办工作列为举全省之力持续办好的三件大事之一，高标准、高质量推进各项筹办工作。与此同时，省内主流媒体把对冬奥会的相关报道放在重要位置，通过开设专栏、制作专题片、举办迎冬奥活动等形式，为冬奥会筹办和河北经济发展营造良好的舆论氛围。受国际环境和新冠肺炎疫情的影响，北京冬奥会的宣传报道也面临一些困难，主流媒体需要与时俱进，提高传播站位、丰富传播手段，在传播奥运精神、推动全民健身运动开展、促进张家口市经济发展等方面发挥应有的作用。

关键词： 冬奥会　主流媒体　冰雪运动

一　河北主流媒体冬奥会报道回顾

（一）为申冬奥营造良好舆论氛围

2013年北京联合张家口正式提出申办2022年冬奥会后，河北省对申冬

---

* 本报告为河北省社会科学发展研究课题"'前冬奥时代'体育报道导向把握"（项目编号：20200605012）的研究成果。
** 孙荣欣，河北省社会科学院新闻与传播学研究所副研究员，主要研究方向为广播电视、新媒体传播。

奥工作高度重视。在冬奥会申办阶段，河北省提出加强与北京市的沟通与协作，共同做好申办冬奥会新闻宣传工作，为冬奥会的成功申办营造良好的舆论氛围。2015年7月31日，国际奥委会在马来西亚吉隆坡投票决定第24届冬奥会举办城市，河北媒体对此予以重点报道。当天，河北人民广播电台推出大型直播节目《问鼎冬奥——2022冬奥会申办结果大揭晓》，河北电视台也推出现场直播《追梦冰雪·相逢冬奥》，记录北京联合张家口申冬奥成功全过程。长城网、河北新闻网等网站开设新闻专题，在第一时间发布申冬奥成功的相关报道。7月31日21点30分，在京张携手申冬奥成功后的3个多小时，《张家口日报》"号外"版印刷完毕并开始在全市大街小巷免费发放。"号外"共36个版，全部为彩色印刷，共发行10万份。8月1日，《河北日报》《张家口日报》《燕赵都市报》《燕赵晚报》《张家口晚报》等报纸都在头版头条以大幅版面、突出位置报道了北京携手张家口获得2022年冬奥会举办权的新闻，表达了河北人民盼望冬奥会的喜悦心情。

（二）全面报道冬奥筹办重点工作

2015年申冬奥成功后，省直主要媒体、张家口市媒体先后开办专栏、专版，宣传展示河北省贯彻落实习近平总书记关于冬奥工作系列重要指示精神，扎实推进各项筹办工作，努力交出冬奥会筹办和本地发展两份优异答卷的务实举措、进展成效，反映了河北人民期盼冬奥、支持冬奥的热情，普及冬奥和冰雪运动知识，引导更多受众关注冬奥、支持冬奥、参与冰雪运动。

2019年3月21日，为进一步做好冬奥会筹办宣传报道工作，《河北日报》推出《聚焦北京冬奥会筹办》专版。3月19日，国际奥委会主席托马斯·巴赫为《河北日报》专版的推出发来贺词。专版每两周出版一期，相关内容同时在河北新闻网、《河北日报》客户端等新媒体渠道发布。截至2020年12月31日，《聚焦北京冬奥会筹办》专版已出版40期。在冬奥会倒计时1000天之际，《河北日报》推出《北京2022年冬奥会倒计时1000天特刊》。在2021年2月4日冬奥会倒计时一周年之际，《河北日报》推出4个版的《北京冬奥会倒计时1周年特刊》，《河北日报》客户端开通"冬奥"

频道。在北京冬奥会和冬残奥会吉祥物发布、"崇礼菜单"发布等筹办工作的重要节点,《河北日报》的《新闻纵深》版也进行了详细报道。此外,《河北日报》还多次针对冬奥会筹办工作发表评论员文章,如《做好冬奥会筹办工作 交出两份优异答卷》《扎扎实实做好北京冬奥会筹办工作》《点燃冰雪激情 共筑冬奥梦想》等。2020年12月30日,《河北日报》发表《攻坚克难 奋力书写优异答卷——2020年我省冬奥筹办工作回眸》,总结了河北省2020年面临的困难和挑战以及全力克服疫情影响,在冬奥会筹办和本地发展方面取得的积极成效。

河北广播电视台在《河北新闻联播》中设置专栏,不定期发布与冬奥会相关的报道;在都市频道开办版块节目《相约冬奥》,每周一期。河北广播电视台以及冀时客户端在2020年春季疫情得到缓解后,及时发布《张家口:冬奥项目有序复工 确保所有项目年底全部完工》《40个在建项目全部复工!记者直击北京冬奥会张家口赛区建设一线》等消息,介绍奥运场馆建设的进展情况。

长城新媒体集团2018年8月在长城网开办"新体育"频道,精心打造"河北特色,国内一流"冰雪频道。派出多批次记者奔赴崇礼建设一线采访,记录冬奥会筹办进程。开设的小栏目《"如意"一天》从细微处着眼、小角度切入,通过一个个小故事、小场景把国家跳台滑雪中心"雪如意"建设者的动人故事、冬奥筹办的紧张进程写出了新意、深意和暖意。除发布新闻报道外,长城网还通过直播冰雪比赛,为受众带来精彩的冰雪盛宴。2020年8月29日,河北省冰雪联赛暨省第二届冰雪运动会预选赛开赛,6个大项70个小项,东西部两个赛区在7座城市举办了36场比赛,长城网新体育频道直播赛事超过20场,观看人数超过1000万人。2020年12月21日,河北省第二届冰雪运动会开幕式在国家跳台滑雪中心"雪如意"举行,"雪如意"首次点亮。长城新体育策划推出《点亮"雪如意"》移动直播,千万网友共同见证了夜空中的"雪如意"全球首秀。

自从申奥工作开展以来,张家口市主流媒体把申冬奥、筹办冬奥放在重要位置,予以重点关注。《张家口日报》开办《京张携手共迎冬奥》专栏，张家口网络广播电视台开办《全景奥运》专栏，刊发冬奥相关新闻。张家口日报社主办的张家口新闻网专门开办了"冰雪网"，下设《最新动态》《助力冬奥》《冬奥进行时》《大好河山》四个专栏。广播电视节目在《张家口新闻》《直播张家口》等栏目中，通过直播连线、录音报道、系列报道、人物专访等多种形式，为冬奥筹办工作加油鼓劲。张家口新闻传媒集团主办的"张家口发布"App通过短视频、图文报道等形式，介绍冬奥基础设施建设进展，致敬冬奥一线建设者。张家口市作为冬奥举办地举办的一些迎冬奥活动，如冬奥会倒计时1000天、倒计时500天，"全民健身、唱响冬奥"北京冬奥会和冬残奥会主题音乐征集活动启动仪式暨河北省2019年全民健身日活动等，张家口市新闻中心所属媒体均对其进行了重点报道。

（三）以专题节目宣传冬奥

河北广播电视台突出声画优势，制作播出了多档与冰雪运动相关的节目。2017年1月7日，河北卫视、北京卫视同步首播国内首档全景实境明星冰上竞技节目《跨界冰雪王》，该节目由张艺谋、申雪、赵宏博以及多位演艺明星参与，意在展示冰上项目的乐趣和魅力，吸引更多普通人参与冰雪运动。2019年12月31日19点30分，由河北广播电视台、北京电视台、黑龙江广播电视台联合打造的崇礼、北京、哈尔滨三城联动跨年盛典《2020环球跨年冰雪盛典》在河北卫视、北京卫视、黑龙江卫视同步播出。该节目以"天涯共此时，奋进与激情"为主题，将"冰雪"和"奥运"元素贯穿始终。节目邀请国家冰雪运动推广大使许魏洲与武大靖、张虹、王冰玉、杨杨等体育明星参与，共同为2022年冬奥会的到来献上祝福。

2020年12月21日，河北省冬奥筹办专题片《冰雪的召唤》在晚黄金时间于河北卫视播出。该片是河北广播电视台历时10个月创作完成。从2020年3月开始，在做好疫情防护的同时，节目研发部主创团队数次深入张家口崇礼区冬奥建设一线进行拍摄，记录下冬奥场馆建设的诸多画面，完成了全片的最终制作。本片从崇礼魅力、冬奥场馆建设、配套设施和服务保障的完善、张家口生态环境的提升、河北省冰雪产业与群众性冰雪运动的发展等层面，全方位展示河北省高标准、高质量筹办冬奥会的进展与取得的成就。

张家口广播电视台在申奥成功后及时制作《走进冬奥》系列专题片，讲述冬奥历史，解读冬奥项目，介绍筹办进程。该系列专题片除在电视台播放外，还通过张家口网络广播电视台、张家口手机台播出。

（四）以大型活动喜迎冬奥

2020年12月，由河北广播电视台少儿科教频道联合保定市体育局、保定市榜样堂九年一贯制学校共同举办以滑雪体验和雪上娱乐为主题的活动——"筑梦冰雪，相约冬奥"冰雪训练营。榜样堂学校近300名师生参与了此次活动。《宝贝向前冲》栏目对本次活动进行全程录制，并在河北广播电视台少儿科教频道播出。

长城新媒体集团策划推出"百县百校万人同日上冰雪"活动，在全国首次调动全省100家县级融媒体中心参与直播。2019年12月18日，在冀云·融媒体平台上，全省各市100所学校百屏联动、同步直播、自由切换，实时画面同步呈现，100个窗口同步展示30多万名中小学生参与冰雪运动的火热场面，省领导通过冀云·融媒体平台指挥大屏，并随机与各县活动现场连线互动交流。当晚，中央电视台《新闻联播》节目播发了活动消息，新华网、人民网等中央主流媒体和凤凰网、新浪网等大型商业网站予以转载。

2019年12月，长城新媒体集团承办了河北省首届冰雪运动会开幕式、闭幕式，为推动群众性冰雪运动向纵深发展，为河北"3000万人上冰雪"鼓与呼，为助力共圆冬奥梦发挥了主流媒体应有的作用。

2019年4月，张家口市新闻中心与市冬奥办、共青团张家口市委等单位联合面向全市开展《冬奥有我》主题摄影作品征集活动，捕捉城市冬奥进程，定格精彩冰雪瞬间。

二 复杂环境下冬奥会新闻报道展望

(一)新冠肺炎疫情使国际舆论环境更加复杂

当今世界正经历百年未有之大变局。与 2008 年北京奥运会时期相比,中国面临更加复杂的外部环境,美国等西方国家对中国采取干预和打压措施,使我们面临的风险挑战越来越大,2022 年冬季奥运会的传播将面临前所未有的压力。[①] 尤其是在全球新冠肺炎疫情尚无法有效控制的背景下,北京冬奥会既充满不确定性,又面临前所未有的挑战。一方面,疫情使场馆建设、赛前调试面临更多困难,使许多涉外活动面临诸多不利因素;另一方面,疫情使有关冬奥会的舆论环境更加复杂、更加难以把握。虽然我国在疫情防控斗争中取得重大战略成果,赢得一些外国媒体的积极评价,但是我们的治理模式和治理理念要想在国际社会得到广泛认可,还有一段很长的路要走。复杂的国际形势下,更要求我国政府与主流媒体主动参与全球报道框架竞争,在报道北京冬奥运相关新闻时要提高政治站位和工作站位,兼顾国内和国际受众的不同需要,既要树立中国的国家形象,更要强调人类命运共同体的重要意义。要坚持"包容、团结、进步"的精神,突出奥运及体育超越政治、宗教、经济、性别等一切隔阂的独特价值,以化解因疫情可能导致的误解、矛盾与冲突,[②] 用充分的事实表明中国立场,讲好中国故事。

(二)冬奥会临近报道内容更加复杂多样

2022 年北京冬奥会不仅是一场全球瞩目的冰雪盛会,也是一次向世界展示新发展阶段中国形象的重要契机。进入 2021 年,冬奥会的脚步愈发临

---

① 张毓强、庞敏:《仪式化场域及其当代传播价值——关于奥运国际传播的讨论》,《对外传播》2020 年第 2 期。
② 曹彧、轧学超、刘戈:《以媒体融合理念谋篇布局北京冬奥会新闻传播》,《传媒》2020 年第 20 期。

近，世界的目光会更多地关注北京和张家口，冬奥会的报道重心也会有所变化，由较多地介绍场馆建设进展、迎冬奥活动，以及张家口人文地理推介，转为赛事（测试赛、热身赛等）的介绍、冬奥精神的普及、民众奥运素养的提升，以及对与冬奥相关的旅游、健身等产业的关注等。总之，报道内容会更加繁杂，对媒体的要求也更高，需要一批既熟悉冰雪项目又有国际传播经验的专业人才，通过对中国人民坚持绿色办奥、共享办奥、开放办奥、廉洁办奥的相关报道，讲好中国故事，弘扬冬奥文化。

（三）东京奥运会延期对北京冬奥会造成一定影响

受新冠肺炎疫情的影响，2020年东京奥运会推迟至2021年7月23日至8月8日举办，残奥会于8月24日至9月5日举办，而北京冬奥会将于5个月之后的2022年2月4日开幕。在半年左右的时间里连续举办夏季和冬季奥运会及残奥会的特殊局面，势必对本届冬奥会带来一定的冲击和影响。客观来讲，冬奥会无论是规模还是影响力都无法与夏奥会相媲美，再加上冰雪运动在我国的群众基础比较薄弱，如何在短短的半年之内再次调动起受众的收视期待，给受众带来新鲜的收视体验，是媒体面临的重大课题。当然也有有利的一面，东京奥运会同样会面临疫情的考验，其将在赛事组织、疫情防范、安全保卫等方面为北京冬奥会提供诸多可借鉴的经验；而新闻媒体尤其应更多关注东京奥运会在媒体新技术应用方面的新变化，为北京冬奥会的新闻报道和赛事转播做好准备。

三 "前冬奥时期"新闻传播对策建议

（一）普及奥运理念，推动奥运精神传播

奥运会是万众瞩目的世界性盛会，我国媒体报道的视角，将直接反映中国的胸怀和立场，任何带有狭隘的民族主义情绪的报道都将损害中国媒体甚至国家的形象，而符合奥林匹克理念的公正、客观和全面的报道不仅能赢得

广大受众的青睐,还有利于树立我国体育大国的形象,扩大我国在全世界的影响力。2008年北京奥运会被喻为现代中国的成年礼,如果说那时中国还像一个初登舞台的青年,激情多于经验,那么,当奥林匹克再次有机会来到中国,我们的媒体应该以更加从容的心态、更加开阔的视野来展示中国的大国气度和形象。

长期以来,夺取奖牌的悬念都是赛事报道的重心,这体现了体育游戏、竞技的一面。在竞技中,世界顶级的运动员们向我们展示了"更高、更快、更强"的自我挑战精神,展示了运动的力与美。但是奥林匹克的真正意义并不仅仅是赢得金牌,而是通过挑战自身来实现人类的自我完善,体现人类的美与尊严;奥运精神具有更丰富的内涵——强健人类体魄,增进世界友谊,促进人的全面和谐发展。人文的视角给体育报道提供了一个独特的价值标准和切入点,可以以此来挖掘体育比赛背后深层次的东西,提升体育报道的价值和核心竞争力,引起观众更大的共鸣。这就要求体育报道要场内与场外并重,既报道金牌,也报道金牌背后的故事。每届奥运会结束之后,人们不仅对取得优异成绩的运动员赞美有加,更对赛场内外那些体现了奥林匹克坚持、拼搏、友爱精神的故事津津乐道。如在2008年北京奥运会上,来自俄罗斯和格鲁吉亚的两位选手在女子10米气手枪比赛中同创佳绩,分别获得第二名和第三名,她们携手站上奥运会领奖台,用灿烂的微笑,深情的一"吻",让奥林匹克和平友谊的精神在这一瞬间光芒四射。

(二)以冬奥为契机,推动全民健身运动开展

2017年1月23日,习近平总书记到张家口崇礼区考察北京冬奥会筹办工作时指出,我们申办北京冬奥会,一个重要目的就是推动我国冰雪运动快速进步,推动全民健身广泛开展。冬奥会将使一大批原本我们并不熟悉的冬季项目开始走进观众的视野,媒体尤其是主流媒体有责任提前为冬奥会"预热",向观众普及冬奥知识,展示冬奥项目风采,带领观众深化对冬奥项目的理解和认识,从专业角度欣赏运动之美、体育之美;观众也期待通过

各种媒体的介绍来增长知识，了解这个神奇而有趣的新领域。其实观众对冬季项目有着很高的热情，如前几年冰壶项目的电视转播曾引起观众极高的兴趣，观众纷纷在网上留言，认为这种"冰上围棋"项目很适合中国人，有机会也想亲自尝试。

竞技体育对大众体育有重要的引领作用，奥运会更是对大众体育具有无与伦比的带动作用。受气候条件、场地、经济基础等因素影响，我国的冬季项目开展并不广泛，与相对成熟的欧美大众冰雪运动相比，我国的冰雪运动尚处于起步阶段，大部分公众对冰雪运动参与较少，相关知识也比较缺乏。北京在申冬奥的报告中提出，申奥成功后要实现"3亿人参与冰雪运动"的目标。这些目标不只是为了举办冬奥会，而是立足于全民健身的发展需求。自从中国申办冬奥会成功以来，中央电视台已经明显加大了对冬季项目的播出力度，据统计，近年来CCTV5平均每周播出冬季项目约500分钟，平均每天70分钟；CCTV5＋平均每周播出冬季项目约1800分钟，平均每天4个多小时。这些转播对于提高冬季项目的关注度很有帮助。作为冬奥会的主办地，北京和河北的媒体更是责无旁贷。在举办冬奥会的大背景下，媒体的报道将有效提高大众对冬季项目的认知，帮助我国形成冰雪体育文化的社会基础，从而带动冬季项目的发展。

（三）提高政治站位，传播举办冬奥会的深远意义

冬奥会的意义并不局限于运动健身和获得奖牌为国争光。2017年1月23日习近平总书记在张家口考察时，要求河北省、张家口市抓住历史机遇，紧密结合实施"十三五"规划和推进京津冀协同发展，通过筹办北京冬奥会带动各方面建设，努力交出冬奥会筹办和本地发展两份优异答卷。2017年2月24日，习近平总书记在北京考察时强调，"北京冬奥会是我国重要历史节点的重大标志性活动，是展现国家形象、促进国家发展、振奋民族精神的重要契机"，对京津冀协同发展有着强有力的牵引作用。2019年2月1日，习近平总书记又指出："举办北京冬奥会、冬残奥会来之不易、意义重大，同实现'两个一百年'奋斗目标高度契合。"深入理解并

河北省主流媒体2022年冬奥会新闻报道回顾、分析与展望

传播举办冬奥会的深远意义，是主流媒体相关报道的应有之义。就目前的冬奥会传播内容而言，媒体的报道还较多集中在场馆建设、运动员备战等方面，存在同质化、题材相仿、缺乏新意与深意的现象，对冬奥会展现国家形象、加强生态文明建设、为全球绿色和谐发展贡献中国智慧等方面还用力不够，在表达方式和视角上也存在差距。对此，我们可以对照《人民日报》的一篇仅800余字的《可持续的冬奥令人神往》[①]找出差距（仅摘录开头两段和最后两段）：

"用张北的风点亮北京的灯"，不仅是浪漫主义的诗意遐想。这句挂在张北柔性直流工程换流站施工现场的口号，正逐渐成为现实：输送风电、光伏、抽水蓄能等多种能源的柔性直流电网，为部分北京冬奥场馆接通绿色电力。据报道，以目前装机容量计，未来每年由此向北京输送的清洁电能，相当于全市当前用电量的1/10。

这条奔涌绿色能源的河流，在一张远景宏大的蓝图中，又只是绿水青山中的一角。日前，《北京2022年冬奥会和冬残奥会可持续性计划》发布。可持续一词，在这张生态蓝图中具象为一条条河、一座座山、一片片云。

…………

评价奥运效应，传统关注多在投资、消费等经济效益，而可持续性计划的生态蓝图，意在绘就一幅绿色冬奥综合效应的长卷：有赛区生态环境保护、治气治沙治水行动、绿色场馆新建改造等曼妙笔触，有共享冰雪经济、推广全民健身、绿色低碳生活的亮丽图景，有科技成果转化应用、智慧城市建设、冬奥筹办结合京津冀协同发展的余韵留白。

可持续的冬奥，不仅是让风轻柔地吹、灯温暖地亮，还涉及社会进步、人的发展等美好未来畅想。怀着"可持续·向未来"冬奥愿景的每一个人，将成为这幅绿色长卷的执笔者，也将成为共享可持续发展的画中人。

---

① 程聚新：《可持续的冬奥令人神往》，《人民日报》2020年6月6日。

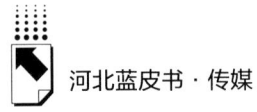

（四）丰富传播手段，适应新媒体时代受众需求

近年来，随着新兴媒体的迅猛发展，重大活动的报道一般会采用最直观的直播辅以新媒体平台的个性化、碎片化传播。在"人人都有麦克风"的时代，信息传播模式与传统媒体时代发生了很大变化，几乎每一个与奥运会直接接触的个体都可能成为奥运新闻的生产者和传播者。自媒体的崛起让奥运传播更为复杂，偶然性、不确定性大大增强。例如，2016年里约奥运会期间，游泳运动员傅园慧在接受采访时夸张的表情和脱口而出的"洪荒之力"瞬间刷屏，成为大众议论的热点。在这样的媒体环境下，传统主流媒体冬奥会相关内容的议程设置往往会受到冲击而被弱化。这就要求主流媒体解放思想、转变观念、创新实践，主动在新媒体领域发力，将微博、微信、视频网站等平台作为重要传播阵地，采用图解、漫评、表情包、互动小程序、Vlog等传播方式，加强与受众的交流互动，发挥在信息获取渠道、深度解读能力等方面的优势，给受众提供及时、丰富、全面的信息服务。

客观来讲，很多冰雪项目在我国并不普及，普通受众对于一些项目的名称、规则、装备等知之甚少。由于参与度低，大大降低了冬奥体育新闻的吸引力。而媒体工作者也面临同样问题，专业知识不够丰富，对运动员不够熟悉，较难做到像转播NBA、世界杯、欧洲三大足球联赛等热门赛事那样旁征博引，令人津津乐道，报道的精彩程度也随之降低。这就需要及时采取多种形式，对参与冬季项目报道的媒体人员进行专项培训，同时打造体育专家智囊团，为新闻传播报道提供坚实的智力支持。

（五）擦亮地方名片，推动张家口市经济发展

对于河北来讲，冬奥会不仅是一场体育盛会，更是一个加快区域发展的难得机遇。在确保举办一届精彩、非凡、卓越的奥运盛会的同时，还要借助奥运契机，大力发展奥运经济，以绿色经济置换传统资源型产业，推动全省产业转型升级，特别是带动张家口摆脱贫困、迈向富裕，走出一条跨越赶超、绿色崛起的幸福之路，把冬奥会的"红利"放大到极致。

冬奥会必将为张家口的体育产业、旅游行业带来新的机遇。2014年，我国发布《国务院关于加快发展体育产业促进体育消费的若干意见》，将体育产业提升到与群众体育、竞技体育并列的高度，充分表明在国家层面对推动体育产业发展的重视。2018年5月20日，《河北省人民政府办公厅关于印发〈河北省冰雪产业发展规划（2018—2025年）〉的通知》下发，围绕建成冰雪产业强省目标，明确了"两核、三带、四基地、四品牌"的河北省冰雪产业发展布局，其中张家口是规划中的重点区域。冬奥会对于张家口而言也是一个千载难逢的传播和提升城市形象的机会。张家口拥有自然资源和旅游休闲资源的优势，崇礼滑雪、草原天路等景区在全国尤其是京津冀地区有较高的知名度。冬奥会之后，张家口将拥有全球一流的滑雪场和酒店设施，知名度和服务水平将再上新台阶。所以，媒体应将介绍张家口的资源优势放在重要位置，宣传其"天蓝水清""春赏花、夏避暑、秋观景、冬滑雪"的生态环境，通过举办活动、开办专栏、新媒体推送等多种形式，提高张家口的美誉度，打造张家口"首都北京的后花园"的品牌。

实践篇
Practice Reports

B.16 河北省青少年新媒体使用与媒介素养调查
——以保定市为例

张雅明 李静 王君慧*

摘　要： 随着网络技术的成熟以及上网设备的普及，新媒体受众逐渐低龄化，青少年成为新媒体的积极使用者。为了对河北青少年媒介使用行为和态度、媒介素养有一个清晰的认识，本调查采用概率抽样和非概率抽样相结合的方法，在河北省保定市普通中学抽取了6所学校，对600多名在校青少年学生进行了问卷调查。调查内容涉及青少年媒介选择情况、疫情期间媒介使用情况、对省内新闻的关注情况、对媒介素养的综合评估情况等方面。调查发现，河北省青

---

* 张雅明，河北大学新闻传播学院教授、硕士生导师，主要研究方向为传播心理和传播效果研究；李静，河北大学新闻传播学院硕士研究生；王君慧，河北大学新闻传播学院硕士研究生。

少年对本省新闻关注度较低；部分青少年过多接触媒介，有"依赖"倾向，网络负面效果显著；青少年既是信息的接受者同时也是发布者与传播者；大部分青少年对个人信息安全主动采取保护措施；青少年媒介素养参差不齐，媒介教育需进一步加强。

关键词： 青少年　新媒体　媒介素养

一　引言

随着网络技术的迅猛发展、信息技术的不断更迭，大众的生活正在经历着全面而深刻的变化。新媒体渗透到人们生活的方方面面，为人们的学习和生活带来了诸多便利。第 46 次《中国互联网络发展状况统计报告》显示，截至 2020 年 6 月，国内网民规模达到 9.40 亿，互联网普及率达到 67.0%。在新冠肺炎疫情影响下，2020 年单季度互联网化的速度是以往的 2 倍，手机和其他的上网方式成为主流。我国手机网民规模达 9.32 亿人，较 2020 年 3 月增长 562 万人，连续两年手机网民比例超过 99%，基本达到全民手机上网。① 智能手机等移动电子设备由于其具备携带便捷、实时交互等特点，成为大众办公学习、聊天社交和休闲娱乐的主要工具。

随着新媒体在青少年日常生活中的渗透力越来越强，新媒体已成为青少年获取信息、沟通交流、休闲娱乐的重要平台和渠道，青少年成为新媒体的积极使用者。《2019 年全国未成年人互联网使用情况研究报告》显示，2019 年我国未成年网民规模为 1.75 亿，未成年人的互联网普及率达到 93.1%，

---

① 《第 46 次〈中国互联网络发展状况统计报告〉》，中国互联网络信息中心网，2020 年 9 月 29 日，http://www.cnnic.net.cn/hlwfzyj/hlwxzbg/hlwtjbg/202009/t20200929_71257.htm。

初中、高中学生互联网普及率达到了97.6%；未成年网民中使用手机上网的比例为93.9%。① 青少年群体是社会发展的后备力量，更是新媒体使用的重要群体，了解青少年的媒体使用及媒介素养情况，一方面可为媒体发展提供建议，另一方面也可对青少年群体的媒介素养教育提供指导。为了解河北省青少年媒体使用和媒介素养情况，我们开展了本次调查，期望通过河北省青少年媒介选择情况、疫情期间媒介使用情况、对省内新闻的关注情况、对媒介素养的综合评估情况等方面数据的客观呈现，了解该群体在现有传播环境下的状态，为未来媒介的发展和提升河北省青少年媒介素养提供对策和建议。鉴于疫情防控原因和研究条件所限，本次调查以目标抽样方式，选择河北中部地级市保定市作为抽样范围。以期以小见大，对河北省青少年媒体接触和使用情况有深入客观的了解。

近20年来，国内学界和业界开展了很多针对青少年媒介接触行为的调查研究，如李永健、刘福珍对山东农村青少年媒介接触的调查研究；② 万新娜对农村青少年进行了实证调研，指出媒介使用方面存在的问题。③ 基于媒介素养角度对青少年媒介接触的研究也有很多，如吴吟、杨聿涵通过媒介信息素养测量表对浙江省青少年进行了调查；④ 朱立达、常江对中美青少年媒介素养教育课程进行了比较分析；⑤ 张洁基于新媒体大环境，分析了青少年媒介接触面临的挑战，同时也给出了提升媒介素养的建议。⑥ 因我国国土辽阔、青少年数量众多，研究者基本是在所在省区市内选择不同的中学进行调

---

① 《2019年全国未成年人互联网使用情况研究报告》，中国互联网络信息中心网，2020年5月13日，http://www.cnnic.net.cn/hlwfzyj/hlwxzbg/qsnbg/202005/t20200513_71011.htm。
② 李永健、刘富珍：《农村青少年媒介接触与使用——对山东枣庄农村青少年媒介接触的调查》，《中国青年政治学院学报》2007年第4期，第112～114页。
③ 万新娜：《偏向与沉迷：农村青少年媒介接触与使用状况——对汪桥镇的实证调研》，《青年记者》2019年第35期，第34～35页。
④ 吴吟、杨聿涵：《青少年网络媒介素养测评研究》，《中国广播电视学刊》2017年第9期，第7～11页。
⑤ 朱立达、常江：《中美青少年媒介素养教育体系的比较分析》，《青年记者》2018年第16期，第49～51页。
⑥ 张洁：《新媒体环境下青少年媒介素养提升刍议》，《青年记者》2019年第25期，第22～23页。

查。通过在CNKI网站进行搜索，我们发现对河北省青少年的媒介接触行为和媒介素养的研究较少，如刘俊冉通过分析河北省青少年接触和使用媒介现状，指出青少年媒介素养面临的挑战，并从家庭、学校、社会等方面提出相应的对策。① 还有胡艳华、曹雪梅、谷伟等对石家庄市中学生网络媒介素养进行调查，并提出了媒介素养教育策略。② 总的来看，目前针对河北省青少年媒体用户以及媒介素养的专门调查较少，现有的文献数据是几年之前的。为了了解媒体形态的快速变化，以及2020年新冠肺炎疫情对青少年的媒体使用行为产生的影响，我们对河北省青少年开展了本次抽样调查。

二 调查过程与方法

（一）调查样本

本次调查对象为河北省保定市在校初、高中学生。首先采用目标抽样法，确定保定市范围内6所中学（3所初中、3所高中），然后再采用简单随机抽样方式，从所确定的中学随机抽取2个普通班级进行调查。学生年龄分布在12～18岁。

（二）调查过程

此次调查分为三个阶段，问卷设计于2020年11月7日定稿，问卷发放、回收与数据录入工作于2020年11月25日完成。由于研究对象是在校学生，手机的使用受限制，因此调查采用纸质问卷的方式进行，调查人员当场发放，当场回收，问卷质量较高。共发放问卷620份，回收594份有效问卷，回收率为95.81%。

---

① 刘俊冉：《探析新媒体时代青少年媒介素养建构——以河北省为例》，《西部广播电视》2017年第17期，第50～54页。
② 胡艳华、曹雪梅、谷伟：《中学生网络媒介素养现状调查与分析——以石家庄市五所中学为例》，《石家庄学院学报》2017年第5期，第156～160页。

(三)调查工具与内容

调查工具为自编《青少年媒体使用与媒介素养调查问卷》,其内容包含青少年媒体使用情况、媒体使用影响以及媒介素养情况。在本次调查中,使用媒体设备主要是手机和PC电脑,媒体形态主要以QQ、微信、微博等聊天软件,抖音、快手等短视频软件,钉钉等学习软件为代表。媒体的使用情况分为新冠肺炎疫情休学时期(在家上网课阶段)和正常上学时期;媒体使用的影响分为对心理、身体健康的影响和对学习、生活的影响。媒介素养包含了信息获取能力、理解能力、交互能力、信息安全、道德素养等。

三 调查结果与分析

(一)样本构成

被调查者总计594人,其中女生349人,男生245人;被调查者家庭所在地为城市的有364人,为县镇的有76人,为农村的有154人(见表1)。

表1 被调查者基本信息

单位:人,%

	女生	男生	城市	县镇	农村
人数	349	245	364	76	154
占比	58.75	41.25	61.28	12.79	25.93

被调查青少年涉及多个民族,以汉族为主,占比为94.44%。少数民族的分布比例为:满族2.53%,回族2.02%,蒙古族0.34%,其他民族0.67%。

被调查青少年中,走读学生占比73.25%,住校学生占比26.75%。

（二）河北青少年媒介使用基本情况

1. 青少年对媒介的选择、使用时长和媒介使用目的

青少年家中拥有设备情况调查结果显示，在594份有效样本中，仅有8名被调查者家中未拥有手机，而"拥有4台及以上"手机的人数有334名，占比56.23%。家中拥有电脑（笔记本/台式）和平板（iPad）的统计结果显示，家中拥有1台电脑的占比最高，为52.79%，而对于"平板"绝大多数人选择了"0台"。可见，手机成为青少年家中的主要媒体设备，其次是电脑（笔记本/台式），平板（iPad）用得很少。

"个人独立拥有上网设备"的调查结果表明，"手机"排在了首位，其次是平板（iPad）和电脑（笔记本/台式），此外还有少部分人未拥有独立的上网设备。青少年最常用的上网设备调查结果显示，"手机"占比最高，为88.50%。《2019年全国未成年人互联网使用情况研究报告》显示，未成年网民中拥有属于自己的上网设备的比例达到74.0%。手机是未成年网民拥有比例最高的上网设备，占比达到63.6%。① 本次的调查结果与该统计报告中"上网设备拥有情况"调查结果一致。可见，手机成为河北省青少年独立拥有以及经常上网的首选媒介载体（见图1）。

"上学期间每周上网时长"的调查结果表明，7小时及以内的占比最高，为60.20%；7～14小时（包含14小时）排于其后，占比为22.97%；此外，14～21小时（包含21小时）与21小时以上占比分别为8.33%、8.50%（见图2）。由此可知，大多数青少年在上课期间（不包括寒暑假），平均每天使用手机上网在1小时以内，也有16.83%的青少年平均每天使用手机上网超过2个小时。

表2结果显示，在青少年使用媒介的目的中，休闲娱乐、搜索信息、学习需要排在了前三位，社交需要位列第四，浏览新闻、打发时间依次排列其

---

① 《2019年全国未成年人互联网使用情况研究报告》，中国互联网络信息中心网，2020年5月13日，http://www.cnnic.net.cn/hlwfzyj/hlwxzbg/qsnbg/202005/t20200513_71011.htm。

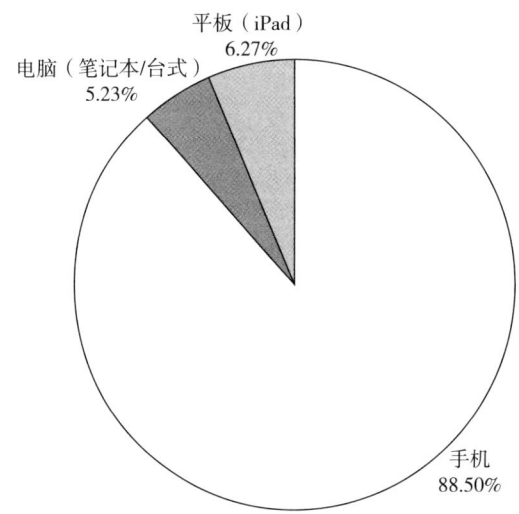

图1 青少年最常用的上网设备情况

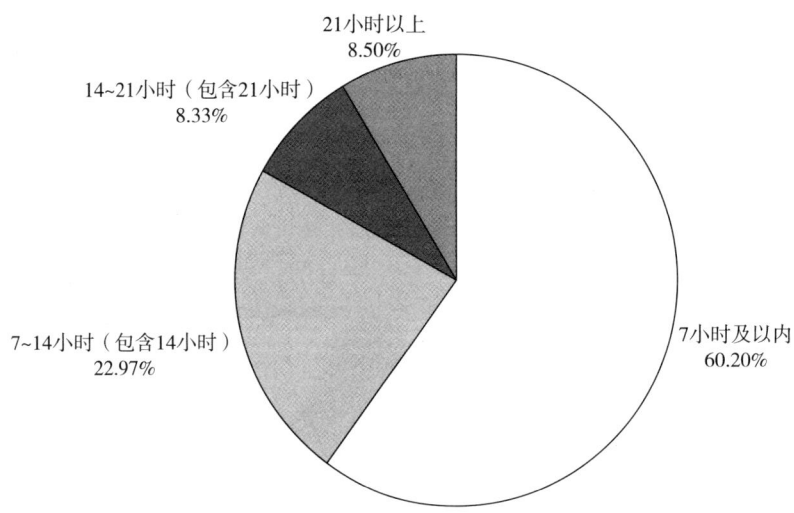

图2 青少年每周上网时长分布

后。习惯依赖和展示自我排位靠后。由此可见,河北省青少年使用媒介的目的具有多样性,使用需求呈现多元化。其中,休闲娱乐、搜索信息、学习需要是大多数青少年使用媒介的主要目的。

表2　青少年使用媒介的目的

题目/选项	完全不符合(%)	不符合(%)	一般(%)	符合(%)	完全符合(%)	平均分
打发时间	13.99	16.04	37.20	21.67	11.09	3.00
休闲娱乐	1.85	2.36	25.46	45.03	25.30	3.90
搜索信息	1.86	2.88	28.64	46.95	19.49	3.80
浏览新闻	8.92	15.95	37.39	26.93	10.81	3.15
展示自我	29.69	29.51	25.00	9.90	5.73	2.32
社交需要	11.13	11.64	30.99	31.34	14.90	3.27
学习需要	2.38	5.43	29.88	40.41	21.90	3.74
习惯依赖	20.31	19.97	31.57	16.21	11.43	2.77

青少年在疫情居家期间，除网课学习外每天的上网时长分布见图3。

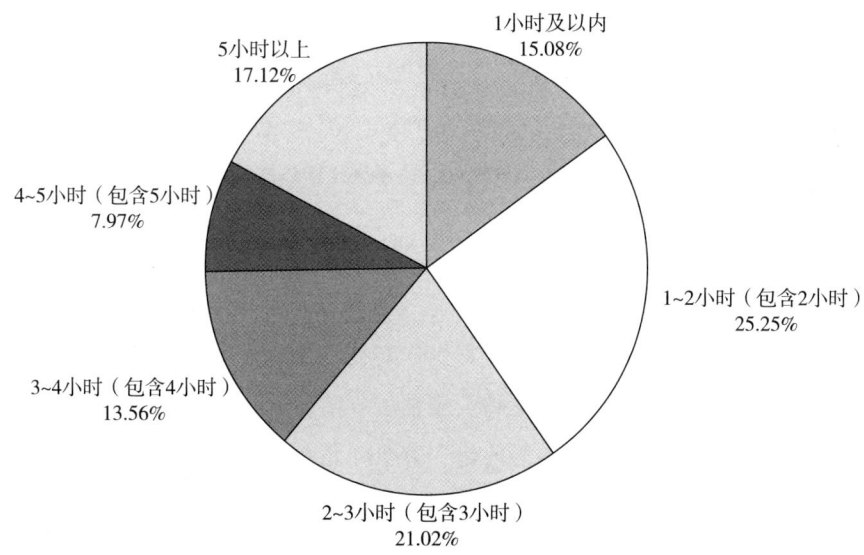

图3　疫情期间除网课学习外每日上网时长分布

2020年新冠肺炎疫情席卷全国，为了防控疫情，人们不得不在家办公、学习等。这就为青少年群体接触并使用媒体提供了契机。

如图3所示，1~2小时（包括2小时）占比最高，为25.25%。2~3

小时（包括3小时）排在第二，为21.02%。5小时以上占比17.12%，位列第三。可见，疫情居家期间，青少年除了网课学习之外，每天的上网时长主要集中在1～3小时，还有将近1/5的青少年每天的上网时长超过了5小时。

青少年在疫情上网课期间，使用网络媒体的目的见图4。

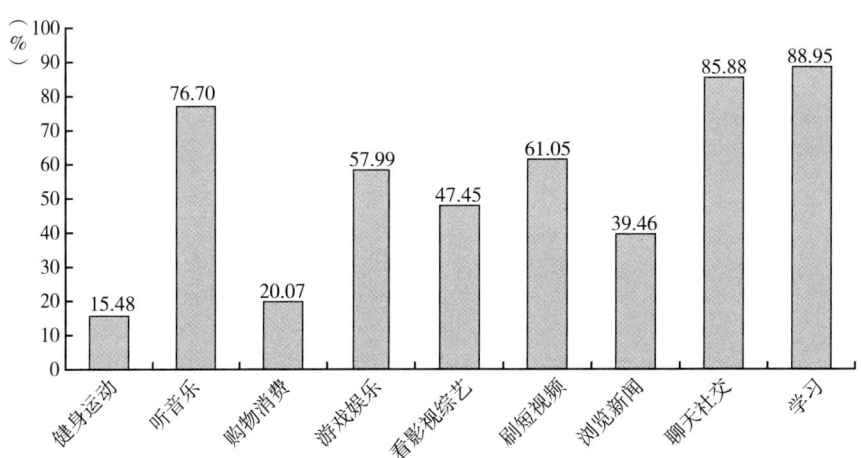

图4　疫情上网课期间，使用网络媒体的目的

如图4所示，按照占比由高到低排序依次为：学习、聊天社交、听音乐、刷短视频、游戏娱乐、看影视综艺、浏览新闻、购物消费、健身运动。其中，学习、聊天社交、听音乐是青少年在疫情上网课期间，使用网络媒体的主要目的。可以看出，受新冠肺炎疫情的影响，使用网络媒体进行学习成为青少年的首要选择。值得关注的是，青少年很少使用网络媒体进行运动健身活动。

此外，关于"青少年在疫情期间使用媒介最关注的内容"方面的统计分析，结果显示：青少年最关注的内容是疫情信息，其次是学习信息，对于时政信息的关注度最低。

2. 青少年对手机App的使用及家长和学校对使用手机的态度

青少年对各类手机App的使用情况分布见表3。

表3 青少年对各类手机App的使用情况分布

选项	几乎不用	偶尔使用	一般	经常使用	每天使用	平均分
学习类 （钉钉、腾讯课堂等）	103 （17.58%）	193 （32.94%）	159 （27.13%）	95 （16.21%）	36 （6.14%）	2.61
即时通信类 （QQ、微信等）	12 （2.03%）	37 （6.27%）	90 （15.25%）	192 （32.54%）	258 （43.73%）	4.09
视频类 （腾讯、优酷等）	119 （20.38%）	126 （21.58%）	156 （26.71%）	115 （19.69%）	68 （11.64%）	2.81
短视频类 （抖音、快手等）	144 （24.53%）	78 （13.29%）	108 （18.40%）	141 （24.02%）	115 （19.59%）	3.00
音乐类 （网易云、酷狗等）	50 （8.52%）	78 （13.29%）	112 （19.08%）	201 （34.24%）	146 （24.87%）	3.54
游戏类 （王者荣耀、斗地主等）	229 （38.88%）	100 （16.98%）	102 （17.32%）	79 （13.41%）	79 （13.41%）	2.46
搜索工具类 （百度、搜狗等）	21 （3.57%）	60 （10.20%）	170 （28.91%）	232 （39.46%）	104 （17.69%）	3.57
读书类 （微信阅读、晋江等）	205 （34.75%）	102 （17.29%）	109 （18.47%）	99 （16.78%）	75 （12.71%）	2.56
购物类 （淘宝、拼多多等）	175 （29.71%）	129 （21.90%）	136 （23.09%）	106 （18.00%）	43 （7.30%）	2.51

注：括号内为占比。

如表3所示，青少年对于各类手机App的使用情况由高到低依次为即时通信类（QQ、微信等）、搜索工具类（百度、搜狗等）、音乐类（网易云、酷狗等）、短视频类（抖音、快手等）、视频类（腾讯、优酷等）、学习类（钉钉、腾讯课堂等）、读书类（微信阅读、晋江等）、购物类（淘宝、拼多多等）、游戏类（王者荣耀、斗地主等）。可以看出青少年对即时通信类（QQ、微信等）具有较强的依赖性。

家长对青少年使用手机的态度见图5。

如图5所示，选择"对我使用手机的时长有限制"的占比为57.71%，选择"对我使用手机无任何限制"的占比为18.54%，选择"允许我在家长的监督下使用手机"的占比为17.29%，选择"完全禁止我使用手机"的占

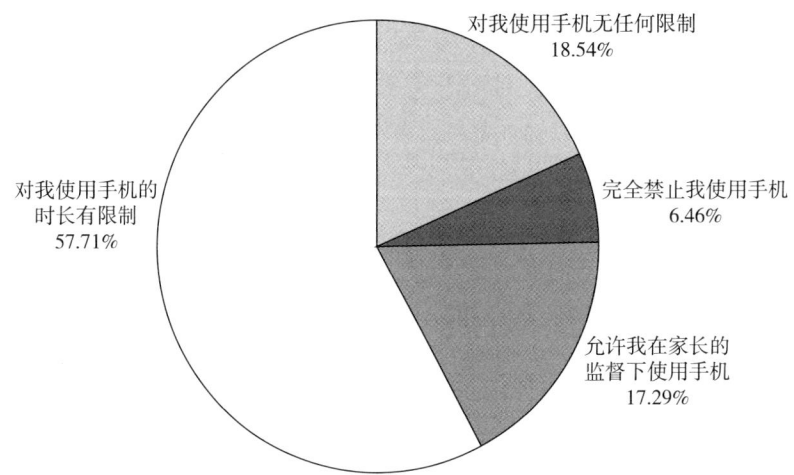

图 5　家长对青少年使用手机的态度

比为 6.46%。由此可以看出，绝大部分家长对青少年使用手机进行了监督和限制，少数家长对于青少年使用手机持无所谓态度。

学校对青少年使用手机的态度见图 6。

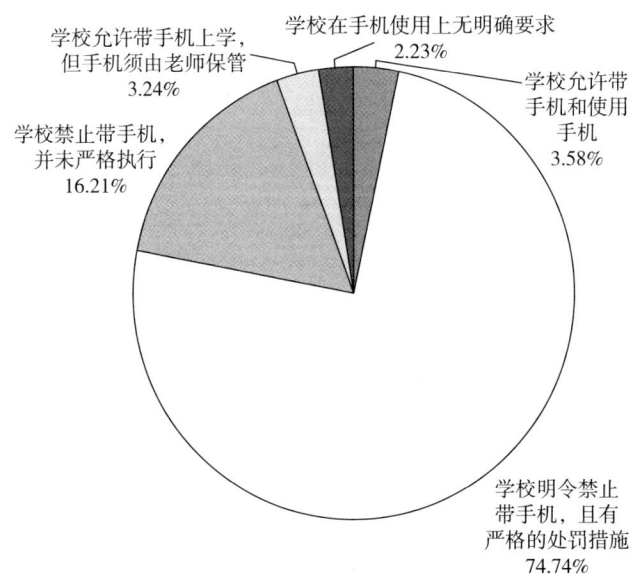

图 6　学校对青少年使用手机的态度

图6数据表明,"学校明令禁止带手机,且有严格的处罚措施"选项占比最高,为74.74%;然后依次是"学校禁止带手机,并未严格执行""学校允许带手机和使用手机""学校允许带手机上学,但手机须由老师保管","学校在手机使用上无明确的要求"位列最后。总体来看,大部分学校不允许青少年带手机,也有小部分学校存在监管不严的现象。

3. 青少年对媒体使用的看法

媒体的使用对青少年身体健康产生的影响见图7。

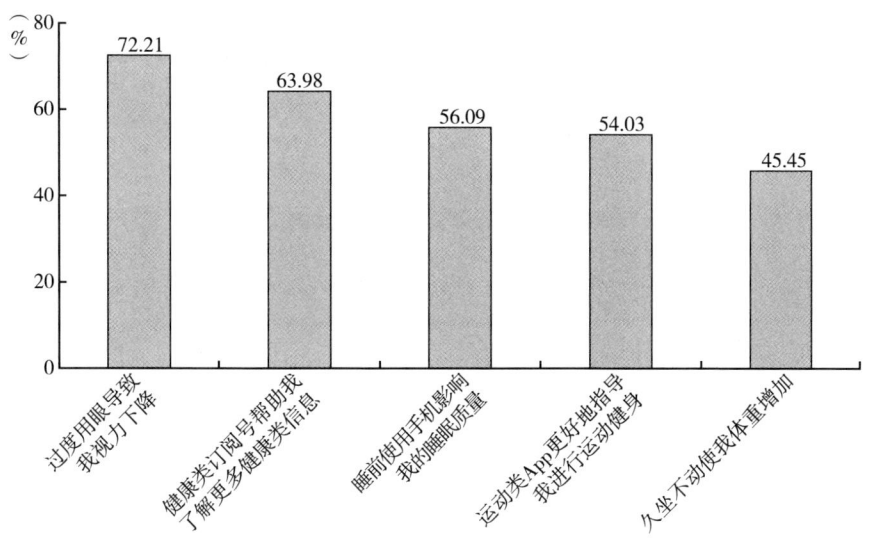

图7 媒体使用对青少年身体健康产生的影响

媒体的使用会给青少年带来不同的影响。在身体健康方面,图7的数据显示,消极影响更多一些,首先是"过度用眼会导致我视力下降",占比为72.21%,其次是"睡前使用手机影响我的睡眠质量"以及"久坐不动使我体重增加"。在积极影响方面,"健康类订阅号帮助我了解更多健康类信息"占比为63.98%。同时,有54.03%的青少年认为"运动类App更好地指导我进行运动健身",督促自己锻炼,形成良好的运动习惯。

媒体的使用对青少年心理健康产生的影响见图8。

除了对身体方面的影响,媒体的使用也会对心理健康产生影响。从图8

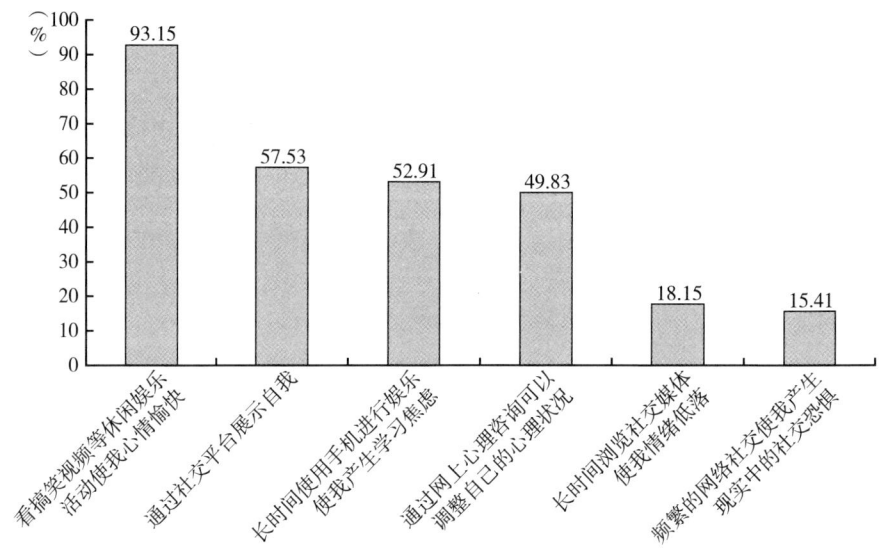

图8 媒体的使用对青少年心理健康产生的影响

可以看到，93.15%的青少年认为"看搞笑视频等休闲娱乐活动使我心情愉快"，可以缓解生活中的压力，放松身心。其次，社交媒体的低门槛，也给了青少年展示自我的机会，通过上传动态、转发文章等形式，塑造自我形象，进行形象管理。同时，52.91%的青少年认为"长时间使用手机进行娱乐使我产生学习焦虑"，学习焦虑是媒体使用带来的最主要的心理问题，其次是情绪低落与社交恐惧。但是也有49.83%的青少年认为"通过网上心理咨询可以调整自己的心理状况"，避免一些心理疾病。

媒体的使用对青少年生活产生的影响见图9。

根据图9，青少年对于使用媒体产生的生活影响主要集中在"增长知识，开阔眼界""缓解现实压力""实时了解社会动态"三个方面，也就是说，媒体在提供信息方面发挥着重要作用。部分学生认为媒体的使用可以扩展社交圈，帮助消磨时间，使购物更加方便快捷。此外，少数同学认为媒体的使用给生活带来了消极的影响，如占用学习时间、容易使自己产生冲动消费，以及疏远自己和家人之间的关系。总体来说，青少年认为媒体对生活产生的影响是积极的，对自己的生活有所帮助。

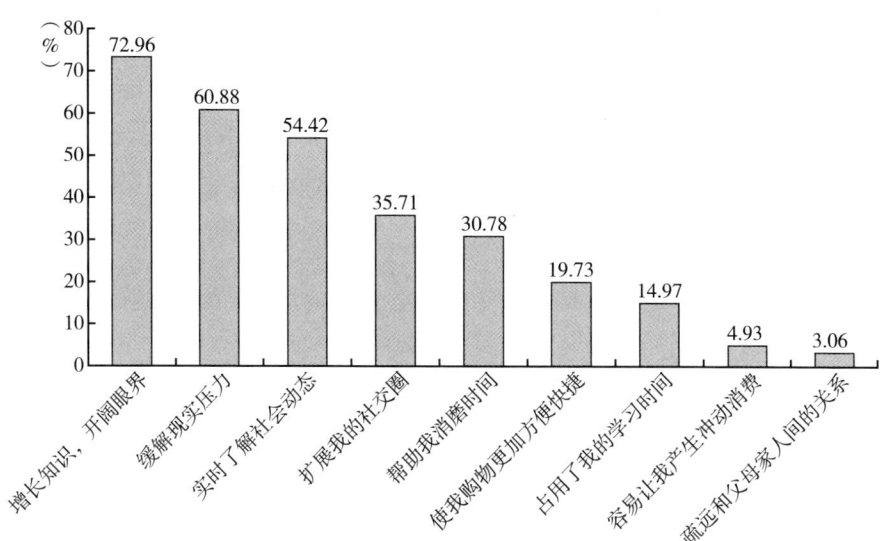

图 9 媒体的使用对青少年生活产生的影响

青少年获取时政信息的主要渠道见图10。

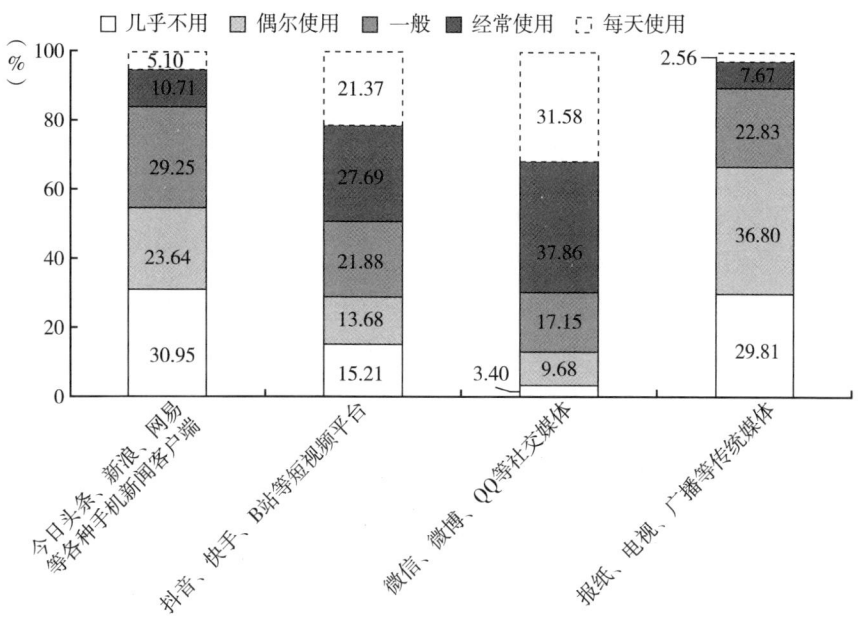

图 10 青少年不同媒介接触时政信息情况

如图10所示，青少年通过不同的媒介接触时政信息，总体来说，传统媒体与新媒体、社交媒体相比处于劣势地位，青少年更倾向于使用社交媒体，微信、微博、QQ是青少年获取时政信息的最主要渠道，其次为抖音、快手、B站等短视频平台，以及今日头条等新闻客户端。青少年对于时政信息的获取，几乎不通过或偶尔通过报纸、广播、电视等传统媒体渠道。

青少年对省内新闻的关注情况见图11。

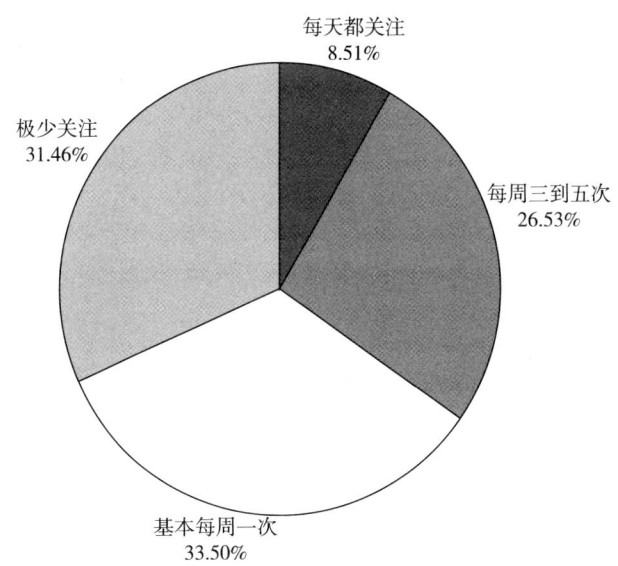

图11　青少年对省内新闻的关注情况

青少年对省内新闻获取渠道情况见图12。

对于省内新闻，青少年关注较少。图11结果显示，基本每周一次与极少关注省内新闻占超过六成的比例，只有8.51%的青少年每天关注省内新闻。从渠道上看，图12显示，青少年对省内新媒体的接触情况由高到低依次为：抖音账号、微信公众号、微博账号、手机客户端、网页网站。四成左右的青少年几乎不用省内新媒体获取省内新闻，每天使用省内新媒体获取省内新闻的青少年占比较低，河北相关媒体抖音账号是青少年获取省内新闻最多的渠道，微信公众号、微博账号、手机客户端等具有一定优势，网页相对关注较少。

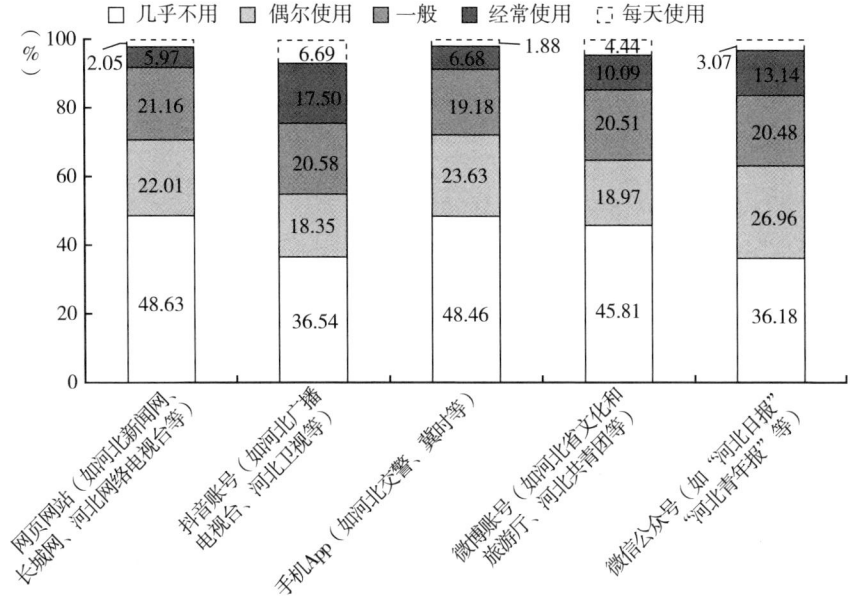

图 12 青少年对省内新闻获取渠道情况

（三）青少年媒介素养情况分析

男、女中学生是否在媒体发布信息对比见图 13。

新媒体不同于传统媒体，使用门槛较低，由调查结果可知，超过一半的青少年在媒体上发布过信息，占比为 55.88%。其中男生和女生对于信息的发布呈现不同的态度。从整体来看，女生更倾向于在媒体上发布信息，在发布过信息的学生中占比达到 66.98%。在没有发布过信息的学生中，占比 48.40%。

青少年在媒体中的互动方式分布情况见图 14。

在信息发布方式的选择中，如图 14 所示，青少年对微信、QQ 两个聊天软件使用最多，分别占比 70.64% 和 68.90%。其次是抖音、微博，占比分别为 23.92%、23.87%，二者相差较小，而青少年在知乎、豆瓣等原创文本要求较高的内容社区平台上发布信息较少。由此可见，青少年对于知识性内容的创作有一定的欠缺。

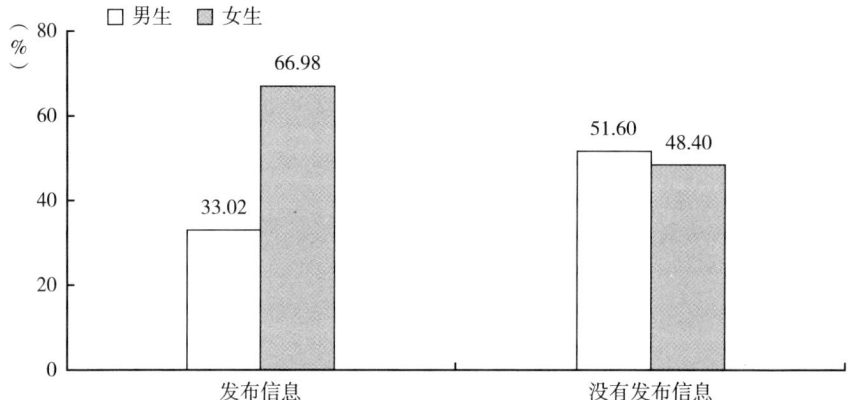

图 13 男、女中学生是否在媒体发布信息对比

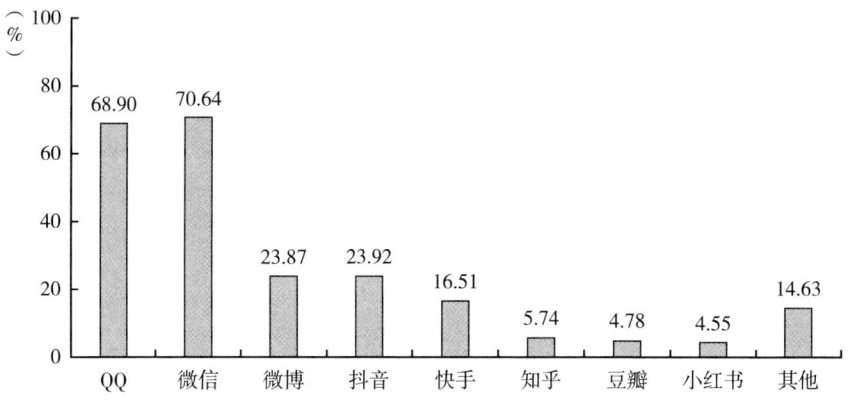

图 14 青少年在媒体中的互动方式分布情况

青少年发布信息的技能情况见图 15。

在信息发布的过程中，不同的媒体需要上传不同形式的信息，而不同的信息形式也需要不同的信息发布技能。上传图片可能需要一定的修图能力，音视频的上传可能需要有一定的剪辑能力等，通过对青少年的调查，如图 15 所示，青少年拥有文本原创能力的技能占比最高，为 63.30%，其次是音视频剪辑能力和修图能力，占比分别为 59.90% 和 58.02%，对于 H5 等超文本制作也有所涉及，占比为 8.12%。

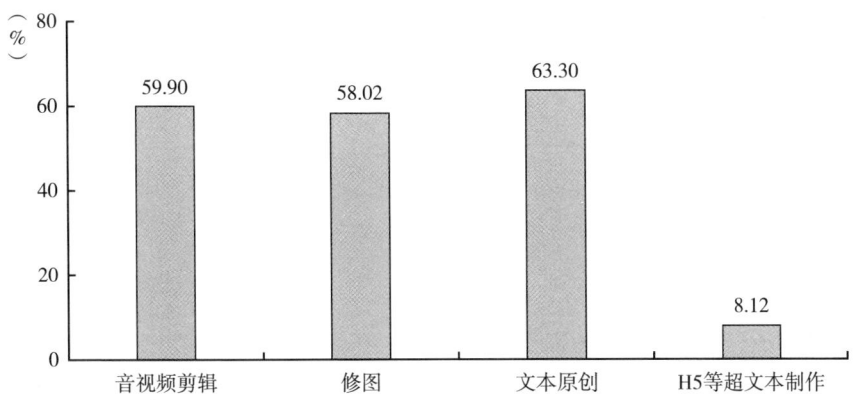

图 15 青少年发布信息的技能情况

青少年在媒体中的互动方式见图16。

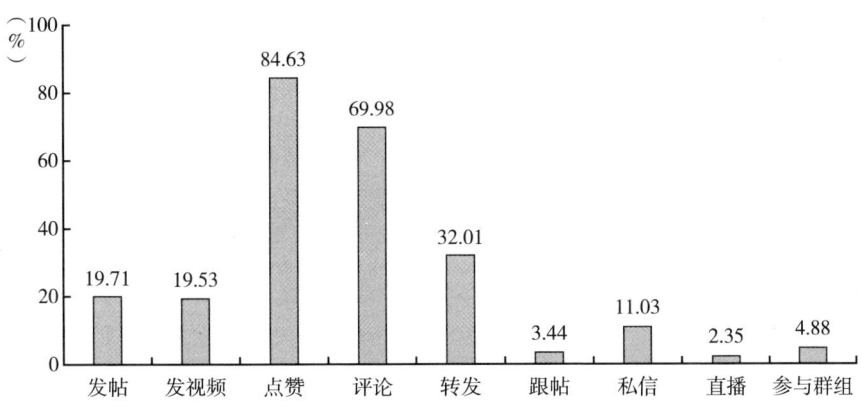

图 16 青少年在媒体中的互动方式

根据图16，青少年在媒体中选择的互动方式，按照占比由高到低排序依次为点赞、评论、转发、发帖、发视频、私信、参与群组、跟帖、直播。点赞、评论、转发是青少年在媒体上最主要的互动方式，他们更多是信息的接受者与传播者，是对原有信息的二次传播，而不是信息的发布者。

青少年媒体使用真实信息填写情况见图17。

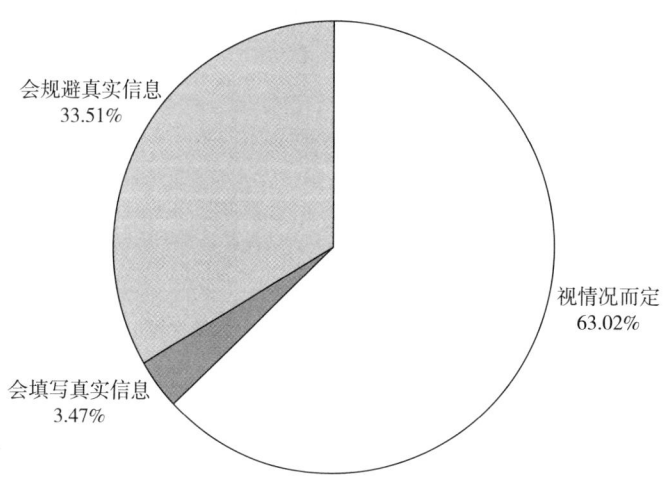

图 17　青少年媒体使用真实信息填写情况

青少年个人隐私关注情况见图 18。

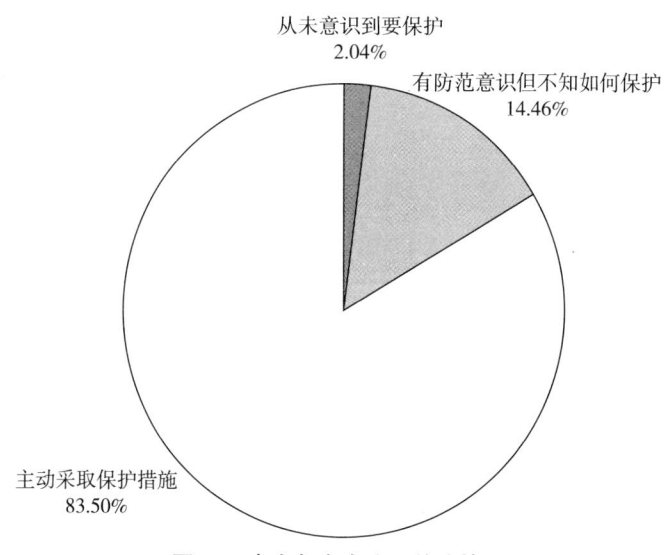

图 18　青少年个人隐私关注情况

在媒体使用的过程中，个人信息的泄露问题层出不穷。由图 17 和图 18 可知，青少年有一定的个人信息保护意识，超过一半的学生对于真实信息的填写选择"视情况而定",33.51%的学生会规避真实信息的填写,只有少量的学生在社交媒体的使用过程中会提供真实信息。同时,针对个人隐私问题,83.50%的学生选择"主动采取保护措施",14.46%的学生"有防范意识但不知如何保护",只有2.04%的学生个人隐私保护意识欠缺,"从未意识到要保护"。

青少年不同年级信息辨别能力对比情况见图19。

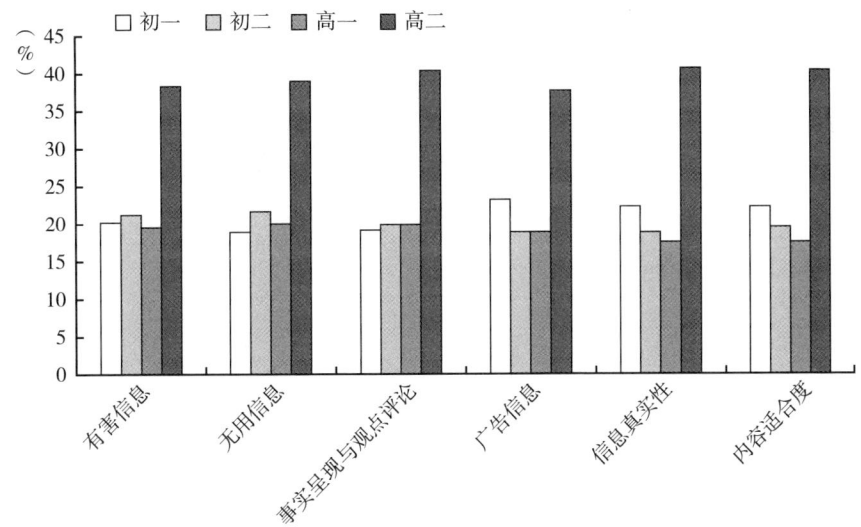

图19 青少年不同年级信息辨别能力对比情况

信息爆炸是目前互联网媒体呈现出的最重要的特征之一,这就需要我们具备一定的信息辨别能力。图19数据显示,从整体来看,信息辨别能力与年级、年龄呈正相关关系,随着年龄的增长、年级的升高,青少年对于有害信息与无用信息的辨别能力,事实呈现与观点评论、广告信息的区分能力,以及对信息真实性的辨析能力、内容的选择能力都有所提高,高二学生在各个方面的能力均超过低年级学生。但是,从数据中看,初一学生较初二、高一学生在区分广告信息、辨析信息真实性、内容适合度方面有一定优势,这是个例外。

青少年对网络新媒体的看法见表4。

表 4　青少年对网络新媒体的看法

	完全不符合(%)	不符合(%)	一般(%)	符合(%)	完全符合(%)	平均分
我知道网络聊天交友中存在风险	1.71	1.20	12.16	40.41	44.01	4.24
新媒体的使用加速了我对生活技能的掌握	2.90	4.27	25.77	37.54	29.01	3.86
借助新媒体我可以更便捷地了解外界信息	2.05	2.23	17.29	42.64	35.45	4.08
网络为我提供了各种交流的平台	2.91	2.74	20.38	38.36	35.27	4.01
网络工具的使用拓宽了我的交际范围	4.12	4.81	22.85	35.74	32.13	3.87
网络等新媒体丰富了我的课余生活	3.42	2.74	16.95	37.67	38.87	4.06
我通过媒介渠道对于新鲜事物有了更为深入的了解	2.40	2.57	17.84	38.08	38.77%	4.09

如表 4 所示，青少年对网络新媒体的看法是比较客观的，认识到网络交友中可能存在风险，也认识到网络可以对生活产生积极的影响，主要是网络可以帮助他们了解新鲜事物、网络可以使他们更便捷地了解外界信息、丰富课余生活。可见，大部分学生会通过网络获取新信息，这是对学习生活的一种补充。同时，也有部分同学认为新媒体可以提供各种交流的平台、拓宽交际范围、加速自己对生活技能的掌握。

在社会媒介教育情况方面，如图 20 所示，选择"在接触新媒体的过程中，父母有进行指导教育"的占 64.31%，选择"学校有关于媒体使用与媒介素养相关的教育活动或课程"的占 45.45%，选择"社区有关于媒体使用与媒介素养相关的教育活动或课程"的占 18.52%，选择"父母、学校、社区都没有相应的指导教育活动"的占 22.25%。因此，对青少年进行媒介教育的主要途径是父母指导。

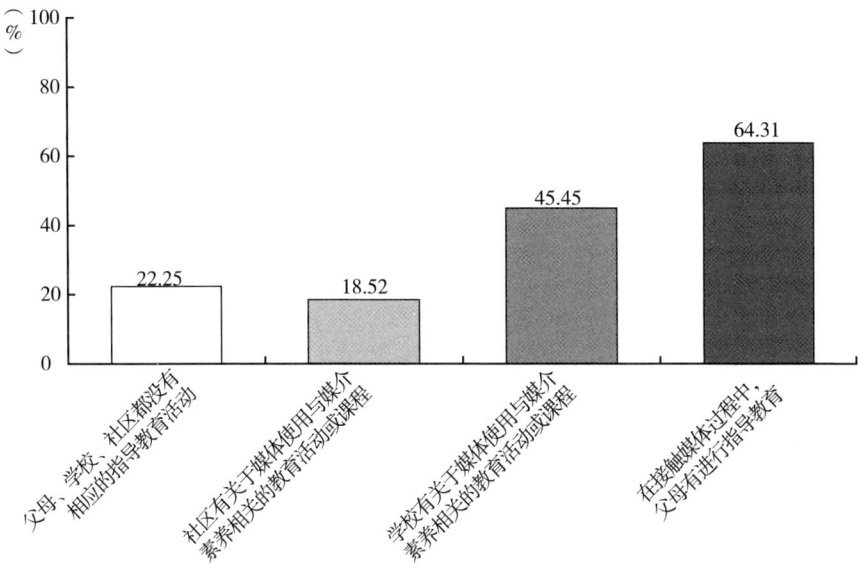

图 20 社会媒介教育情况

四 总结与建议

(一)疫情期间网络媒体在青少年的日常生活中发挥重要作用

2020年初,突如其来的新冠肺炎疫情打破了常规。河北省各地中学延期开学,充分利用网络平台开展线上教学活动,青少年居家学习使用网络的时间大大增加。调查结果显示,在疫情上网课期间,青少年使用网络媒体的最主要目的是学习,网络媒体的使用有效弥补了线下教学的不足。因为需要居家防控疫情,聊天社交、听音乐也成为青少年使用网络媒体的主要目的,既能在居家期间与外界好友保持联系,也能在疫情期间放松心情,维持良好的心态。另外,媒介在疫情期间充分发挥了环境监测的作用。调查结果显示,疫情期间,青少年对疫情动态十分关注,主要通过网络媒体获取与疫情信息相关的内容,从而做好疫情防护。由此可知,疫情期间网络媒体在青少年的日常生活中发挥了重要的作用。

（二）河北省青少年对本省省内新闻关注度较低

调查结果显示，三成多的青少年学生极少关注省内新闻，每天关注的学生未达一成，说明河北省青少年对于省内新闻的关注度较低。从渠道上看，微信、抖音、微博是青少年获取省内新闻的主要方式。与传统媒体相比，社交媒体在新闻信息传播的过程中更具优势，其交互性、实时性、海量性、便捷性、个性化等特点受到青少年群体的青睐，因此，对于省内新闻的推送要充分考虑青少年群体获取省内新闻的主要渠道，做到精准推送。其次，省内官方新媒体是传播省内新闻的主渠道，然而，四成多的青少年几乎不使用省内的官方新媒体获取新闻，这就需要河北省官方新媒体在内容、形式、运营上进行调整，贴近青少年新媒体的使用习惯。比如，改变严肃刻板的语言风格，采用轻松幽默的故事化语言传递信息；利用丰富的多媒体形式，代替传统的新闻呈现方式；通过多样的形式与用户互动，让用户参与新闻内容的制作，增加用户黏性等，提高青少年对河北省官方新媒体的关注度，从而进一步提高青少年对河北省省内新闻的关注度。

（三）部分青少年上网时间过长，产生"媒介依赖"，需要特别关注

调查结果显示，有接近九成的学生独立拥有手机，手机已成为大部分河北省青少年生活的必需品。从青少年媒介接触的时间来看，由于2020年疫情的特殊性，青少年除了利用网络媒体进行学习之外，超过一成的中学生每天花费3~4小时上网，接近两成的中学生每天的上网时长超过5小时。媒介与青少年的学习、生活、社交的联系密不可分，渗透在青少年生活的方方面面，从而使青少年产生"媒介依赖"。尽管媒介的使用为青少年的生活提供了便利，但其负面效果依然显著。直观来看，首先，青少年长时间接触媒介，改变了其生活习惯，容易使其产生肥胖、近视、睡眠质量下降等健康问题。其次，生活方式的改变，也会引发青少年在心理及社交方面的问题。有研究发现，社交媒体的使用与负面情绪呈正相关关系，长时间使用社交媒

体，也会使其沉浸在虚拟的社交互动中，而对现实的社会交际采取回避的态度，进而形成自闭的性格特征。正确看待网络媒体，合理使用网络媒体，是青少年媒介应用中需面对的一个主要问题。

（四）大部分青少年既是信息的接受者同时也是发布者与传播者

由调查结果可知，55.88%的青少年在媒体上发布过信息。点赞、评论和转发是青少年在媒体中的主要互动方式，发帖、发视频等具有信息发布者性质的互动也不在少数。由此可知，青少年既有对他人信息进行评论或二次传播，也有自己的原创内容。他们既是信息的接受者，同时也是信息的发布者与传播者。在信息爆炸的自媒体时代，信息混杂，要引导青少年注重核实信息的来源，做到不随意传播虚假信息和谣言。同时，还要了解相关的法律法规，在法律允许的范围内进行信息传播。

（五）多数青少年保护个人信息安全的意识较强

互联网的迅猛发展，给人们的日常生活带来了巨大的便利，同时也带来了复杂的信息安全问题。中国网络用户出现低龄化的趋势，青少年的个人信息安全问题受到了广泛的关注。由调查结果可知，多数河北省青少年对个人隐私会主动采取保护措施，也有近1/5的青少年存在有防范意识但不知如何保护的困扰，一些青少年在社交媒体的使用过程中不加防范使用真实信息。信息安全与每个人息息相关，河北省青少年信息安全知识还需要进一步普及。

（六）河北省青少年媒介素养参差不齐，媒介教育需进一步加强

在传统的单向度线性传播过程中，媒介素养主要是信息的接受和理解能力，以及具备一定的批判及反思能力。① 然而，在新媒体环境下，线性传播逐渐转变为交互的环形传播，新媒体技术赋予人们与传播者同等的权利，这就需要其具备一定的信息生产和交互能力。从调查结果可知，在信息生产方

---

① 董小玉、金圣尧：《青少年媒介素养的内涵与培育——基于新媒体时代的讨论》，《青年记者》2019年第25期，第20~21页。

面，青少年发布信息以文字内容为主，以图片的制作、音视频的剪辑为辅、对超文本内容的生产能力有一定的欠缺。在信息的理解、批判方面，尽管有一半以上的青少年能够正确地认识网络媒体、清楚地辨别媒体信息，有一定的质疑精神，但仍有部分青少年完全信任媒体信息，缺乏辨别能力。

经过调查研究发现，在接触媒体的过程中，有两成多的青少年没有接受过父母、学校、社区的指导教育活动，这说明媒介教育需要进一步完善，媒介教育离不开社会、学校、父母、个人的共同努力。学校要根据学生的年龄有层次地设置课程，将媒体技能、信息甄别等作为必修课。要推动包括家长在内的全民媒介素养教育，使其对青少年的媒介行为提供强有力的指导。社区等社会组织也可以开展一些相关的实践活动，为青少年提供多样化的媒介学习渠道。在媒介素养教育过程中，不仅要让青少年学会媒体的使用技能，掌握信息的生产和交互能力，也需要向他们传授新媒体环境下的生存与发展要领，使他们在新媒体环境中健康成长。①

---

① 庹继光：《从提高"媒商"到拓展"媒能"：互联网时代公众新闻传播教育的嬗变》，《新闻界》2016年第22期，第68~72页。

B.17 "走好网上群众路线"的媒体实践

——河北省网络问政调查报告

李丽 代慧 侯天慧 韩彦妍*

摘 要： 网络问政是"互联网+社会治理"的一种新模式，已经成为国家治理和公众参与政治及社会生活的重要方式。河北省网络问政起始于2010年，发挥公众力量，以舆论监督的手段，一方面高效回应群众关切的民生问题，另一方面积极促进政府职能转变，更好地为群众服务，在政府和群众之间架起了畅通交流的"信息桥"。2020年，河北省网络问政平台更为多样、运行更为高效、服务更加便民。不仅问政网络越织越密，关注社会生活各个方面；问政触角也越伸越长，进入群众生活点点滴滴；同时问政覆盖面越来越广，涉及各行各业的具体工作。河北省网络问政已经成为聆听群众声音、全方位服务群众生活、促进政府职能转变、增强人民幸福感的高效途径。

关键词： 群众路线 网络问政 媒体融合

回应社会关切和推动社会协同治理、促进政府信息公开化和提升在线服

---

* 李丽，博士，河北经贸大学文化与传播学院讲师，主要研究方向为广播电视与新媒体；代慧、侯天慧、韩彦妍，河北经贸大学文化与传播学院助教，硕士研究生，主要研究方向为影视传播学。

务水平，是网络问政的重要功能。经过十年成长与发展，河北省网络问政已经形成了包括政务微博、微信、微视、抖音、快手、客户端以及政务头条号等在内的平台矩阵，网络问政建设不断出现新亮点，发展路径也更加明晰。

一 河北省网络问政现状分析

2010年9月，河北新闻网"阳光理政"平台正式上线运行，拉开了河北省网络问政的序幕。2020年河北省在加强既有网络问政平台建设的基础之上，又拓宽了新的网络问政途径。以"阳光理政"和"问政河北"为代表的省级平台继续发力，不断加强自身建设；河北各市也依据自身特色建立网络问政市级平台，为实现与群众零距离沟通不断努力；以政务微博、微信、微视、抖音、快手、客户端以及政务头条号等为代表的多媒体平台成为网络问政的重要力量。

（一）继续加强省级平台建设

随着省级平台自我建设的不断加强，网络问政平台解决问题的总体数量不断增加，解决效率也在逐年提高。截至2020年12月18日，"河北省网络问政"平台全年解决问题538件，"阳光理政"平台全年解决问题61419件，"问政河北"平台全年解决问题10575件，合计72532件。公众在省级问政平台的使用习惯上更倾向于"阳光理政"和"问政河北"两个平台。目前，河北新闻网"阳光理政"平台和长城新媒体集团的"问政河北"两个平台已经成为河北省公众最常使用的两大省级网络问政平台。这两个极具代表性的省级平台回复率和办结率都比较高，平均每天为公众解决实际问题199件，并且平台会将所有入驻单位进行排名并公布，以此发挥媒体舆论监督和督办的作用。

为了发挥平台的最优效能，省级网络问政平台不仅注重效率的提升，还注重调整、开辟全新板块，优化板块功能设置，让信息更畅通，群众使用更便利，服务更专业。2020年"阳光理政"在原有"阳光帮办""实话实说"

"实事实办""年度办结率排行榜""满意留言墙""理政云数据""民生聚焦""理政访谈""我有诉求"九大板块基础上新增"热点诉求""热点聚焦""记者调查""视频问政"四大板块,更好地践行"网络汇聚民声,理政温暖河北"的宗旨。2020年全年,还利于民资金2.0143亿元,积极回应网民关切,提供互动式、服务式、体验式新闻信息服务,力争"事事有着落、件件有回音"。"问政河北"设立了"头条新闻""问政·网民关切""理政·民声回音""晒政·政策发布""惠民·解忧纾困""排名榜""前沿调查""网民评政""民生及时帮""网友说事儿"十大板块。公众在首页进行问政时便可选择"我有诉求""我要建言""我要咨询""部门入口"进行咨询。公众的留言或建议会首先出现在"问政·网民关切"板块中,这一板块是尚未得到转接或处理的留言。留言得到受理后会展示在"理政·民声回音"板块,留言的问题和相关部门的反馈及解决方法都会向公众公开。

"阳光理政"平台在2019年12月至2020年11月共受理留言63241条,其中已回复留言57716条,平均回复率为83.8%(见表1)。新入驻职能单位553家,总入驻数超5000家。截至2020年12月17日,"问政河北"的"问政·网民关切"板块共有22135条留言,逐渐得到群众认可,成为河北省级网络问政的又一重要平台。

表1 2019年12月至2020年11月"阳光理政"网络问政平台留言回复情况

单位:条,%

时间	受理留言	已回复留言	回复率	平均日回复留言数
2019年12月	6563	5689	86.7	258
2020年1月	5154	4523	87.8	266
2020年2月	2146	1674	78.0	84
2020年3月	4173	3533	84.7	161
2020年4月	—	4655	—	—
2020年5月	7021	5897	84.0	310
2020年6月	6873	5665	82.4	270

续表

时间	受理留言	已回复留言	回复率	平均日回复留言数
2020年7月	6092	5172	84.9	225
2020年8月	6611	5546	83.9	264
2020年9月	7113	5833	82.0	253
2020年10月	4454	3886	87.2	228
2020年11月	7041	5643	80.1	269

资料来源：河北新闻网"阳光理政"云数据。

在群众访问量增长的同时，群众利用网络进行问政的渠道也有了新变化。各省级平台通过"互联网+媒体+政务"模式，打通了网页、微博、微信、客户端、小程序、抖音等多媒体通道。群众进行网络问政的渠道不仅局限于网页端，在移动端通过微信公众号、微信小程序等也可参与网络问政，实现了网络问政渠道的多元化。各平台全天24小时不间断接收全省网民留言，最大限度地降低了群众利益表达的门槛，及时倾听群众的现实诉求，努力实现"让数据多跑路"，群众少跑腿，甚至不跑腿，精准打通与群众沟通的"最后一公里"。"阳光理政"平台在首页设置了"手机扫一扫来投诉"的提示栏，并将河北日报微信、河北新闻网微信、阳光理政微信、阳光理政抖音号的二维码进行展示，方便群众利用移动端进行投诉。截至2020年12月，"阳光理政"平台上来自移动端的投诉已经占到90%以上。同时，2020年初，为进一步畅通网络问政渠道，"阳光理政"平台进行功能升级，在文字、图片等的基础上新增视频投诉功能，开设"视频问政"板块，让网民留言更便捷。

（二）打造与群众零距离的市级平台

1. 建设群众身边的"亲密问政"平台

省级平台的不断完善极大地提高了问政效率，但是省级平台覆盖面广的同时不可避免地存在针对性较弱的问题，所以市级问政平台的创建、创新、改版显得尤为重要。河北省拥有11个地级市，其中秦皇岛、邢台、保定、唐山、沧州、承德、廊坊都拥有自己的市级综合性网络问政平台，这样的综合性网络问政平台既承载市内资讯要闻又设有问政通道,全面打造和市民息息相关的服务平台,在一定程度上配合省级平台实现了"亲密问政"。

秦皇岛的"秦皇岛市网络问政平台"除了市内要闻、留言回复、受理排行榜这些基础性的板块之外,还设有便民服务,其中包含热线电话、星级宾馆、公共交通、景区名胜、电子地图、违章查询的链接,更好地服务人民群众的日常生活,并通过服务增强用户的黏性。保定市的"中国唐尧网"更是聚焦保定文旅、金融、房产、康养等社会生活的方方面面,配合保定问政,打造一个生动和谐的网上保定。沧州报业传媒集团主办的"今日渤海网网络问政平台"除了拥有 PC 端,还开通了微信公众号"今日渤海网官微",在手机上也可进行投诉和查询办理进度。邯郸市人民政府在市政府网站上开辟了问政的渠道,设有政民互动板块,其微信公众号"邯郸政务"中的"邯郸问政"链接邯郸市的电视问政。如果说省级问政平台织就了河北省问政大网,满足了省内人民问政有渠道的基本需求,那么市级网络问政平台就是大网下的密线,更紧密地连接着人民群众,实现了"亲密问政"。

2. 转向小屏的"指尖问政"

在实现最基础的网络问政功能的同时,市级平台也在寻求变革和创新。从电脑大屏转向手机小屏,是市级问政平台根据群众使用习惯进行的创新,"指尖问政"成为网络问政的新方向。其中具有代表性的是邢台市的"掌上邢台"客户端和唐山市的"问政唐山"。

2019 年 1 月 18 日,"掌上邢台"客户端正式上线,2020 年 10 月 16 日在整合原有"问政邢台"与"邢台民意通"板块的基础上,形成了全新的网络问政平台——"问政邢台"。在邢台网首页、掌上邢台客户端首页开设专栏入口,同时通过微信、微博等新媒体平台账号进行推广发布。网民可以通过专栏或推广链接进入"问政邢台"平台,提出诉求、咨询、建议以及爆料。改版升级后,平台开设"我要问政"(下有"我有诉求""我要咨询""我有建言"这几种问政类型)、"群众直通车"、"最新办结"、"问政资讯"等板块。入驻单位负责网民留言的受理、回复。对于一般性问题,入驻单位将在 2~5 个工作日内回复群众处理意见,对涉及多部门的问题由首问部门牵头，协调相关部门配合处理。平台设置打分制，以各县（市、区）、市直部门对群众网络留言的重视程度、回复办结情况为根据，对入驻部门网络问政情况进行综合评价。网络问政情况每季度进行通报，在掌上邢台客户端、微信、微博公开发布。平台也分别在《邢台日报》和《牛城晚报》设立专栏，选取群众反映的有代表性的问题，对解决落实的过程进行调查采访、跟踪报道。群众不仅可以随时随地"指尖问政"，得到相关部门的解答和回复，还能实时监督反馈，实现网上与网下的全面联动。

2020年11月18日，由唐山劳动日报社建设的"问政唐山"网络平台正式上线。截至11月25日18时，"问政唐山"网络平台收到网民提交的各类问题逾600条，进驻平台的各部门单位回复办结数量超过1/3。"问政唐山"设置了"你问我答""权威答复""在线访谈""记者追踪""亮诺践诺""纠风动态""新闻发布会"7个板块，受理范围包括对全市经济社会发展提出的意见和建议；对政府及其部门工作职责、办事程序和政策规定的咨询；对全市各级行政机关、法律法规授权具有管理公共事务职能的组织、提供政务服务的企业和事业单位工作中存在的问题提出建议；对其人员在工作中存在的"不作为、慢作为、乱作为"的行为进行投诉。对网民提出的问政问题，市纠风办公室每个工作日统一受理、集中审核。应当受理的及时交办相关县（市、区）或单位，不受理的提出不受理理由，及时向群众反馈，做到事事有着落，件件有回音。

市级网络问政平台的建立真正做到了减轻省级网络问政平台的压力，更加聚焦本市的民情民意，促进问题的切实解决。

（三）多媒体平台拓宽网络问政渠道

互联网已进入可视化、碎片化传播时代，微博、微信、短视频、App等移动新媒体成为公众讨论公共事务、表达意见、进行舆论监督的重要平台。2020年河北省网络问政的途径、平台更为多样。截止到2020年6月，河北省拥有新浪平台认证的政务微博4639个，政务头条号3220个，政务抖音号1313个。问政网络越织越密，包括政务微博、微信、微视、抖音、快手、

"走好网上群众路线"的媒体实践

客户端以及政务头条号等在内,触角延伸到边、网络覆盖到底的多媒体网络问政矩阵已经初步形成。

目前,河北省所有地级市均已开通了政务抖音号,移动短视频的发展给网络问政平台的发展带来了新的契机。在网络短视频发展的过程中,主流媒体不能缺席,主流舆论不能缺席。政务短视频作为一种政府与群众沟通的新颖模式,往往节奏明快、轻松诙谐,能迅速得到广泛浏览和传播,遥遥领先于其他传播形式。截至2020年底,河北新闻网"阳光理政"官方抖音账号发布短视频413条,共获赞152.5万次,拥有6.5万名粉丝。抖音短视频将公众普遍关心的留言及相关部门的解决回复制作成短视频,实时更新,更为贴近群众生活,具有更强的吸引力,既提高了宣传效率,也使群众在及时准确了解相关信息的同时自觉进行监督,在实践中做到政务公开。

政务微博作为党政机关与群众沟通的有效渠道,以其特有的优势在网络问政中同样扮演着重要角色,为群众提供了表达民意、监督政府的便捷平台。河北省省市县三级政务微博基本建设完成,乡镇级政务微博也开始建设,但尚未全部建设完成。政务微博的私信区和评论区是网络问政的主要阵地,评论点赞数越高代表群众对相关事件的关注度和呼声越高。对于需要政府部门受理的事件,群众也会自发"@"相关部门,提出自己的诉求或建议,以期解决相关问题。

经过几年发展,政务微信已经从"信息发布"提升为"政务服务",形成纵向贯穿省市县乡"四个层级",横向覆盖新闻、宣传、网信等"九大系统"的微信矩阵,使互联网真正成为反映民意、服务群众的有效平台,成为网络问政的重要抓手。除"问政河北"和"阳光理政"微信公众号外,群众还可以通过一些其他的政务公众号进行网络问政。比如2019年12月31号,"河北省人民政府"微信公众号正式上线,设有政务信息、政务服务、政民互动三大板块。政民互动下设"我向总理说句话""互联网+督查""新闻发布厅""互动交流"等子板块,为群众进一步拓宽了网络问政的渠道。

不仅是官方微博、微信,网络问政平台尤其是移动平台越来越多元。冀时办App是由河北省政务服务管理办公室官方出品的掌上政务服务平台,为群众提供与生活相关的各种服务性、提示性信息。冀时办2.0包含"首页""办事""互动""我的"四大服务模块。"互动"模块包括"报警求助""评价投诉""政民互动"3个板块6项主题,实现在线报警、咨询、评价、投诉、建议等功能。在"政民互动"板块下设有"留言板"和"12345平台"两个子板块。"留言板"板块可以向人民网河北政务留言板进行留言,也可以查看他人的留言及其回复进度。"12345平台"可以登记自己的诉求并查看进度。除此之外,在"评价投诉"板块还可以对在冀时办中办理的事项做出评价或者进行投诉,也会得到相关部门的回应,推进了政府与群众良性互动循环。

二 河北省网络问政的发展特征

2020年9月,中共中央办公厅、国务院办公厅印发了《关于加快推进媒体深度融合发展的意见》,其中提出的"贴近群众服务群众、连民心接地气、融媒体服务于社会治理、建立承上启下的全媒体传播体系"也正是河北省网络问政的发展方向。河北省网络问政以"互联网+"为技术支撑,不断进行平台升级改造,对内优化大数据处理系统,对外逐渐实现PC端、客户端、微信公众号、微信小程序等多渠道的互联互通,从信息传播工具扩展成为社会发展和治理的综合专业信息化平台,与时俱进地创新网络问政形式。

(一)直播问政

受新冠肺炎疫情影响,2020年"全民直播"时代到来。网络直播很好地承接了不便出门的人们对在线工作、消费娱乐、教育、远程问诊等方面的诉求,第一次真正意义上与各行各业深度融合。[1] 河北省的网络问政平台"阳光理政"也积极创新,加入直播这一行列,利用直播提高问政效率,更好地服务群众。平台不仅定期邀请嘉宾进入访谈直播间和群众互动,还通过

---

[1] 肖文舸:《"全民直播"时代主流媒体如何作为》,《青年记者》2020年第22期,第18~19页。

现场直播直面问题并答疑解惑。

河北新闻网"阳光理政"以直播间访谈的形式,在特殊的时间节点邀请特定的嘉宾与网友进行线上交流。比如2020年6月中旬,正值毕业季,河北省人力资源市场联合河北新闻网等开展第八届京津冀招才引智大会"云"直播——冀才进行时,累计吸引630万人次观看。2020年10月23日和11月23日,"阳光理政"邀请省内多地的法律界人士探讨执行难的破解之道,内容上形成联动。2020年11月1日第七次全国人口普查启动,"阳光理政"访谈直播间邀请有关部门负责人与网友进行在线交流。积极发挥网络直播的即时性优势,让领导干部进直播间常态化,同群众共话民生热点,实现了良好的政民互动。

深入事件现场进行直播能够更加直接地回应群众关切,挖掘事件真相,解决相关问题。2020年8月18日,关于石家庄新乐青同养蛇场跑出800多条眼镜蛇的消息刷爆社交网络,引起了群众的恐慌。河北新闻网记者赶赴现场进行调查,并在河北新闻网头条号、百家号、快手号及"阳光理政"抖音号等平台进行直播,让群众知晓事件的全过程,快速平复了公众情绪。

(二)社交平台问政

2020年10月28日,在河北省委网信办主办的第二届河北省自媒体"百佳号"推选活动中,快手账号"蔚县信访局长李海明"荣获"最具创新力自媒体"称号。2020年1月,张家口蔚县信访局长李海明和同事们商量后搞起了信访直播,在快手平台的直播中听取群众的意见和诉求,并提供积极指导。其中"你们欺负弱势群体,拍拍自己的良心问一问……"这一句对拖欠农民工工资的企业负责人的高声斥责使得李海明走红网络。截至2020年12月8日,他的快手账号拥有粉丝119.3万人,发布作品3301条,视频内容十分丰富,有对调解工作的记录,如"2020年第30次调解成功""废寝忘食调解中";有维护权益的知识或法律普及,如"快到年底了请不要拖欠农民工工资""被人打了如何维权";自制信访短剧《偷来的二大爷》通过一男子从养老院偷出别人的二大爷放到信访局滋事、弃留的荒诞故事普

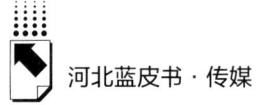

及《中华人民共和国治安管理处罚法》。生动形象的直播问政让群众第一时间了解现场、了解真相，直观又透明，更使群众和政府"心连心，手牵手"。

（三）视频问政

从文字时代到读图时代再到视频时代，人们接收信息和发送信息的方式和习惯在不断变化。河北省网络问政在图文问政的基础上也开设了"视频问政"板块，群众可以将反映的问题用视频的形式呈现出来，更加便捷直观。比如，2020年3月19日，有群众用8秒钟的短视频反映河北沧州塞纳左岸西门车辆乱停，无人管理问题。① 2020年10月29日，群众反映河北沧州新华区移动信号塔柴油发电机扰民，也只用5秒钟的小视频就将噪声清晰地呈现出来。②

（四）设置专题问政于民

河北省省级问政平台"阳光理政"通过在关键节点设置问政专题，由上而下设置议程，引导群众问政。通过引导群众监督发现现实工作中可能存在的疏漏，变被动等待问题为主动开门请问题，并联合相关部门集中解决，做到防患于未然。2020年3月4日，"阳光理政"推出"抓好疫情防控 有序推动复工复产——意见与建议征集"专题，致力于全面疏通复工复产"堵点"、补上"断点"，在全省营造了政民携手、共克时艰的良好氛围，增强打赢疫情防控阻击战的信心和底气。2020年7月"阳光理政"开设"身边的小康生活"专题，向网民征集小康生活的故事或感受，共同回忆小康路上的点点滴滴。10月，供暖季来临之际"阳光理政"平台开设"2020阳光温暖"专题，联合平台400余家供热主管部门及各地供热企业，积极解决各地供暖难题，及时回应网民供暖需求。

---

① 《河北沧州塞纳左岸西门车辆乱停 没人管》，河北新闻网，http://yglz.tousu.hebnews.cn/s-267585.html#Cpt_Message-1。
② 《河北沧州新华区移动信号塔柴油发电机扰民》，河北新闻网，http://yglz.tousu.hebnews.cn/s-339384.html。

"走好网上群众路线"的媒体实践

融媒体服务于社会治理,能够降低人民群众参政议政、参与社会治理的门槛,帮群众之所需,解群众之所难,通过打造综合性的信息服务平台,实现公众利益的最大化。① 河北省各级问政平台打造的直播问政、社交媒体问政、视频问政、专题问政无一不是在践行融媒体服务于社会治理,实现服务群众水平的新飞跃这一宏伟实践。

三 抗击突发疫情,助力复工复产
——网络问政平台新功能

2020年受新冠肺炎疫情影响,传统的信访等政民互动形式受限,网络问政成为政民沟通的重要渠道。在这次疫情大考中,河北省网络问政平台通过安抚群众紧张恐慌情绪、及时发布疫情相关权威信息,对受疫情影响的个人和市场群体进行减压疏导,助力复工复产,成为河北省抗击疫情的重要武器,其经验也值得被进一步关注、挖掘。

(一)安抚群众紧张情绪,维护社会生活秩序

面对新冠肺炎疫情的突然袭击,网络问政平台因为不用出家门、不用面对面、不用聚集就能反映和解决问题,很大程度上成为群众心中的"稳定剂"。

疫情期间,河北省网络问政平台在关注群众心理健康、安抚紧张情绪、缓解恐慌心理等方面做出了巨大的贡献。"河北省人民政府"微信公众号"政民互动"板块新增"疫情权威回应"子板块,实时滚动更新关于疫情疑问的权威回应。河北新闻网"阳光理政"平台在2020年2~3月共受理留言6319条,回复留言5207条,其中大量关于疫情的意见建议得到政府的高度重视和及时解决。2019年12月至2020年11月"阳光理政"平台月回复留言数见图1。

---

① 《官宣:关于加快推进媒体深度融合发展的意见》,澎湃网,2020年10月10日,https://www.thepaper.cn/newsDetail_forward_9507416。

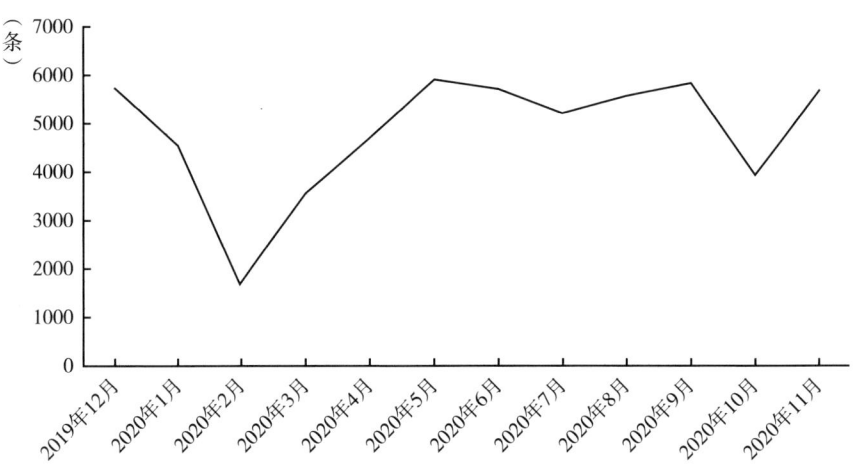

图1　2019年12月至2020年11月"阳光理政"平台月回复留言数

资料来源：河北新闻网"阳光理政"云数据。

在疫情暴发初期，网络问政平台通过对群众问题的高效回答，切实解决群众"急难愁盼"的问题，有效安抚了群众的紧张恐慌情绪，从物质和心理两方面实现了对群众的双重关注、保护、保障。

网络问政平台在疫情期间不仅发挥着保护群众身心健康的重要作用，在减压疏导、促进社会良性发展方面也起到了关键作用。疫情期间，河北新闻网"阳光理政"平台运用文本分析、情感分析及统计分析等方法呈现突发公共卫生事件中的公众诉求及政府回应特征。由图2可见，2020年2月网民留言分布最多的领域为卫生健康领域，占23.69%，其次是受疫情影响与开学有关的教育领域，占16.69%，热点话题集中在防疫问题上。[①] 由图3可见，2020年3月网民留言领域分布中卫生健康占17.34%，社会保障占7.10%，公用事业占6.83%，教育占6.73%，热点话题中复工复产和防疫

---

① 《【月报】2月回复留言1674件　疫情防控问题备受关注》，河北新闻网，2020年3月2日，http：//tousu.hebnews.cn/2020-03/02/content_7726895.htm。

问题占比较大。① 针对群众关注的热点问题，河北省网络问政平台都努力做到了科学及时回复和解决，有效疏导了疫情给群众带来的身心压力，促进社会生产生活的良性恢复。

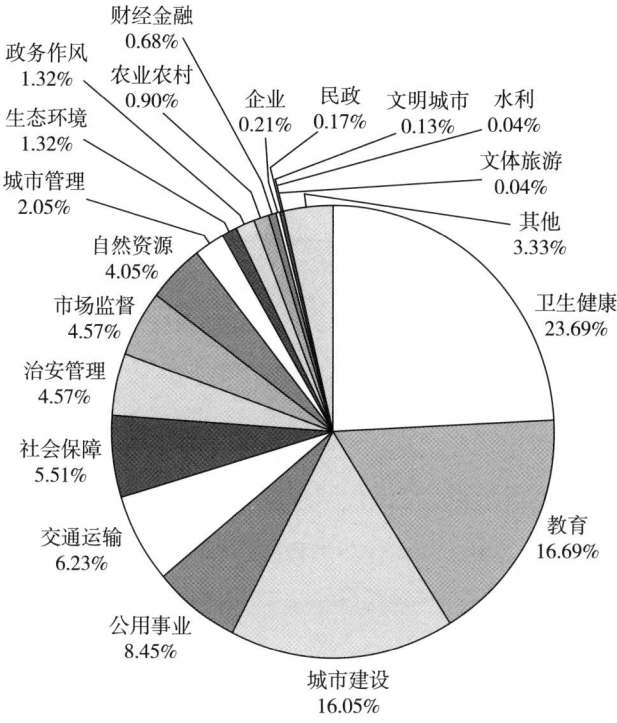

图 2　2020 年 2 月网民留言领域分布

资料来源：河北新闻网"阳光理政"云数据。

（二）积极推动复工复产

河北省网络问政平台在抓好疫情防控的同时，积极推进生产生活秩序的恢复。针对个体和市场群体在复工复产方面的提问，网络问政平台进行认真细致的解惑释疑，成为复工复产的"信心源"。

---

① 《【月报】3 月各地回复留言 3533 件　复工复产话题热度高》，河北新闻网，2020 年 4 月 1 日，http：//tousu. hebnews. cn/2020 – 04/01/content_ 7782138. htm。

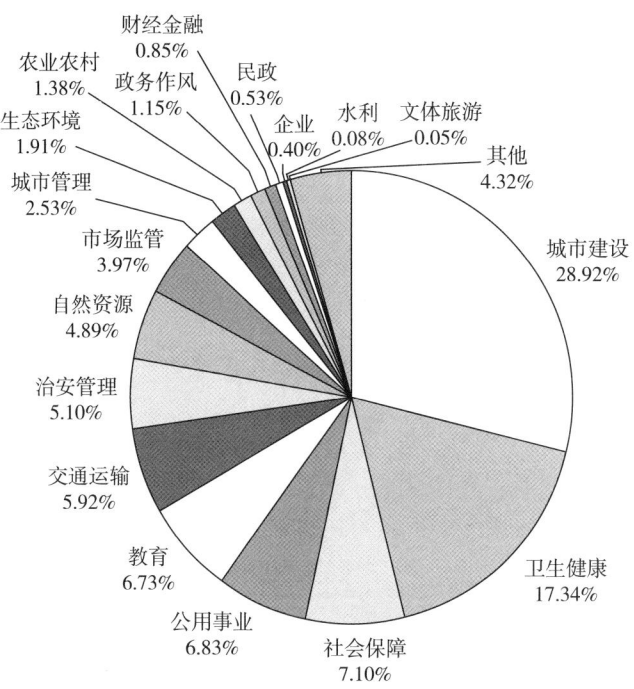

图3 2020年3月网民留言领域分布

资料来源：河北新闻网"阳光理政"云数据。

为助力全省统筹推进疫情防控和经济社会发展，"阳光理政"推出"抓好疫情防控 有序推动复工复产 意见与建议征集"专题，征集企业和群众对生产恢复的意见建议，进一步促进政府与群众之间的沟通，全面疏通复工复产"堵点"、补上"断点"，缓解疫情期间的社会矛盾，营造全省上下联动、众志成城打赢疫情防控阻击战的舆论氛围，为提高复工复产效率做出贡献。

四 河北省网络问政发展中的问题分析

（一）即时交互性欠缺

河北省省市县三级网络问政平台的建立和完善最大限度地拓宽了群众网络问政的渠道，但总体仍然存在缺乏即时交互性的问题，从群众留言到工作人员查看留言有一定的时间差,问政效率有待提高。

通过对河北新闻网"阳光理政"平台"实事实办"板块的279条网民留言进行样本分析可以发现,从受理时间和办结时间来看,平均留言事务办结需要15.68天,1天内办结的有99件,3天内办结的有60件,15天内办结的有53件,1个月内办结的有46件,半年内办结的有16件,1年内办结的有1件,1年以上办结的有4件(见图4)。有的问题需要1个月以上甚至1年的时间才能得到解决,这显然难以满足群众的需求,网络问政平台的即时交互性仍然有待提高。

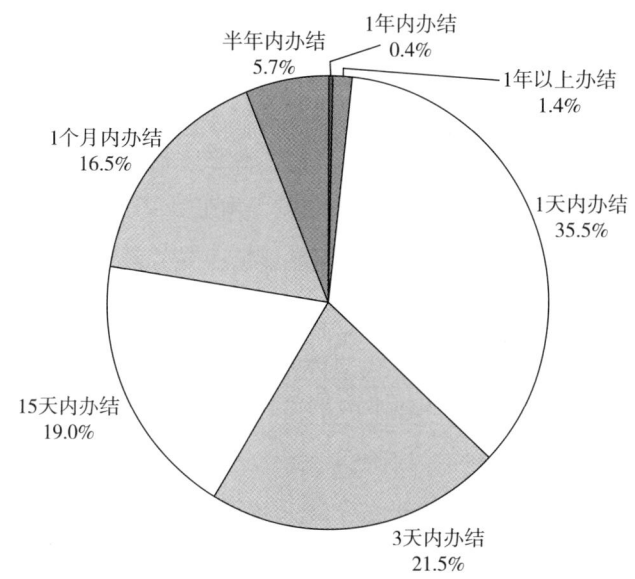

图4 "阳光理政"平台"实事实办"网民留言办结天数分布

资料来源:河北新闻网"阳光理政"平台"实事实办"板块。

"阳光理政"的网络问政留言有投诉、求助、咨询这几种类型,如果都按照一个常规的流程,留言板上出现的内容需要由平台工作人员转发给基层对口职能部门等待处理,甚至会在多个职能部门之间相互转发,会造成时间和精力浪费。应该相应地简化流程,明确各职能单位分工和管辖范围划分,对较为简单的小问题进行即时回应,提高问政效率。

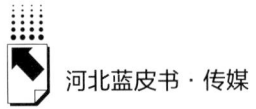

（二）问政角色相对被动

目前的三级网络问政平台都是解决群众反映的现有问题，即等着群众提出问题而后解决，这就使得越复杂的问题办结时间越长，长时间得不到回应在一定程度上会造成群众不满。

此外，问政平台与网民的被动对话还存在一个弊端——重复应对大量相似的问题费时费力。仅以供暖问题为例，每年供暖季各地都出现很多供暖不及时、温度不达标等问题，问政平台核实回复的工作量巨大。对此，应将问政过程前置，主动预知问题，在群众网络问政之外，主动开展问政于民相关活动，在群众反映问题之前就协调相关部门集中解决可能存在的隐患。这既能提升工作效率，也能减少群众的投诉数量，更能减少重复问题给平台带来的回复压力，大大提高群众满意度。在一定程度上我们可以说，各网络问政平台上群众的投诉量越少，证明工作做得越到位，群众的幸福感、满意度越高。

（三）各级新媒体问政平台混乱，发力不均

目前，河北省各级网络问政平台都建起了微信公众号、微博、抖音、快手等新媒体平台与群众互动，但是明显发力不均，还没有开发和平台特性、用户特性相契合的内容。快手平台上除了前文所述的"蔚县信访局长李海明"以外，没有成熟的问政账号。部分微博推送数量较少，粉丝数量较少。在内容运营上，有些政府部门政务微博活跃度低，没有及时更新相应的政务信息。也有部分账号主体缺乏明确的微博功能定位，意识不到政务微博在政务信息公开和与网民互动方面的积极作用。如某微博从2013年9月6日开通至2017年10月19日，总共发布了192条信息，有网民在评论中提出与人民生活密切相关的就业问题、工资问题没有得到官方回复，之后该账号再无更新。

究其原因，主要是各种新媒体网络问政平台数量繁多且相互分割，而对于公众而言，在各种新媒体问政平台中，不管通过哪个渠道、哪个平台反映

自己的意见或建议，如果得不到及时回馈都会影响网络问政工作的效率和质量。

五　对策与建议

（一）充分发挥网络直播问政的优势

随着诸如5G、4K等新兴技术的发展，移动视频直播逐步成为网络问政新形式。直播作为一种更为沉浸式、现场化的网络问政表达方式，在选题和内容的运营上更贴近公众对网络问政阅读方式的需求，能更大限度地缩短从公众前台留言到平台工作人员在后端查看留言的时间差，增强即时交互性，更加高效地解决公众的问题。

在网络信息碎片化、爆炸式的传播环境下，应结合河北省地方特色，采取更为灵活的网络直播问政方式，进一步发挥直播平台的优势，更好地与公众进行互动交流。应在直播中适当设计环节、穿插亮点，用趣味性、多样化的内容吸引公众。问政平台还要学会充分利用直播的互动性特性，通过留言、弹幕、评论等方式与公众互动。

（二）建设网络问政云平台，建立一站式回复机制

进一步发展网络问政，需要打破各个部门间的信息壁垒，对各问政平台信息进行整合，打造数据共享体系，建设优质信息发布系统，让数据流通起来。可以通过集中建立网络问政及信息发布云平台的方式，将网络问政逐步下沉到县级以下、基层街道、社区及乡镇村，统一协调应用。依靠信息技术塑造整体性的治理环境，推动政府部门的信息资源共享，确保不同层级、部门间的信息通畅，为部门协同合作以及跨区域联络提供强大的执行保障。在云平台上，公众无须在多个问政平台多次重复发布诉求，受理单位也可以一站式回复，即对同一类诉求，只需要在云平台回复一次，就可在其他问政平台同步显现，有效提高工作效率，促进问、答、督、办一站式办结。

此外，还要完善回应机制促进政民互动。一方面需要建立完备的绩效评估机制。政府将回复内容、回复时间、回复率等作为评估依据，通过定期考核对工作绩效进行阶段性评价。同时，将群众对政府回应的反馈意见作为一个重要的评估依据。另一方面还应完善政府问责机制。对相关政府部门在网络问政中存在的问题处理不及时、回应态度不端正等不良行为进行批评教育或严肃追责，促进政民良性互动。

（三）践行网上群众路线，向网民问政

网络问政是一种双向行为和互动机制，一方面是"网民问政"，即网民向政府发问，问事于官、问政于官、问措于官、问责于官、问情于官；另一方面是"向网民问政"，即政府向网民发问，包括问事于民、问情于民、问需于民、问策于民、问计于民等。

当前网络问政参与人数相对于全体网民数量来说仍然较少，网络问政平台还要加强参与网络问政的宣传引导。可通过在社区发放宣传页、张挂横幅、张贴标语、设置服务站等方式，向广大公众进行宣传。还可利用学校开展"文明网络进校园""青少年网络政治参与知识竞答"等趣味活动，请专业人员举办校园讲座等方式进行知识科普。针对具有一定参政议政能力的单位职员，可通过问卷调查等形式，了解其问政诉求并现场答疑解惑。通过全方位、全覆盖的宣传使公民深入了解网络问政参与的方式和平台运作机制，让公民在网络空间的言谈举止更加得体，提高问政效率。

网上群众路线是党的群众路线的有力延伸。为积极践行网上群众路线，问政平台应更积极、主动地倾听网民呼声，要把网民当"顾客"，以"顾客"需求为导向，为群众提供满意的服务。另外，还需要建立健全多平台网络问政长效工作机制，使其规范化、制度化。

（四）加强对政务新媒体的管理

针对众多的政务新媒体平台，政务主体单位应根据各个新媒体平台的特点和性质，采取不同的运营策略，规划各个政务新媒体平台的定位和未来发

展。例如，在政务微博平台实行以及时公布政务信息为主的策略，在政务微信平台采取以搭建和承载公共服务功能以及政务信息详细解读为主的策略，在政务抖音平台实行短视频传播宣传策略，等等。

另外，各政务主体单位应当制定合理、健全的平台运营指标和考核制度，提高各政务新媒体平台更新频率，提升内容制作水平、严格内容审核，减少和防止各政务媒体平台出现"僵尸化""标题党"等不良现象。除了用指标和制度的形式强化对各种政务媒体平台的管理以外，政务主体单位还需要对各媒体运营人员做出严格要求，保证其在信息发布过程中，充分结合其所在政府部门的工作领域、性质、特点，提高拟定标题、编辑内容的专业水平和政治意识，保证信息发布准确、专业，确保所发布信息的政治立场和舆论导向正确。

参考文献

陈刚、王卿：《话语结构、思维演进与智能化转向：作为政治新图景的中国网络问政》，《新闻与传播评论》2020年第6期。

雷玉琼、刘展余：《突发公共卫生事件中的网络问政：诉求与回应——基于新冠疫情期间"地方领导留言板"的数据分析》，《电子政务》2020年第10期。

孔潇文：《政府数字化转型下网络问政的工作研究——以浙江省为例》，硕士学位论文，南昌大学，2020。

袁颖：《服务型政府视域下政务新媒体网络问政存在的问题与治理策略研究》，硕士学位论文，华南理工大学，2019。

B.18
新闻媒体助力疫情防控的实证研究

——以河北省主流媒体直播带货为例

仝文瑶 何璐彤 赵丹琦 郑舒心*

摘 要： 2020年，受突如其来的新冠肺炎疫情影响，直播经济呈现井喷式增长。在政策扶持与物流协调下，以河北日报报业集团、河北广播电视台、长城新媒体集团为代表的河北省主流媒体借助媒介优势，通过直播带货实施爱心助农、倡行公益互助，为全省复工复产、重启经济助推发力，既彰显出鲜明的公益特质，又具备新营销环境下直播带货的规则示范价值。同时，主流媒体发展直播经济应注意加强对整个销售链条的监管，不仅要重视产品质量，还应关注售后服务问题。

关键词： 新闻媒体 直播带货 河北

一 疫情期间河北省直播经济快速发展

2020年全国两会前夕，习近平总书记在陕西省柞水县金米村进行实地考察调研，强调"直播带货既可推销农副产品，又可以推动乡村振兴，是大有可为的"[①]。

---

* 仝文瑶，河北师范大学新闻传播学院教授、硕士研究生导师，主要研究方向为艺术创意与传播；何璐彤、赵丹琦、郑舒心，河北师范大学新闻传播学院硕士研究生。
① 《习近平时间｜电商，推动乡村振兴大有可为》，新华网，2021年3月16日，www.xinhuanet.com/vihttps：//my.mbd.baidu.com/r/f5lm82YeYO？f = cp&u = a6622785cb932fc6deo/2021 - 03/16/c_ 1211069606. htm。

在国家政策以及湖北等多个省份的成功经验的带动下，越来越多的省市开始大力发展直播经济，进行公益助农，助力脱贫攻坚和地方经济发展。河北省作为农业大省，是京津地区的"菜篮子""米袋子"，农副产品受到物流、消费力、供应链等多种因素的影响，面临滞销难销的市场困境。以网络直播带货为主的互联网营销"异军突起"，成为各行业开展"自救"、助力经济复苏的重要手段。特别是拥有公信力、媒体经验、粉丝基础等天然优势的主流媒体的强势进入，为全省经济生活秩序的恢复注入了强劲动力。

（一）政府出台政策大力扶持电商直播业

2020 年是我国脱贫攻坚决战决胜之年，直播电商被视为推动经济转型的重要引擎。习近平总书记指出："疫情为脱贫攻坚带来新的挑战，因此更要鼓励用互联网拓宽销售渠道，多种渠道解决农产品卖难问题。"① 以重庆、成都为代表的多个地区陆续出台了打造直播电商产业基地的相关政策。

河北省 2020 年 4 月发布了《河北省数字经济发展规划（2020—2025 年）》，统筹规划全省数字经济的空间布局、产业发展与功能定位。在 2020 年 9 月召开的河北省数字经济发展大会上，省委书记王东峰强调："要坚定不移贯彻习近平总书记重要指示精神，大力培育壮大数字经济，推动全省高质量发展。"②

在河北省委、省政府总体统筹电商经济协调发展的同时，各地市积极响应，根据实际情况从资金补给、舆论宣传等方面为直播经济稳定持续发展提供强大助力。石家庄市于 2020 年 6 月开始实施打造 "全国领先的新媒体电商直播示范城市" 的计划方案，计划至 2022 年末完成目标任务，出台了《石家庄市新媒体电商直播示范城市行动方案（2020—2022 年）》，通过建立完善的网络直播认证机制，制定直播行业"诚信规范经营"的标准体系，

---

① 《习近平：在决战决胜脱贫攻坚座谈会上的讲话》，求是网，2020 年 3 月 6 日，http://www.qstheory.cn/yaowen/2020-03/06/c_1125674761.htm。
② 四建磊等：《坚定不移贯彻习近平总书记重要指示精神 大力培育壮大数字经济推动全省高质量发展》，河北新闻网，2020 年 9 月 28 日，http://hbrb.hebnews.cn/pc/paper/c/202009/29/content_56828.html。

并采取政府指导、协会组织、社会参与的方式，大力发展电子商务新业态，将石家庄市打造成全国领先的新媒体电商直播示范城市。① 承德市制定了《承德县电子商务进农村综合示范工作实施方案》，在基础设施建设、农产品上行、电商扶贫等重点领域取得全面突破，积极引导带动贫困户对接电商平台，推动贫困户农产品线上销售。保定市聚焦基地扶持与人才培养，发挥电子商务示范基地（园区）和示范企业的引领作用，培育引进一批电商平台，推广线上线下、直播电商等数字商务融合发展的新模式。实施高级电商人才培养计划，每年培训各类电商人才2.5万人次以上。邯郸市出台《邯郸市贯彻落实〈河北省数字经济发展规划（2020—2025年）〉实施方案》，加快经济社会数字化转型升级，完善农村电子商务生态链条，鼓励在第三方电商平台开设地方特色馆，提升邯郸市县域特色产业、特色农产品知名度。

（二）政府部门主导协调物流资源

在助力复工复产的过程中，河北省的物流体系发挥了至关重要的作用，也成为连通线上与线下的关键一环。2020年3月，河北省邮政管理局与省商务厅联合下发了《河北省加快发展电子商务和快递物流促进在线消费的实施意见》，一方面大力推进线上消费，推动消费升级，促进河北省电子商务与居民消费的融合发展，大力推广农村电商服务站、快递驿站、村邮站"三站合一"模式，建设"村邮站+快递超市+简易金融"的村级综合服务站。另一方面加快推广快递和企业共同配送、共用快递网点、统仓统配的模式，同时支持无人配送试点建设和应用推广，不断推动智能快递箱在高校和城区的普及应用。② 这一完善的物流体系的构建，既提升了疫情期间商家物流配送的速度，缩短了商品配送的时间，也增加了物流的覆盖面，充分满足了群众不断升级的消费需求。

---

① 谭倩：《石家庄全力打造全国新媒体电商直播示范城市》，河北新闻网，2020年7月8日，http://sjz.hebnews.cn/2020-07/08/content_7983964.htm。

② 方素菊：《今年河北省将加快推进电子商务和快递物流业发展》，河北新闻网，2020年3月26日，http://hebei.hebnews.cn/2020-03/26/content_7770258.html。

直播经济的蓬勃发展离不开物流方面的支持,尤其是新鲜水果、蔬菜等农产品,更需要完善的物流体系来"保驾护航"。疫情期间,圆通、中通、顺丰等快递龙头企业快速响应政策,不断创造电商与快递合作的新模式,极大地提高了直播带货的发货效率。2020年1月,圆通蛟龙集团与河北平泉市政府签下"助农助销"扶贫战略合作协议,开启圆通助力平泉市果蔬、食品等农特产品走向全国的序幕。圆通石家庄转运中心"仓储—直播间—发货"的一条龙服务模式也实现了直播电商与快递物流之间的无缝衔接,为助销农副产品打下了坚实的基础。2020年5月,中通快递河北邢郸转运中心建成约7000平方米的电商产业园,创造了最快1小时发货的速度,日均发货量达到3万件,基本实现了以冀南为核心基地,辐射北京、天津、山东、山西、河南等省市。河北顺丰速运有限公司积极助推河北农产品产业链升级,针对不同的农产品,匹配相应的运输模式。截至2020年12月,河北顺丰运送顺平草莓等多品类农副产品600多万件,同比增长46.5%。

二 河北省主流媒体直播带货的主要做法

疫情期间,河北省主流媒体充分发挥公信力、传播力和影响力优势,坚持公益优先,积极尝试与探索直播带货的新形式、新业态,引领直播经济规范发展,为经济复苏贡献媒体力量。

(一)搭建公众信任的平台,助推政府工作人员直播带货

疫情期间市场经济活动迟滞,直播带货以其新的形态成为破解难题的一线光亮。为了加快经济复苏,河北省主流媒体打造权威开放平台,各级政府工作人员纷纷出面"站台"提振士气,他们走进直播间,借直播带货深入参与产业活动,成为整合资源、重塑产业链的全新起点。借助主流媒体平台,直播带货活动从单纯的市场营销行为,进阶到具有塑造政府形象、传播县乡文化、推介名优特产、展现地方资源优势等多项功能,兼顾社会效益与经济效益的活动。

2020年5月初,河北新闻网与河北省网信办、共青团河北省委共同发

起了"助脱贫攻坚　推冀商优品"系列大型网络直播宣传活动。该活动携手沧州市献县、邢台市巨鹿县、秦皇岛市山海关区、衡水市武邑县、承德市丰宁满族自治县和石家庄市高邑县的县委书记，分别为献县金丝小枣、巨鹿县金银花茶、山海关大樱桃、武邑县金属橱柜、丰宁羊肉等各地特色产品带货。在5月16日的首场直播中，献县县委书记宫建军为网友热情推介献县金丝小枣，当天直播间收看人数达107万人次，成交量达3000单。《河北日报》就此刊发消息《县领导化身主播　线上卖金丝小枣》，进一步扩大活动的社会影响。该系列活动得到新华网、中新网等中央级主流媒体的广泛报道与肯定。

2020年5月19日，河北电子商务协会、河北广电网络集团和京东直播共同举办"2020河北网购狂欢节"。河北省商务厅徐彦平副厅长在直播间对河北优质农特产品进行宣传与推广。直播观看总量达190万次，支付订单累计达2768单。

2020年5月5日，长城新媒体集团依托自身创办的"最河北"电商平台，与河北广播电视台、"学习强国"河北学习平台联合推出5期"县长带货　爱心助农"公益直播活动，总浏览量逾400万次，累计带动相关县贫困户10万余户。

河北省多家地市级媒体也将抗击疫情、助农脱贫付诸实际行动。2020年4月29日，衡水广播电视台与衡水市商务局、京东智联云衡水基地等共同举办"促消费、保发展、惠民生"衡水特产直播节，衡水市副市长吴波在京东直播平台推介衡水老白干等衡水特色产品，助力当地企业复工复产。2020年7月18日，石家庄广播电视台新闻综合频道开启"助脱贫攻坚　推名优特产"网络直播带货季活动，主要采用"演播室嘉宾推介＋行唐分会场"带货的形式，邀请行唐县领导、市扶贫办负责人、相关专家以及特色产业、产品推介人，对行唐县的特色产业和产品进行全方位宣传和推介。

（二）依托媒介优势，凝聚爱心力量

2020年3月27日召开的中共中央政治局会议要求，保持线上新型消费

热度不减。河北省主流媒体秉持"既宣传扶贫成效，又对贫困群众有所帮助，还符合新媒体传播特点"的原则，积极发挥媒体平台的资源整合力量，帮助广大农民切实有效地解决农产品的销售难题。

2020年2月18日，河北日报报业集团同阿里巴巴集团合作推出"战'疫'有我——助农在行动"线上活动，通过河北新闻网和淘宝平台开设直播，为滞销的农副产品提供销售渠道。为扩大各助农活动的影响力，河北新闻网一方面策划推出了系列直播带货活动的预热海报，对活动宣传进行创意策划；另一方面充分发挥河北日报报业集团全媒体资源优势，在河北日报客户端和河北新闻网网站、微博、微信、头条号、百家号、"冀看点"抖音号、"河北新闻网"快手号等平台同步进行直播预热及后续报道。河北新闻网还邀请了著名演员邓伦、中国戏剧"梅花奖"获得者彭蕙蘅、奥运冠军巩立姣、中国男子田径运动员史冬鹏等河北名人为活动录制相关视频，对活动进行线上推介，吸引社会公众的广泛关注；邀请世界武术联盟总会副主席夏云飞，河北电视台主持人李耀阳，武邑县援鄂抗疫英雄纪巧慧、张玲玲走进直播间，和县委书记共同带货。

河北广播电视台充分发挥智慧广电的资源和影响力优势，凭借"广电+直播"的媒体融合方式，积极探索传统广电的创新发展新路径。截至2020年6月23日，由河北广播电视台主办的"2020河北直播购物粉丝季"系列活动，已获得逾1亿元的河北特色产品销售额，累计吸引5000万名粉丝收看。截至2020年10月，河北广电MCN机构已成功入驻快手、抖音、今日头条、拼多多等重点第三方平台，成功签约来自全国广电系统的近300位主持人与主播，为进一步壮大直播头部平台、促进直播经济持续健康发展夯实基础，扎实推进全省脱贫攻坚工作顺利进行。

疫情期间，长城新媒体"最河北"电商平台，利用各种新产品、新服务、新玩法，依托冀云融媒体平台、"最河北"平台，举办了"最河北电商扶贫年货节"和"携手战'疫' 放心到家"——"平价食材，放心到家"等多场直播活动，共同助力河北省贫困县农民增收。截至2020年2月28日，"最河北"平台商城累计助销3万斤农副产品。2020年6月

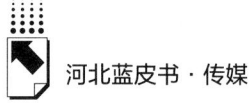

12日，河北省农业农村厅与长城新媒体集团共同主办"河北省农产品线上销售直播系列活动"，多平台观看量超5000万次，累计销售额达1.15亿元。

（三）突出公益特质，纾困解难助农

河北省主流媒体的直播带货活动属于公益性质，体现出主流媒体的社会责任感，也有利于推动经济快速回暖，同时可以规避个别"网红"带货中存在的一些问题。主流媒体直播带货屡创佳绩，有其深层次原因。一是在2020年疫情背景下，主流媒体和亿万网友"为爱下单"，主动为受疫情困扰的湖北同胞分忧解难。消费者购买直播推荐的产品除了满足自己的需要，也包含了对农民兄弟"拉一把"的爱心，所以下单非常踊跃。二是有主流媒体公信力的背书。相较于其他媒体，主流媒体带货有更高的权威性和信服力，容易形成品牌效应，显著提升了带货商品的品牌影响力。

河北日报报业集团坚持"党政＋媒体＋电商"的新模式，探索网络公益直播新路径，通过整合政府、企业、电商、农户等资源，邀请县领导、知名青联委员、农村创业青年代表走进直播间，为当地农副产品代言，力促各地有较大规模的特色农业、轻工业或当地支柱型产业实现线上线下同步发展，最终打造一个"直播带货＋全国性电商平台＋地方电商平台＋线下团购"等多平台同步进行的扶贫公益电商直播平台。

河北广播电视台除了签约扶持"网红"主播、积极培养全媒体主持人，依托主播自身影响力带动广大网友参与助农扶农活动外，还不断组织常态化的网络直播带货活动，冀借此打造持续性助农增收有效路径。2020年6月23日，"2020河北直播购物粉丝季"的启幕仪式暨"河北广电电商产业基地"的揭牌仪式在石家庄乐城国际贸易城举行，该基地对于推动河北省产业转型、特色农副产品的全网推介具有重要意义。2020年9月12日，河北广播电视台经济生活频道推出一档全媒体直播节目《冀有好物》，该节目采用"电视＋网络"双直播模式，每期向观众展示河北省不同区域的风土人情，

推广当地优质产品,助力当地经济振兴。

2020年5月至6月底,"学习强国"河北学习平台、长城新媒体集团承办的"爱心助农"公益直播活动为贫困群众卖出近千万元的产品。2020年6月12日,河北省农业农村厅与长城新媒体集团联合主办的"河北省农产品线上销售直播系列活动",一个晚上销售额就突破了1亿元。在河北新闻界第七届"好记者讲好故事"演讲比赛决赛中,长城新媒体记者高峰以《为农"带货"为爱"下单"》为题,讲述了疫情期间他从记者变身带货主播,在"爱心助农"公益直播中帮助贫困群众解决农产品滞销难题的经历。

为降低疫情对农民增收的影响,2020年7月,石家庄广播电视台开展"助脱贫攻坚 推名优特产"网络直播带货季活动,对当地特色产业和农产品进行全方位宣传推介,并联合京东、抖音、快手、网易直播、无线石家庄App等平台给予流量扶持。

三 主流媒体开展直播带货应规避的问题及建议

主流媒体凭借自身的权威性和公信力"进场"直播带货,将对整个电商行业规则的构建起到推动作用,促使直播带货走向标准化、规范化,达成扶农助农的目标。对于疫情期间各类直播带货中出现的问题苗头,主流媒体在直播带货中应注意规避并发挥良性示范作用。

(一)严格选控产品,防范质量问题

在主流媒体开展直播带货的过程中,一旦出现产品以假充真、以次充好的现象,或者出现报价虚假、售后服务得不到保障等情况,不仅会导致整个营销活动的失败,损害商家的品牌信誉,主流媒体的社会公信力也会受到严重影响。因此,对于主流媒体和地方政府而言,严格把控进入直播间的商品质量是主流媒体直播带货健康有序发展的重中之重。

首先,主流媒体在组织直播带货活动时应谨慎选择商品。主流媒体应发

挥自身的公信力、权威性和影响力优势，提高直播间选品团队的专业水准，做好基本信息、销售数据、专利信息、使用效果等方面的审核工作，严格把守直播间内的产品来源，做好品控，从源头上保障产品质量。在此基础上，主流媒体应选择符合自身定位和大众期待的产品，防范品质残次、价格欺诈等问题，谨慎选择供货商和第三方电商平台。其次，主流媒体事前还要重视产品质量审核。主流媒体在面对进入直播间的产品时，要做好查验工作，不能只做表面功夫而止步于查看证书阶段，更应该通过相关权威平台、渠道来求证这些文书的真实性，并对所推荐的商品进行细致的检查比对。直播平台还应自行抽样检查部分商品，以此确保推广产品的质量。最后，主流媒体直播带货前要做好应急处理预案。提前将产品的质量、口碑、代言人等影响市场的敏感元素纳入考虑范围，量身打造适合该产品的营销方案，为了防患于未然，还需预先设想有关直播间、主持人、销售产品以及产品周边可能出现的突发情况，提前备好应急方案。

（二）强化新媒体素养，提高直播主持专业水平

与网络主播的直播带货相比，主流媒体为了确保直播带货活动达到预期理想效果，一般会派出知名主持人出镜直播。这些主持人接受过系统的专业学习，具有丰富的主持实战经历，以较强的专业素养为直播带货活动顺利开展保驾护航，进而提高直播带货的观看率。首先，主流媒体主持人在进行直播的过程中，能够将多年所学的专业知识与自身丰富的主持经验技巧相结合，在为观众推荐选品时，运用通俗易懂的语句精准地为观众讲解产品，让消费者全面了解产品特征。其次，主流媒体主持人在直播带货中不仅要维护好个人品牌，而且要将主持人个人行为与主流媒体形象紧密结合起来，保持主流媒体一贯的专业、权威的特点，严格要求自己在直播中的言行，避免夸大、虚假、注水宣传，从而赢得消费者的信赖和认可。比如，河北广播电视台《河北新闻联播》的主持人妙然、交通频率群主持人张伟和悠悠，在河北省第六届旅游产业发展大会期间，出色完成了介绍元氏特色产品的"全景元氏云观摩"直播任务，取得活动总曝光量超过亿次的好

成绩。①

主流媒体利用自身优势,联合政府部门和企业,组织了多场网络直播活动,让地方政府工作人员变身主播带货。在主流媒体别具匠心的策划和周密细致的安排下,参加直播带货的干部们,以平易近人、亲和力满分的"当地人"形象,将当地资源禀赋、人文历史、风土人情、故乡情怀与当地优质特色产品相结合,以充满人情味儿的表达方式为观众做产品推荐,站在消费者角度亲自下厨、试吃、试用、下单购买等,以最真挚、朴实的方式与广大网友交流互动,帮扶本地农副产品实现促销目的。这种地方政府工作人员"吆喝+体验""产品+故事"的直播方式,吸引了广大网友,获得了热烈的反响。例如,赞皇县副县长吴云惊,他自称"小吴县长",用"南方口音+顺口溜"的幽默方式推介赞皇特色产品。还有饶阳县人民政府代县长李信华和副县长李瑞峰,分别以"首席推荐官"和"导购员"的身份,现场为甜瓜做甜度测量和试吃推荐等。直播活动中各平台最高同时在线观看人数都在百万人以上,直播间网友纷纷下单,"县长直播带货"受到了网友们的高度赞誉。

(三)打通售后服务通道,树立负责任的媒体形象

目前关于直播带货的相关法律法规还不完善,仍有许多环节处在缺乏监管的灰色地带,直播带货的"后半场"出现了许多乱象,亟待加强管理。社会上开展网络直播活动将注意力放在售前客户的引流上,而不重视老客户的售后服务满意程度,产品出现质量问题,需要售后解决时,部分利益相关方诸如主播和商家会采取推诿、拖延、否认等消极方式,逃避责任,造成消费者退货难、退款难、赔偿难、维权难等问题,给消费者带来了财产和精神的双重损失。

主流媒体"进场"直播带货较晚,仍处于起步阶段,还未形成完整的

---

① 刘倩:《昨天,石家庄元氏这场直播火了!》,搜狐网,2020 年 6 月 30 日,https://www.sohu.com/a/404993355_162645?_f=index_pagefocus_1。

售后服务体系。因此，在直播带货中打通售后服务渠道成为迫在眉睫的问题。主流媒体不仅需要关注产品售前质量问题、售中引导问题，更要重视售后服务问题，以此来推动主流媒体直播带货长久发展，切实维护主流媒体长久以来树立起来的权威性和公信力。

主流媒体要坚持用户思维的核心理念，积极健全售后服务渠道，提升售后服务质量，完善售后服务体系，以充分保障用户体验，维护消费者权益。如倡导建立网络维权一体化平台，开通全链条通道对网络直播维权事务进行受理、分发、处理、反馈等；提升线上客服专业能力，旨在挽回流失客户，避免不良影响扩大；制定标准化、规范化、制度化的售后流程，提高退换货处理速度。使消费者在主流媒体直播带货模式下购买的产品售后得到保障，纾解维权等方面的困难，为消费者留下良好印象，提高用户的满意度，进而增强消费者对主流媒体的认可和信赖程度，为主流媒体直播带货建立起良好的口碑，推动主流媒体直播经济进入良性循环。

（四）主动践行舆论引导职责，实现扶农助农目标

网络直播带货在内容形态与价值传播上形成了全新的"语态"，打造出由网络直播电商平台主导的舆论互动模式，通过弹幕评论和打赏机制增强媒体与用户间的粘连度，通过技术赋能营造沉浸式社交购物体验。同时，网络直播带货因其开放性强、准入门槛低、把关滞后的特质，出现了一系列直播带货活动过度商业化和过度娱乐化的现象，网络舆论场仍存在巨大的复杂性与不稳定性，迫切需要引入官方权威力量进行价值引导。

疫情期间，以央视为代表的主流媒体紧跟时代潮流，以昂扬姿态"进场"直播带货。主流媒体通过与其他商业平台合作开展直播带货活动，以顺应大众的需求为第一要义，主动贴合群众的喜好，将自身的公信力、权威性和社会影响力转化成巨大的经济效应。随着直播活动的常态化，主流媒体应不断优化直播内容、提高直播品位、提炼直播主题，在直播过程中充分体现社会主义核心价值追求。主流媒体要将直播带货活动作为桥梁，既向民众传达党委、政府的工作要求，服务经济社会发展大局，又要反映民生需求，

增进社会共识。以专业化、深度化的视角对公益助农内容进行舆论宣传，以公益性帮扶作为直播目标，将爱国主义作为情感纽带，通过开展直播带货活动创新舆论引导形式，增强舆论引导效果。

四 结语

主流媒体开展直播带货是面对疫情考验，践行群众路线的务实之举。主流媒体顺应群众需求，发挥自身的公信力、影响力优势，以开展直播带货活动的新模式架起"心连心"的桥梁，及时传递党和政府的声音，更好地反映民生要求，为主流媒体履行社会责任找到了新的路径，为推动县乡脱贫、恢复生活秩序提供强大助力。但是，主流媒体开展直播带货尚处于起步阶段。基于疫情期间直播带货活动显现出的问题和苗头，主流媒体应对整个销售链条做好跟进工作，走稳走实创新转型、融合发展之路，在充分发挥舆论引导功能的基础上，实现扶农助农的目标。

附录 2020年河北省主流媒体直播带货大事记

2020年1月9日 长城新媒体"最河北"电商平台举办了"最河北电商扶贫年货节"。

2020年2月18日 河北日报报业集团同阿里巴巴集团正式展开合作，并运用河北新闻网和淘宝平台，共同推出了"战'疫'有我——助农在行动"的线上活动。

2020年2月26日 长城新媒体集团依托冀云融媒体平台、"最河北"平台启动"携手战'疫'放心到家"——"平价食材，放心到家"活动。

2020年4月13日 河北广播电视台主持人小强入驻河北广播电视台MCN。

2020年4月29日 衡水市商务局联合衡水市委宣传部、衡水广播电视台、京东智联云衡水基地等共同举办"促消费、保发展、惠民生"衡水特产直播节。

2020 年 5 月 5 日 "学习强国"河北学习平台、长城新媒体集团同河北广播电视台联合推出"县长带货 爱心助农"公益直播活动。首场活动在"最河北"电商平台举行。

2020 年 5 月 15 日 "学习强国"河北学习平台与长城新媒体集团第二场"县长带货 爱心助农"的公益直播活动正式开启。

2020 年 5 月 16 日 由河北省委网信办指导，沧州市委网信办、献县县委县政府、拼多多联合主办的"助脱贫攻坚 推冀商优品"线上农产品推介会在献县举办。

2020 年 5 月 19 日 "2020 河北网购狂欢节"启动仪式在河北广电网络集团举行。河北省商务厅徐彦平副厅长在由河北电子商务协会、河北广电网络集团和京东直播共同承办的河北农特产品直播间，对河北优质农特产品进行宣传与推广。

2020 年 5 月 29 日 河北省饶阳县人民政府代县长李信华、副县长李瑞峰在长城新媒体直播间对饶阳优质瓜果蔬菜进行推介。

2020 年 6 月 6 日 遵化电视台启动了"主播带货助农公益行动"，遵化电视节目主持人组建一支"直播带货天团"，向广大受众推销当地特色农产品。

2020 年 6 月 12 日 "助农带货大集市"活动中，小强同 20 余位网络直播红人一起直播推介河北特色农副产品。

由河北省委网信办指导，秦皇岛市委网信办、拼多多与河北新闻网等联合主办的第十五届秦皇岛市山海关网络大樱桃节正式拉开了帷幕。

河北省农业农村厅与长城新媒体集团主办的"河北省农产品线上销售直播系列活动"，在长城新媒体集团冀云融媒体中心启动。

2020 年 6 月 16 日 河北广播电视台联合河北省内近 300 家电商账号，共同举办了"2020 河北直播购物粉丝季"系列活动。

2020 年 6 月 23 日 "2020 河北直播购物粉丝季"的启幕仪式暨"河北广电电商产业基地"的揭牌仪式在石家庄乐城国际贸易城举行。

2020 年 6 月 30 日 河北省委网信办与拼多多共同组织的"助脱贫攻

坚　推冀商优品"网络直播带货活动在河北省武邑县举行。

2020 年 7 月 18 日　石家庄广播电视台新闻综合频道开启"助脱贫攻坚　推名优特产"网络直播带货季活动。

2020 年 7 月 28 日　河北新闻网与承德市委网信办、拼多多等联合举办了"助脱贫攻坚　推冀商优品"的直播带货活动。

河北广播电视台主办、大型活动部承办了一场"2020 夏日分享会"，河北交通频率群、河北音乐频率群、河北广播电视台融媒体新闻中心、河北经济生活频道的 4 位演讲嘉宾分享了自己直播带货的成功案例。

2020 年 8 月 14 日　河北省邢台市巨鹿县副县长付玉林在拼多多直播间为当地的枸杞、金银花等特色农副产品进行了现场直播解说。此次直播是河北日报报业集团"助脱贫攻坚　推冀商优品"网络直播系列主题活动之一。

2020 年 8 月 18 日　河北省高邑县副县长康平走进"助脱贫攻坚　推冀商优品"直播间，为广大网友推介高邑瓷砖、陶瓷茶具等产品。

2020 年 9 月 12 日　河北广播电视台经济生活频道推出一档全媒体直播节目《冀有好物》。

2020 年 9 月 22 日　河北省工信厅主办、河北新闻网承办了"河北县域特色产业擂台赛"，该活动以网络直播、视频连线等方式展开。

长城新媒体官方抖音账号、快手账号、冀云客户端、"长城 24 小时"等平台同步直播"2020 板城酒文化节暨龙印秋藏大典"活动。

2020 年 11 月 11 日　在长城新媒体集团"最河北"直播间，主播齐琪和长城新媒体记者越越共同推介河北特色农副产品。

社会科学文献出版社

皮 书
智库报告的主要形式
同一主题智库报告的聚合

❖ 皮书定义 ❖

皮书是对中国与世界发展状况和热点问题进行年度监测，以专业的角度、专家的视野和实证研究方法，针对某一领域或区域现状与发展态势展开分析和预测，具备前沿性、原创性、实证性、连续性、时效性等特点的公开出版物，由一系列权威研究报告组成。

❖ 皮书作者 ❖

皮书系列报告作者以国内外一流研究机构、知名高校等重点智库的研究人员为主，多为相关领域一流专家学者，他们的观点代表了当下学界对中国与世界的现实和未来最高水平的解读与分析。截至2021年，皮书研创机构有近千家，报告作者累计超过7万人。

❖ 皮书荣誉 ❖

皮书系列已成为社会科学文献出版社的著名图书品牌和中国社会科学院的知名学术品牌。2016年皮书系列正式列入"十三五"国家重点出版规划项目；2013~2021年，重点皮书列入中国社会科学院承担的国家哲学社会科学创新工程项目。

权威报告·一手数据·特色资源

皮书数据库
ANNUAL REPORT(YEARBOOK) DATABASE

分析解读当下中国发展变迁的高端智库平台

所获荣誉

- 2019年,入围国家新闻出版署数字出版精品遴选推荐计划项目
- 2016年,入选"'十三五'国家重点电子出版物出版规划骨干工程"
- 2015年,荣获"搜索中国正能量 点赞2015""创新中国科技创新奖"
- 2013年,荣获"中国出版政府奖·网络出版物奖"提名奖
- 连续多年荣获中国数字出版博览会"数字出版·优秀品牌"奖

成为会员

通过网址www.pishu.com.cn访问皮书数据库网站或下载皮书数据库APP,进行手机号码验证或邮箱验证即可成为皮书数据库会员。

会员福利

- 已注册用户购书后可免费获赠100元皮书数据库充值卡。刮开充值卡涂层获取充值密码,登录并进入"会员中心"—"在线充值"—"充值卡充值",充值成功即可购买和查看数据库内容。
- 会员福利最终解释权归社会科学文献出版社所有。

数据库服务热线:400-008-6695
数据库服务QQ:2475522410
数据库服务邮箱:database@ssap.cn
图书销售热线:010-59367070/7028
图书服务QQ:1265056568
图书服务邮箱:duzhe@ssap.cn

社会科学文献出版社 皮书系列
SOCIAL SCIENCES ACADEMIC PRESS (CHINA)
卡号:265913418393
密码:

S 基本子库
SUB DATABASE

中国社会发展数据库（下设12个子库）

整合国内外中国社会发展研究成果，汇聚独家统计数据、深度分析报告，涉及社会、人口、政治、教育、法律等12个领域，为了解中国社会发展动态、跟踪社会核心热点、分析社会发展趋势提供一站式资源搜索和数据服务。

中国经济发展数据库（下设12个子库）

围绕国内外中国经济发展主题研究报告、学术资讯、基础数据等资料构建，内容涵盖宏观经济、农业经济、工业经济、产业经济等12个重点经济领域，为实时掌控经济运行态势、把握经济发展规律、洞察经济形势、进行经济决策提供参考和依据。

中国行业发展数据库（下设17个子库）

以中国国民经济行业分类为依据，覆盖金融业、旅游、医疗卫生、交通运输、能源矿产等100多个行业，跟踪分析国民经济相关行业市场运行状况和政策导向，汇集行业发展前沿资讯，为投资、从业及各种经济决策提供理论基础和实践指导。

中国区域发展数据库（下设6个子库）

对中国特定区域内的经济、社会、文化等领域现状与发展情况进行深度分析和预测，研究层级至县及县以下行政区，涉及省份、区域经济体、城市、农村等不同维度，为地方经济社会宏观态势研究、发展经验研究、案例分析提供数据服务。

中国文化传媒数据库（下设18个子库）

汇聚文化传媒领域专家观点、热点资讯，梳理国内外中国文化发展相关学术研究成果、一手统计数据，涵盖文化产业、新闻传播、电影娱乐、文学艺术、群众文化等18个重点研究领域。为文化传媒研究提供相关数据、研究报告和综合分析服务。

世界经济与国际关系数据库（下设6个子库）

立足"皮书系列"世界经济、国际关系相关学术资源，整合世界经济、国际政治、世界文化与科技、全球性问题、国际组织与国际法、区域研究6大领域研究成果，为世界经济与国际关系研究提供全方位数据分析，为决策和形势研判提供参考。

法律声明

"皮书系列"(含蓝皮书、绿皮书、黄皮书)之品牌由社会科学文献出版社最早使用并持续至今,现已被中国图书市场所熟知。"皮书系列"的相关商标已在中华人民共和国国家工商行政管理总局商标局注册,如LOGO( )、皮书、Pishu、经济蓝皮书、社会蓝皮书等。"皮书系列"图书的注册商标专用权及封面设计、版式设计的著作权均为社会科学文献出版社所有。未经社会科学文献出版社书面授权许可,任何使用与"皮书系列"图书注册商标、封面设计、版式设计相同或者近似的文字、图形或其组合的行为均系侵权行为。

经作者授权,本书的专有出版权及信息网络传播权等为社会科学文献出版社享有。未经社会科学文献出版社书面授权许可,任何就本书内容的复制、发行或以数字形式进行网络传播的行为均系侵权行为。

社会科学文献出版社将通过法律途径追究上述侵权行为的法律责任,维护自身合法权益。

欢迎社会各界人士对侵犯社会科学文献出版社上述权利的侵权行为进行举报。电话:010-59367121,电子邮箱:fawubu@ssap.cn。

社会科学文献出版社